江苏商务发展研究报告

2016

主编 张为付

南京大学出版社

图书在版编目（CIP）数据

江苏商务发展研究报告. 2016 / 张为付主编. —南京：南京大学出版社，2017.5
ISBN 978-7-305-18417-8

Ⅰ. ①江… Ⅱ. ①张… Ⅲ. ①商务经济－经济发展－研究报告－江苏－2016 Ⅳ. ①F727.53

中国版本图书馆 CIP 数据核字（2017）第 073271 号

出版发行　南京大学出版社
社　　址　南京市汉口路 22 号　　　　邮　编 210093
出 版 人　金鑫荣

书　　名　**江苏商务发展研究报告（2016）**
主　　编　张为付
责任编辑　王日俊　黄冬玲

照　　排　南京紫藤制版印务中心
印　　刷　江苏凤凰数码印务有限公司
开　　本　787×1092　1/16　印张 16.75　字数 421 千
版　　次　2017 年 5 月第 1 版　2017 年 5 月第 1 次印刷
ISBN　978-7-305-18417-8
定　　价　80.00 元

网址：http://www.njupco.com
官方微博：http://weibo.com/njupco
官方微信号：njupress
销售咨询热线：(025)83594756

指导委员会

主　　任　陈章龙　宋学锋

委　　员　徐　莹　赵芝明　鞠兴荣　王开田

　　　　　章寿龙　潘　镇　谢科进　邢孝兵

　　　　　党建兵　张为付　宣　烨

本书编写组成员

主　　编　张为付

副 主 编　原小能

编写人员　陈小文　宗　颖　张月友　吕文慧

　　　　　霍　焱　李勇峰

　　本书为江苏高校优势学科建设工程资助项目(PAPD)、江苏高校人文社会科学校外研究基地"江苏现代服务业研究院"、江苏高校现代服务业协同创新中心、江苏省级重点培育智库"现代服务业智库"的阶段性研究成果。

书　　　名　江苏商务发展研究报告(2016)

主　　　编　张为付

出　版　社　南京大学出版社

目 录
Contents

综 合 篇

国内贸易篇

对外贸易篇

外商直接投资篇

对外直接投资篇

政 策 篇

数 据 篇

综 合 篇

第一章　江苏商务发展概况

江苏是我国重要的开放型经济大省。随着商务发展环境不断改善,民资企业不断成长,政策扶持力度不断加强,近年来,江苏商务活动迅猛发展,在全国处于领先地位。但是,由于受经济大环境不景气以及经济结构转型升级的影响,江苏经济呈现增速放缓的态势。从涉及范围来看,商贸活动主要包括国内贸易、对外贸易、外商直接投资、对外直接投资、电子商务、对外经济合作和服务外包等七个方面。

一、社会消费品零售总额上升、增速放缓,商品交易市场发展缓慢,旅游市场相对稳定

社会消费品零售总额是反映人们物质生活水平和社会购买力的重要指标。2011—2015年,江苏省社会消费零售总额分别达到 15988.38、18331.30、20878.20、23458.07、25876.77 亿元[1],呈现逐年递增的态势;但增速呈现逐年减缓的态势,分别为 17.50％、14.65％、13.89％、12.36％、10.31％。江苏消费市场呈现几大特点:(1)时序上,随着经济收入水平的提高,社会消费能力增强,江苏省社会消费品零售总额持续增长。(2)交易方式上,由于受电子商务冲击,江苏消费支出方向开始扩散化,而不是单纯地集中在消费品零售领域。(3)伴随传统实体贸易企业增长乏力和网络销售增长迅猛,传统实体企业被迫转型升级,开始利用电子商务开拓销售渠道。(4)横向比较上,2015 年江苏社会消费零售总额为 25876.77亿元,占全国的比重为 8.6％,仅次于广东(10.41％)和山东(9.22％),位居全国第三,如表 1.1 所示。

表 1.1　2015 年全国三大消费强省社会消费品零售总额情况

在全国的位置	省份	社会消费品零售总额(亿元)	社会消费品零售总额占全国比重	较 2014 年增长
1	广东	31333.44	10.41％	10.10％
2	山东	27761.40	9.22％	10.60％
3	江苏	25876.77	8.60％	10.31％

资料来源:《2015 年广东国民经济和社会发展统计公报》、《2015 年山东国民经济和社会发展统计公报》和《2015 年国民经济和社会发展统计公报》。

(一)批发和零售业增速放缓,居民人均生活消费支出显著提高

社会消费品零售总额包括批发和零售业、住宿和餐饮业以及其他行业直接出售给城乡

---

[1]　数据来源除特别注明外,其他均来自《江苏统计年鉴(2016)》及作者计算。

居民和社会集团的消费品零售额。长期以来,由于江苏经济发达,居民消费水平较高,批发和零售业一直占据较大比重。2015年,江苏省批发和零售业规模达23414.30亿元,和2014年相比增长10.29%,占社会消费品零售总额的比重高达90.48%,住宿和餐饮业的规模分别为198.91亿元和2263.56亿元,分别比2014年增长5.99%和10.91%。从增幅来看,2015年江苏省批发和零售业增速比2014年的13.56%下降3个百分点。主要原因是,由于电子商务等网络交易方式的冲击,城乡居民的采购方式有了多重选择,实体交易场所不再是居民的唯一选择。

从居民消费情况来看,2015年江苏省人均生活消费支出达到20556元,和2014年的19164元相比,增加了7.26%。和2014年生活消费支出集中在制造业领域不同,收入水平的提升促进了消费方式的转变,居民加强了在生活娱乐方面的支出,而实体制造业的不景气,导致了制造业领域支出的减少,2015年江苏省人均消费生活支出中,位于前三位的分别是食品烟酒、居住和交通通信,支出金额依次是5936元、4552元和2985元,较2014年同比增长6.15%、10.30%和4.04%。居住方面的消费支出增幅较大,反映了江苏省房地产市场有所回暖。

（二）商品交易市场数量有所减少,但平均规模扩大

2015年,江苏省商品交易市场数量不断减少、市场规模逐渐扩大,商品交易环境进一步改善、专业性有所增强。

在小规模市场呈现合并趋势和电子商务市场迅猛发展的冲击下,江苏实体交易市场的数量不断萎缩。2011—2015年江苏省亿元以上商品交易市场的数量依次是575、562、547、536、513个,从2012年开始,减少幅度依次为2.26%、2.66%、2.01%、4.229%。特别是2015年,下降趋势较为明显。虽然交易市场的数量一直下降,但是交易市场的平均营业面积却保持上升态势。2015年,江苏亿元以上商品交易市场的营业面积为3183.73万平方米,平均每个市场营业面积为6.20万平方米,与2014年的6.09万平方米相比,增长了1.81%,同2014年1.16%的增速相比,也有较为明显的上升。从经营环境看,封闭式市场385个,占交易市场总数量的75.05%,与2014年相比,略有上升;从经营方式看,批发市场数量稍多于零售市场,分别为274个和239个;从市场类别看,2015年,专业性市场数量所占比重较大,达到384个,占总市场个数的比重为74.85%,而综合市场的数量仅为129个,反映了江苏商贸活动中专业化的程度不断提升。

（三）旅游市场的各项指标回暖

受江苏省人均消费水平提升的影响,以及人们对生活质量的不断追求,江苏省居民旅游服务需求不断增加,江苏旅游市场的基础建设和接待能力稳步增强。从旅游设施来看,全省新增旅行社85家,共计2336家,比2011年多了近400家;但星级酒店数量仍呈下降趋势,由2014年的873家下降为2015年的791家;5A景区比2015年增加5家,达到22家,继续保持全国第一的位置。在"入境游客人数"方面,2015年接待境内游客61933.65万人次,较去年增加4820.33万人次,接待境外游客人数3050104人次,较去年增加79148人次。2015年,江苏省旅游外汇收入共计352729万美元,较2014年的303271万美元上升了14.02%,但与2012年、2013年的旅游外汇收入水平相比,仍有一定差距。

二、外贸规模下降,结构优化升级

一直以来,江苏省都是全国的外贸大省和外贸强省。2015 年江苏进出口总额达 5456.1 亿美元,占全国进出口总额的 15% 左右。然而,近年来,江苏和广东、上海等外贸发达省市相比,差距越来越大。2015 年,江苏省进出口总额出现负增长,外贸发展遭遇总量增长的瓶颈。之所以出现这种情况,除了国际市场需求不足、国际贸易保护主义抬头之外,制造业出口竞争力削弱,受产能过剩困扰利润率下降,以及环保约束加大是重要影响因素。因此,对于江苏省外贸而言,十三五期间的发展思路应该是:以外贸结构的调整优化为主,并通过结构的调整优化来寻求新的外贸增长点,进而推动总量持续增长。

(一)外贸规模在全国处于前列,进出口出现负增长

如表 1.2 所示,从外贸总额上看,2015 年江苏省进出口总额为 5456.14 亿美元,江苏省的外贸大省地位没有改变,但是,和排名第一的广东省相比,江苏省外贸总额大约只有广东省的一半。和全国整体趋势一样,2015 年,江苏外贸出现负增长,和 2014 年相比,增速为 —3.22%。除了受"重量更重质"增长思路转换的影响外,传统制造业用工成本上升、产业竞争力削弱、去产能执行力度加大、环保政策趋严是江苏省出口增幅下降的重要原因。从行业来看,劳动密集型低端产业正在发生转移,制造业产业结构处于转型升级之中,先进制造业还有待发展,因此出口数据的变化也在预计之中。

表 1.2   2015 年全国及外贸三大省市进出口情况

地区	进出口总额	在全国的占比	增速
全国	39569 亿美元	—	—8.04%
广东	10228.71 亿美元	25.85%	—5.00%
上海	4492.38 亿美元	11.35%	—3.68%
江苏	5456.14 亿美元	13.79%	—3.22%

资料来源:《2015 年广东国民经济和社会发展统计公报》和《2015 年上海国民经济和社会发展统计公报》,全国对外贸易数据来自《2015 年国民经济和社会发展统计公报》。

(二)贸易结构继续优化,一般贸易规模发展趋缓

从贸易结构来看,出口方面,2015 年,江苏省一般贸易实现 1552.49 亿美元,和 2014 年相比,下降 2%,但是,和加工贸易额 1479.55 亿美元相比,仍多出 42.94 亿美元;进口方面,一般贸易实现 835.77 亿美元,较 2014 年的 901.92 亿美元下降 7.33%,加工贸易实现 817.15 亿美元,比 2014 年下降 5.51%。同 2014 年一样,加工贸易额进一步下降表明了江苏省贸易结构转型和产业升级进程进一步加快,以往的单纯依靠加工和组装的外贸模式得到一定程度的调整。一般贸易逐渐成为江苏省对外贸易项目的主体,其比重不断提高,显示了江苏省自主产品出口提升、出口效率有所提高的新趋势。

(三)高新技术产品出口增加,出口的技术结构得到调整

在产品结构上,2015 年,江苏省工业制成品出口 3285.6 亿元,占总出口的 97%,初级产品出口为 51 亿元,占比 3%,未来两者比例继续变动的空间不大。钢铁、造船和光伏都是江苏省工业制成品出口大户,但受去产能、国际需求萎缩和国际贸易摩擦的负面影响,这些产品增长空间有限。在技术结构上，2015 年，江苏省机电产品出口额为 2247 亿元，占比 66%；高新技术产品出口额为 1311 亿元，占比 39%。技术含量高的工业制成品代替低技术含量的工业制成品、机电产品和高技术产品出口保持增长，是江苏省技术结构中的亮点。但是，江苏省出口企业高科技产品中，处在劳动密集型环节和低附加值环节的高技术产品低端化生产现象，还广泛存在。在企业主体结构上，外资企业是江苏出口企业的主体，以"大进大出"为特点，先大量进口原材料、中间品和机器设备，加工组装后再大量出口制成品。

（四）出口企业的所有制结构继续优化，外资企业出口比重继续下降，但仍占主导，民营企业出口地位上升

2015 年，江苏省外商投资企业出口比重进一步下降，外资企业实现出口额 1938.86 亿美元，和 2014 年相比下降了 2.47%，占总出口的比重为 57.25%，而 2011—2014 年这一比重为 68.84%、62.30%、59.06% 和 58.15%。外商投资企业出口额占总出口额的比重逐年下降，这表明外商投资企业在江苏省出口中的地位持续下降。2015 年江苏省国有企业出口额达到 307.40 亿美元，和 2014 年几乎持平。私营企业出口额达到 1068.18 亿美元，比 2014 年增长 1.29%，占总出口比重为 31.54%，而 2011—2014 年这一比重为 20.64%、27.11%、30.31% 和 30.85%。综合来看，外资企业出口额比重的持续下降和私营企业出口额比重的逐年增加表明，私营企业的出口地位有所上升，江苏省贸易主体结构正在发生变化，私营企业活力不断增强。

（五）出口的主要市场不变，出口额有所下降

美、欧依然是江苏省最大的贸易市场国。2015 年，江苏省对这两大市场的出口额之和占江苏出口总额的比重为 41.03%，和 2014 年的 48.12% 相比，下降幅度明显。其中，美国维持了江苏第一贸易市场国的地位，2015 年江苏省对美国出口额达 727.97 亿美元，较 2014 年增长了 3.74%；欧盟是江苏排名第二的贸易市场，2015 年江苏省对欧盟出口额达 607.86 亿美元，较 2014 年降低了 4.28%。2015 年江苏省对亚洲地区的出口规模为 1590.03 亿美元，和 2014 年相比，降低了 1.14%。其中，出口额占据前四的依次为中国香港、日本、韩国、中国台湾，出口规模分别为 347.90、280.82、166.78 和 137.83 亿美元，和 2014 年相比，增速分别为 −0.16%、−9.01%、0.25% 和 −2.97%；对东盟的出口规模为 351.07 亿美元，占 2015 年江苏省出口总额的比重为 10.37%。2015 年江苏省对拉丁美洲和俄罗斯的出口额分别为 189.32 亿美元和 34.74 亿美元，分别较 2014 年下降了 1.35% 和 29.02%；对非洲出口额为 87.00 亿美元，和 2014 年相比，下降了 6.42%。江苏对美国和欧盟的出口规模已经有所缩小，有的还出现了负增长，两者作为江苏省主要出口对象的地位暂时不会发生改变。但是，新兴市场是出口增长的能量剂，江苏省需要加快制造业产业结构的升级速度，提高产品在新兴市场的竞争力。

三、"引进来"步伐放缓，行业结构不断调整

长期以来，江苏省外商直接投资规模一直位居全国前列。但是，自 2014 年开始，江苏省年利用外资的规模有所下降。2015 年，江苏省外商直接投资规模低于上海，位列全国第二。

（一）合同利用外资规模连续减少，独资企业仍占比较高

2015 年，江苏省利用外资规模继续减少，全年实际利用外资规模比 2014 年下降

13.84%,为 242.75 亿美元,占全国利用外资总额的 19.22%,这一比重较 2014 年下降了近 5 个百分点,具体如表 1.3 所示。江苏省在"引进来"方面之所以处于全国领先地位,主要得益于先进制造业的加速发展和服务业外资占比的提高。2015 年全年新批外商投资企业 2580 家,和 2014 年相比有所减少。江苏省合同外资项目数量较 2014 年下降 14.88%,自 2010 年以来,合同外资项目数量连续第六年出现下降。2015 年全年合同利用外资额共计 393.61 亿美元,比 2014 年下降 8.86%,继 2012 年之后合同利用外资额连续第四年出现下降。从平均每个项目的利用外资额来看,2010—2012 年出现了逐年增加的趋势,分别达到 1219.34、1324.59 和 1374.91 万美元,在 2013 年出现小幅回落(1368.89 万美元)之后,2014 年平均每个项目利用外资额继续增长,达 1424.84 万美元,较 2013 年增长了 4.09%。2015 年平均每个项目利用外资额保持增长,达 1525.62 万美元,和上一年相比,增加了 7.07%。平均项目利用外资额的继续增长表明,江苏省在利用外资方面不再是单纯追求数量,而是更加看重质量。

表 1.3　2015 年江苏、广东、上海和全国利用外资情况

地区	实际利用外资规模	在全国的占比	较 2014 年的增速
全国	1263 亿美元	—	-6.4%
江苏	242.75 亿美元	19.22%	−13.84%
广东	268.75 亿美元	21.28%	0%
上海	184.59 亿美元	14.62%	1.6%

资料来源:《2015 年广东国民经济和社会发展统计公报》《2015 年上海国民经济和社会发展统计公报》和《2015 年国民经济和社会发展统计公报》。

利用外资结构方面,独资企业投资仍占较大比重,其次是合资企业。但是,2015 年两者实际利用外资规模均出现负增长。2011—2015 年,独资企业实际利用外资额分别为 255.43、288.71、269.21、232.27 和 185.62 亿美元(2015 年较 2014 年下降了 20.09%),分别占实际外商投资金额的 79.49%、80.74%、80.94%、82.44% 和 76.47%。2015 年合资企业实际利用外资规模为 46.04 亿美元,较 2014 年下降了 7.24%。

利用外资行业方面,第一产业合同利用外资项目 124 个,实际使用资金 4.80 亿美元,占 2015 年江苏省实际利用外资的比重为 19.78%,和 2014 年江苏省实际使用外资 5.73 亿美元相比,下降了 16.22%;第二产业合同外资项目 917 个,占 2015 年江苏省总合同外资项目的比重为 35.54%,和 2014 年的 1219 个相比,下降了 24.77%,实际使用外资 124.79 亿美元,和 2014 年相比,下降了 18.63%;第三产业合同项目 1539 个,和 2014 年相比下降了 6.33%,占 2015 年江苏省合同外资项目的比重为 59.65%,实际使用外资金额为 113.16 亿美元,和 2014 年相比,下降了 7.81%。

(二)制造业合同利用外资规模下降,服务业外商直接投资内部差异性大

制造业一直是江苏省利用外资的主体。2015 年是江苏省产业结构转型升级最重要的一年,受制造业结构调整的影响,江苏对外资的利用率也出现了大幅度的下滑。2015 年,江苏省合同利用外资额和实际利用外资额分别为 175.11 亿美元和 112.67 亿美元,较 2014 年分别下降 12.63% 和 22.56%,虽然外资利用规模下降,但制造业吸收外资的重要地位没有明

显变化,合同利用外资额和实际利用外资额分别占全省的 44.49% 和 46.41%。从制造业内部利用外资的情况来看,排在前三位的分别是通信设备和计算机及其他电子设备制造业、电气机械及器材制造业、化学原料及化学制品制造业,占制造业实际利用外资的比重分别为 19.64%、12.30%、10.46%。

服务业是江苏省重点发展产业,但由于尚处于发展期,且是信息通信和制度敏感型产业,吸收外商直接投资仅为 113.16 亿美元,比 2014 年下降 7.74%。从服务业内部利用外资情况来看,行业间利用外资规模差异较大,大部分行业出现负增长,其中下降程度最大的行业为教育、居民服务和其他服务业、房地产业,下降幅度依次为 98.32%、51.59% 和 25.23%,其他出现负增长的行业包括交通运输、仓储和邮政业、批发和零售业、住宿和餐饮业、科学研究、技术服务和地质勘查业、水利环境和公共设施管理业、文化、体育和娱乐业。为数不多的行业出现了正向增长,包括信息传输、计算机服务和软件业、金融业、租赁和商务服务业、居民和其他服务业、卫生、社会保障和社会福利业,增长幅度依次为 71.24%、11.95%、15.79%、51.59% 和 7.92%,相比较而言,受制造业不景气的影响,生产性服务业吸收外资能力大幅下滑,消费者服务业保持良好态势,居民生活质量得到保障。

（三）亚洲仍为外资主要来源地,南美国家加大对江苏投资

在外资来源地方面,亚洲依然是江苏省外资的主要来源地。2015 年,亚洲国家对江苏省实际投资总计 176.29 亿美元,较 2014 年下降 18.10%,但占江苏省利用外资总额的比重仍高达 72.62%。由于近年来我国与南美国家建立了友好经贸合作关系,南美在江苏省实际投资额共达到 16.53 亿美元,占比 6.81%,排名仅次于亚洲和欧洲地区投资额。欧洲和美国对江苏实际投资额分别占江苏实际利用外资总额的 7.83% 和 1.81%,分别达到 19 亿美元和 4.38 亿美元,较 2014 年分别下降了 19.36% 和 26.61%。欧洲和美国向来被视为全球先进技术的代表性地区,二者对江苏投资规模的下降表明,江苏省利用外资的来源地存在着一定程度的失衡,利用外资的层次还不高,这不利于江苏省通过外资的"溢出效应"学习发达国家的先进技术和经验。南美国家投资力度加大,表明江苏省正积极开辟新的引资方向,加深对全球资本的利用程度。

（四）制造业依然是吸引外资的主力,服务业成为吸引外资新增长点

2015 年,江苏省涉及外商投资的企业共计 53551 个,投资总额 7821.54 亿美元,其中涉及外方的资金共计 3572.66 亿美元,占总投资额的 45.68%。从投资行业来看,外商投资主要集中制造业、房地产业、租赁和商务服务业,投资的企业数分别为 28463、1796 和 2823 个,占总企业数的比重分别为 53.15%、3.35% 和 5.27%,涉及外商资金分别为 2111.93、454.80 和 212.50 亿美元,占外商总资金的比重分别为 59.11%、12.73% 和 5.94%。虽然江苏省制造业竞争力有所下降,但是制造业依然是吸引外资的主力。江苏省应当加快制造业的转型升级,打造先进制造业产业链,加快对外引资步伐,提升引进外资对江苏实体经济的促进作用。服务业涉及外商资金 1278.55 亿美元,占总资金的比重为 35.79%,和 2014 年的 1089.83 亿美元相比,增长了 17.32%。可以看出,实施产业升级,积极发展生产性服务业的战略下,江苏省的服务业正在成为吸引外资新的增长点。外资对生产性服务业的投入加大,也能促进江苏省产业结构调整、升级,有利于江苏省制造业和服务业的互动融合。

四、"走出去"步伐加快，省内对外投资差距扩大

2015 年，江苏省开放经济发展强劲，对外投资增长旺盛，但是外部压力逐渐显现，对外贸协定规则的利用存在不足，同时，省内不同区域对外投资的差距有进一步扩大的趋势。

（一）民营企业投资日益增加，非贸易型项目持续增长

境外投资中方协议金额逐年上升，2015 年实现 103.04 亿美元，增长幅度较大，为 42.81%（2014 年增速为 17.47%），新批项目个数也不断增加，2010—2015 年分别为 408、505、572、605、736 和 880 个。从平均单个对外投资项目金额来看，2010—2015 年分别为 533.37、713.18、882.08、1015.32、980.98 和 1170.91 万美元。和 2014 年相比，2015 年增长 19.36%。

对外投资主体方面，民营企业活力增强，"走出去"步伐加快。一方面，民营企业获得了越来越多的对外投资项目，2010—2015 年分别签下了 269、369、383、426、554 和 693 个新项目，对外投资活动开展较为顺利。2015 年，江苏省民营企业的中方协议金额达到 72.16 亿美元，较 2014 年增长 45.18%。另一方面，民营企业的对外投资主体地位日益巩固，2010—2015 年占江苏省对外投资总额的比重分别为 68.70%、69.85%、63.57%、70.68%、75.91% 和 77.16%。从新增境外投资项目主体类型来看，2015 年，仅苏州市境外投资非贸易型项目就达到 161 个，中方协议投资额 139766.6 万美元，占总额的 68.3%。贸易型项目 90 个，中方协议投资额 64937.6 万美元，同比翻一番，占总额的 31.7%。应该如何看待民营企业对外投资力度加大？一方面，江苏民营企业对外投资力度加大，可能说明了全省经济形势不好，造成了民营资本开始在全球寻找高收益项目，江苏省的资本外流压力加大；另一方面，排除资本外逃性质的资本"走出去"，民营企业对外投资有利于提升江苏企业在全球的竞争力和认知度。

江苏省对外投资还体现出以非贸易型项目为主的特征。2015 年，江苏贸易型项目对外投资金额为 22.57 亿美元，比 2014 年增长 35.15%，非贸易型项目对外投资金额达 80.47 亿美元，比 2014 年增长 45.12%。2010—2015 年平均每个贸易项目的对外投资金额为 376.94、477.33、635.13、613.48、602.94 和 716.56 万美元，平均每个非贸易项目对外投资金额为 636.38、885.22、1064.47、1228.96、1208.19 和 1424.33 万美元。很明显，非贸易型项目的迅速发展为江苏对外投资开辟了一个新方向。

（二）第三产业在对外投资中占据重要地位

2015 年，江苏省对外投资的产业结构进一步优化。2015 年第一产业对外投资新批项目数量为 20 个，较 2014 年增长 150%。同时，单个农业对外投资项目金额为 620.3 万美元，比 2014 年的 610.75 万美元增加了 1.56%。

江苏第二产业的对外投资投中，新批项目数量逐年稳定增长，2010—2015 年分别为 134、158、175、190、259 和 287 个。中方协议投资金额则增幅较大，2015 年达 38.86 亿美元，较 2014 年增长 51.87%（在此之前的 2012 年微弱下降 0.47%，2013 年大涨 52.46%，2014 年增长 11.75%）。第二产业对外投资额占境外投资总额的比重回暖明显，自 2009 年该比重超过 50% 之后，从 2010 年的 47.90% 大幅下降到 2014 年的 35.46%，但是在 2015 年情况得到好转，增幅达到 51.87%。在第二产业内部，以投资于制造业为主，其对外投资的中方协议金

额达 25.69 亿美元,相比 2014 年增长了 27.19％,占第二产业的对外投资比重达 24.94％。

第三产业依然是江苏省产业发展的重点方向,也是对外投资的主要部门。2010—2015 年新批项目分别为 266、342、383、400、469 和 573 个,中方协议投资金额分别为 10.99、20.42、33.07、35.89、46.08 和 62.94 亿美元,占江苏境外投资比重分别为 50.51％、56.69％、65.55％、58.42％、63.86％ 和 61.08％。在第三产业内部,对外投资主要是可贸易性更好的生产性服务业,以批发零售业、租赁和商务服务业为主和房地产业,其占第三产业对外投资总额的比重依次是 20.81％、20.31％ 和 11.40％。

（三）资本投向以亚洲为主

江苏省对外投资目的地,主要以亚洲各国或地区为主。2015 年,江苏对亚洲国家投资占其对外投资总额的 57.73％,达到 59.49 亿美元,较 2014 年增长 43.43％。值得注意的是,因为欧洲深陷债务泥潭,2015 年江苏省资本投向欧洲的规模比 2014 年下降了 25.01％,仅为 4.80 亿美元。在亚洲各国家和地区中,中国香港仍是吸引江苏省对外投资的主要地区。依靠 CEPA(关于建立更紧密经贸关系的安排)等优惠政策的推动,2015 年江苏省在港新批项目数和中方协议投资额分别为 240 个和 33.59 亿美元,同比分别增长了 26.98％ 和 30.03％。按照中方协议投资额排序,2015 年,江苏省对外投资排在前五位的国家或地区分别是中国香港、美国、印尼、澳大利亚和英属维尔京群岛,投资额依次为 33.59、10.77、7.46、6.47 和 5.69 亿美元。这些国家或地区之所以对江苏省对外投资吸引力大,或者是因为这些地区投资环境相对成熟,开放度、市场化、法治化程度较高;或者是因为离岸金融业十分发达,有利于江苏借助对外投资获得先进技术和经验、实现资本的保值增值。并且,由于部分亚洲地区和我国先天文化属性相似,江苏省对此投资受到的阻碍较小,遇到的贸易壁垒也会较少,使得这些地区成为江苏省对外投资的首选之地。

（四）区域内对外投资差异较大

江苏省对外投资规模呈现由南到北逐渐减少的趋势,苏中、苏北地区企业"走出去"的空间依然广阔。2015 年,苏南仍然是江苏省对外投资的主力军,对外投资额占全省总额的 66.29％,实现中方协议投资 68.31 亿美元,比 2014 年增长了 29.52％,苏南对外投资额超过苏中和苏北地区总和。与此同时,2015 年,苏中、苏北"走出去"速度有所回升。2010—2012 年苏中地区对外投资实现了快速增长,增速分别达到 24.09％、64.18％、47.80％,2013—2014 年呈现出增速放缓的趋势,增速分别降为 14.91％ 和 16.27％,但 2015 年的增速达到 33.63％。苏中地区占全省对外投资总额的比重稳定在 17％ 左右,2015 年虽略有下降,比重仍然达到了 16.31％;苏北地区 2014 年中方协议对外投资额仅为 6.84 亿美元,比 2013 年下降了 1.30％,但 2015 年投资额飞速上升,达到 17.93 亿美元,比 2014 年增长了 162.25％。苏南、苏中、苏北地区对外投资的差异取决于各地区的经济发展水平。从这一点上来看,江苏省仍然需要促进区域内经济均衡增长,由点到面,努力实现全省对外投资的同步增长。

五、互联网化基础设施较为完备,电子商务模式有待发展

在互联网基础设施方面,截止到 2015 年底,江苏省光缆线路总长度 251.2 万公里,全国第一;互联网省际出口宽带 13271.5 G,全国第二;固定宽带接入用户 2183.1 万户,移动互联网用户达到 6728.9 万户,光纤到户覆盖家庭 3271 万户;整体固定宽带接入速率 10.61 Mbps,

全国第二。①

但是,江苏省工业企业的信息化程度仍有待加强。第一,江苏建立首席信息官制度的规模以上企业比例为67.7%,近年信息化建设投入额在销售收入的所占比重仅为0.69%,只比全国平均水平略高了0.01%;大规模数字化装备联网率40.4%,比全国平均水平高2.9%;数字化工艺设计实现比率44.1%、关键生产工序数控化率27.8%,都大幅低于50%。第二,2015年,江苏私营企业建立企业官方网站的比率为71%,低于全国民营企业样本(世界银行的调研数据:有效样本2655家)的平均比率73%,同浙江86%、广东72%、上海79%相比,差距更大。其中,分企业规模看,大企业建立官方网站的比率高于中小微企业:大企业79%、中型企业71%、小微企业65%。第三,在采购、销售与营销、新产品开发三个价值链环节都适用互联网的企业比率,全国是47%、浙江64%、广东56%、江苏只有40%。相对于浙江、广东等制造业大省来说,江苏工业企业价值链整体互联网化还存在巨大提升空间。例如,在有关机构调研常州93家企业中,发现仅有39%的企业已涉及并且有应用"互联网+"培育新型工业组织,引导企业向互联网生产方式转型。另外,江苏工业企业价值链互联网化水平呈现企业间差异,其中,大企业明显高于中小微企业:大企业为45%、中型企业为39%、小微企业为38%。

在互联网普及和应用方面,2015年江苏省呈现以下几个特征:一是互联网基础资源保持较高水平,全省IPv4地址1602万个,占全国IPv4地址的4.76%,位居全国第五位。域名总数达130万个,较上年同期增长了55.8%,占全国域名总数的4.2%,位居全国第八位。备案网站主体31.4万个,备案网站数38.3万个。企业主办网站占比约74%,达到28万个。二是网民规模扩大,2015年,江苏省网民规模4416万人,同比增长142万人,增长了3.3个百分点,互联网普及率为55.5%,同比增长1.7个百分点。三是基础互联网应用向纵深发展,娱乐、商务交易、金融类应用使用率快速提升,其中网络购物、网上支付、网上银行、旅行预订、团购、互联网理财等应用的使用率均有不同程度的上升,网络购物、旅行预定和团购的上升幅度在4个百分点左右,网上支付、网上银行和互联网理财的上升幅度都在6个百分点以上。②

在跨境电商方面,苏宁易购、金鹰商贸的"金鹰购"、苏果"e万家"等跨境电商平台发展势头良好,龙潭跨境电子商务产业园区正式运营,跨境电商已经成为江苏外贸新的增长点。③监测数据显示,2015年江苏省共有市场主体开办的网站145992家,网络交易平台交易总额达4939.45亿元。④ 江苏全省大中型企业电商应用普及率已超过75%,提升近20个百分点。2015年江苏省电子商务交易额预计超过1.8万亿元,其中以工业企业为主体的B2B规模预

① 江苏省人民政府.2016年通信与互联网发展状况新闻发布会[EB/OL].http://www.jiangsu.gov.cn/szfxwfbh/xwfbhhz/201605/t20160512_431946.html

② 江苏省人民政府.2016年通信与互联网发展状况新闻发布会[EB/OL].http://www.jiangsu.gov.cn/szfxwfbh/xwfbhhz/201605/t20160512_431946.html

③ 江苏省人民政府.2016年通信与互联网发展状况新闻发布会[EB/OL].http://www.jiangsu.gov.cn/szfxwfbh/xwfbhhz/201605/t20160512_431946.html

④ 中国电子商务研究中心.2015年江苏省网络交易平台总交易额4939亿元[EB/OL]http://www.100ec.cn/detail—6337126.html.

计超过 1.3 万亿元,B2B 交易占比超过 70％,继续保持全国前列。[①] 江苏省电子商务发展时间短,但是政府采取扶持政策,保证了省内电商企业发挥后发优势,不断提高自身的竞争力。

六、逐步实施经济国际化战略,对外经济合作不断提升

随着经济全球化程度不断加深,江苏省实施国际化战略的速度显著加快,努力在更大的范围、更广的领域、更深的层次、更高的水平寻求对外经济合作、参与对外经济合作。

(一)工程承包规模持续发展,单笔合同金额出现滑落

2010—2014 年,江苏省对外工程承包合同额稳步上升,分别达到 54.47、59.49、71.98、86.57 和 96.61 亿美元。但是 2015 年出现明显下滑,对外工程承包合同额为 77.96 亿美元,较 2014 年下降 19.31％。2015 年江苏省实际完成营业额为 87.61 亿美元,较 2014 年增长了10.15％。2010—2015 年分别签订 968、891、1009、1021、1067 和 875 份对外承包合同,增速分别为 33.15％、-7.95％、13.24％、1.19％、4.51％和-17.99％。综合合同金额和合同数量两项指标来看,平均每笔对外工程承包合同金额从 2010 年的 562.71 万美元逐年增长到2014 年的 905.44 万美元,但是 2015 年江苏省平均每笔对外工程承包合同金额为 890.97 万美元,较 2010—2014 年的平均金额下降了 1.6％。

(二)对外劳务合作创历年新低

2010—2015 年,江苏省新签劳务人员合同工资总额分别达到 7.60、6.49、6.20、7.57、12.08 和 5.19 亿美元。其中,2015 年新签劳务人员合同工资总额为近年来最低,较近年来的历史峰值 2014 年的 12.08 亿美元降低了 56.00％。2010—2015 年江苏省对外劳务合作人员的实际收入总额较为平稳,分别达到 7.69、7.36、7.74、8.88、8.54 和 7.46 亿美元。其中,2013年比 2012 年增加,增幅为 14.73％;2014 年比 2013 年略有下降,降幅为 3.83％;2015 年与2014 年相比有所下降,降幅为 12.65％。可见,受全球经济衰退的影响,国内外经济合作对江苏劳工的需求有所下降,江苏省应当积极开辟新的劳动输送方向。

七、服务外包保持超高速发展,外包企业实力领先

2015 年 1—12 月,江苏省服务外包业务合同额 445.9 亿美元,同比增长 19.6％。其中离岸合同额 253.0 亿美元,同比增长 21.3％。在岸合同额 192.9 亿美元,同比增长 17.4％。服务外包业务执行额 376.8 亿美元,同比增长 21.1％。其中离岸执行额 214.1 亿美元,同比增长 22.6％。在岸执行额 162.7 亿美元,同比增长 19.1％。[②]

2015 年,江苏省服务外包业务总量继续保持全国领先,实现了新常态下的稳定增长。第一,增速高于全国水平,外包总量全国领先。2015 年 1—12 月,江苏省服务外包执行额214.1 亿美元,同比增长 22.6％,增速高于全国(增速 15.6％)7 个百分点,总量接近全国三分之一,江苏省服务外包在增速和总量上仍有明显优势。第二,离岸业务增速高于在岸业务。

---

① 江苏省经济和信息化委员会.2015 年江苏企业电商拓市环省行活动圆满落幕[EB/OL].http://www.jseic.gov.cn/xwzx/xwfb/tpxw/201601/t20160118_168204.html

② 中国服务外包网.2015 年江苏省服务外包发展继续领先全国[EB/OL].http://www.jssourcing.org.cn/Model/view.aspx? m_id=1&id=304

2015 年,江苏省服务外包业务离岸合同额和离岸执行额增速分别高出在岸合同额和在岸执行额增速 3.9 和 3.5 个百分点。在岸业务较离岸业务发展放缓明显,也是近三年来在岸业务增速首次低于离岸业务。第三,主要发包市场格局稳定,"一带一路"市场重要性显著提高。美国、欧洲、中国香港牢牢占据我国离岸发包市场的前三位,中国台湾、韩国、日本分列四到六位,同时,这几个国家和地区也是江苏省重要的离岸市场发包地,服务外包市场业务潜力较大。第四,服务外包业务结构持续优化。2015 年,江苏省 ITO、BPO、KPO 三种业务离岸服务外包执行额 116.4、15.5、82.2 亿美元,同比增长 13.4%、25.6%、37.7%。其中,ITO 增速放缓、占比下降;知识业务流程 KPO 业务增速最快,所占比重增加明显;三种业务模式结构日益优化,知识产权、工业设计、工程设计、医药和生物技术研发、动漫以及网游设计等外包业务的迅速发展,带领江苏省服务外包向高端领域拓展,江苏省服务外包业务转型升级明显加快。第五,主要城市外包业务增长明显,加快推动"一带一群"建设。"一带一群"以南京、无锡、苏州三个国家示范城市为主体,加上常州、镇江形成"3+2"城市带,辐射到长江以北,与南通、泰州形成"3+2+2"城市集群。南京、无锡、苏州作为国家级服务外包示范城市,2015 年离岸执行额分别为 60.6、81.5、62.7 亿美元,发挥江苏省服务外包主力军的作用。常州、镇江、南通、泰州全年离岸外包执行额分别为 1.1、5.9、1.9、0.17 亿美元,实现较快增长。"一带一群"城市群服务外包离岸执行额占全省服务外包总额的 99.8%,具有较好的发展优势。因此,要加快推动"一带一群"建设,探索服务外包集群发展的新模式,促进各城市之间差异化协同发展,发挥集群效应,促进江苏省服务外包产业进一步加快发展。①

---

① 中国服务外包网.2015 年江苏省服务外包发展继续领先全国[EB/OL].http://www.jssourcing.org.cn/Model/view.aspx? m_id=1&id=304

第二章 江苏商务发展的优势与机遇

江苏省地处长三角地区,毗邻浙江和上海等经济发达地带,拥有优越的地理位置,是我国的经济、外贸大省,具有领先于全国的科技研发实力,这构成了江苏省商务发展的优势来源。同时,国际和国内出现的一些新形势,如"一带一路"战略的实施、上海自贸区的顺利运行以及互联网＋和电子商务的发展也为江苏商务发展提供了更好的契机。

一、具有优越的地理位置、发达的交通运输业

坐拥长三角,连接着上海、浙江、山东等经济大省市,江苏的地理位置奠定了其商务发展的先天优势。2007年,江、浙、沪三地政府与中国人民银行共同签署了《推进长江三角洲地区金融协调发展、支持区域经济一体化框架协议》,这标志着长三角地区经济一体化正式启动,这也对长三角地区的交通运输提出了更高的要求。2014年,长三角"一小时都市圈"基本建成,江苏也全面启动交通运输现代化建设。铁路和航道投资力度进一步加大,共有11个项目列入国家新一轮铁路建设计划,新增三级以上干线航道208公里,沿江、沿海港口分别新增7个和8个五万吨级以上码头泊位,完成新改建农村公路5630公里。南京禄口国际机场二期建成投运,区域性航空枢纽地位凸显。城市建设方面,公交路线和城际交通运输路线进一步完善,宁、镇、扬实现公共交通"一卡通"联网。2015年,江苏省高速公路通车总里程突破4500公里,10万及以上人口乡镇高速公路覆盖率达到94％,通达程度、服务能力均居全国领先水平。公共交通基础设施率先基本实现现代化,长江跨江通道由7个增加至14个;铁路覆盖13个省辖市,时速200公里以上的快速铁路里程较"十一五"末翻一番,苏南地区高铁通道基本形成;干线航道网主骨架初步形成,拥有7个亿吨大港,港口货物综合通过能力达18.9亿吨,均居全国首位;已建成9个运输机场和8个通用机场,实现地面交通90分钟车程覆盖全部县市,三级交通物流枢纽(基地)体系基本形成。由此可见,在优越的地理位置的基础上,江苏省交通运输能力逐渐提升,这为区域经济一体化以及商务活动的发展奠定了良好的基础。

二、经济运行态势良好,人均可支配收入不断提高

当前,我国经济正在步入"新常态",由高速增长转为中高速增长。2015年江苏经济发展依然注重于"稳增长、促改革、调结构、重生态、惠民生、防风险",经济增速在新常态下平稳运行、稳中有进。虽然经济存在下行压力,较2014年增速有所回落,但仍然超过了全国整体水平,涨幅达到8.5％,在东部经济大省中位列第一,如表2.1所示。2015年的江苏经济不仅做到了"稳增长",还实现了"调结构",三次产业占比进一步合理化。其中,2015年在全国经济总量排名前四位的省市中,江苏省第三产业增长速度较快,达到了9.4％,高于全国8.3％

的平均水平,第三产业占全省地区生产总值的 48.61%,这一比重较 2014 年提高了 1.6 个百分点。

表 2.1 2015 年全国及前三位经济大省的经济运行情况

地区	经济总量	经济增速	第二产业增速	第三产业增速
全国	676708 亿元	6.9%	6.0%	8.3%
广东	72812.55 亿元	8.0%	6.8%	9.7%
江苏	70116.38 亿元	8.5%	8.3%	9.4%
浙江	42886.49 亿元	8.0%	5.4%	11.3%

资料来源:《2015 年广东国民经济和社会发展统计公报》《2015 年山东国民经济和社会发展统计公报》《2015 年浙江国民经济和社会发展统计公报》和《2015 年国民经济和社会发展统计公报》。

2015 年,江苏实现城镇居民人均可支配收入 37173 元,较 2014 年增长 8.23%。在其他条件基本稳定的情况下,人均可支配收入的提升增强了消费能力、增加了消费需求。2015 年,江苏人均消费性支出 20556 元,比 2014 年增长 7.26%,消费品市场也因此稳中趋好,社会消费品零售总额达 2.59 万亿元,比 2014 年增长 10.31%,有效推动了江苏省的商务活动发展。[1] 较高水平的人均可支配收入,既提升了江苏经济发展的活力,又保证了江苏省内需对经济增长的刺激作用。在当前出口规模出现萎缩的情况下,也有利于江苏省调整发展战略,通过加强对内需的利用,实施出口转内需的发展战略。

三、具有企业集聚优势,民营企业实力不断增强

2013 年末,中国国家主席习近平提出了建设"新丝绸之路经济带"和"21 世纪海上丝绸之路"(即"一带一路")的战略构想,2014 年是"一带一路"战略全面实施的元年,"一带一路"战略对提升我国综合实力以及深化国际合作具有重大意义。在 2014 年落实"一带一路"发展战略的基础上,2015 年,江苏省抢抓机遇,主动作为,把"一带一路"战略与沿海开放战略和长江经济带三大国家级战略统一规划,一体推进,全方位发力,迅速形成新一轮开发开放及外向型经济发展浪潮。"一带一路"战略实施以来,江苏沿线国家投资的企业达 1049 个,千万美元以上的项目近 70%。2015 年,江苏省和德国合作机构签署了合作备忘录,双方商定共同推动在建立江苏智能制造和德国工业 4.0 合作平台、合作示范项目、人才培训合作机制、交流对话机制等方面的合作与交流。2015 年,中国企业联合会、中国企业家协会发布了 2016 中国 500 强企业,江苏 44 家企业入围,和浙江并列第四。江苏入围企业中,太平洋建设、苏宁控股、恒力集团等年营业收入超过 2000 亿元,三胞集团、悦达集团、中天钢铁超过 1000 亿元,江苏省千亿级企业继续保持 7 家,在中国制造业 500 强、服务业 500 强榜单中,江苏分别有 43 家企业、28 家入围。[2]

2015 年,全省民营经济面对错综复杂的宏观经济环境,在加快创新转型中保持了平稳

---

① 数据来源:《2015 年江苏国民经济和社会发展统计公报》及作者计算。

② 资料来源:江苏省经济和信息委员会.44 家苏企跻身中国企业 500 强[EB/OL]http://www.jseic.gov.cn/xwzx/dtxx/qedt/201608/t20160829_176402.html

健康发展,民营经济亮点引人注目。2015 年,全省民营经济完成增加值 3.9 万亿元,规模以上民营工业全年完成增加值 1.8 万亿元,占全省规模以上企业的比重为 54.8;实现利润总额 5536 亿元,比全省规模以上工业增幅高 3.3 个百分点。新登记注册私营企业户数 39.4 万户,私营企业累计登记户数达 182.2 万户;私营企业注册资本总额达 7.3 万亿元,位列全国第二位。私营企业户均注册资本由上年底的 355 万元提高到 400 万元,注册资本超过 1 亿元的私营企业达 9360 户,私营企业集团达 1914 户,比上年底增加 87 户。① 民营企业是经济发展的助推剂,加强民营企业的活力,提高民营企业的参与度,有助于促进经济增长。同时,民营企业的发展,能够保证市场的竞争活力,有利于政府力量集中到基础设施和基础产业的建设上。

四、具有领先的科技创新水平和先进的创业意识

2015 年,江苏省取得"7 万亿"成绩,被江苏省统计局长夏心旻以"有内涵,有气质"概括。2015 年,江苏的产业结构中,服务业占 GDP 比重达到 48.6%。三产比重超过二产,经济结构会发生质的飞跃。江苏服务业提升以后,对先进制造业有促进作用,如生产性服务业会带动制造业发展。生活性服务业的档次和质量也会进一步提升,如健康、文化服务业将直接提升百姓生活质量。据《中国区域创新能力评价报告 2015》显示,江苏省大多数指标处于全国前列,创新能力均衡、企业创新能力突出,其中"发明专利申请受理数"等 8 项企业创新指标、"国家创新基金获得资金"等 5 项创新环境指标均列全国第一。②

2015 年,江苏省创新产出成果摆脱了 2014 年增长回落的颓势。专利申请受理量合计 428337 件,和 2014 年相比,增长了 1.52%。其中,发明型专利受理量达到 154608 件,和 2014 年相比,增长了 5.42;实用新型专利申请受理量 154281 件,和 2014 年相比,增长了 23.44%。另外,大专院校和科研机构专利申请受理量合计 38698 件,和 2014 年的 31690 件相比,增长了 22.11%。③ 2015 年,江苏省全社会研发投入占 GDP 比重达 2.55%,高新技术产业产值规模以上工业比重超过 40%,科技贡献率达 60%。出台《苏南国家自主创新示范区发展规划纲要(2015—2019 年)》,深入实施创新型园区建设、创新型企业培育。全面深化科技体制改革。大力推广落实中关村"6+4"政策,支持苏州工业园区成为全国首个开放创新综合试验区域,深化南京国家科技体制综合改革试点建设,选择常熟在全国率先开展县域科技体制改革试点,深入实施"千人万企"行动,加快建设深化科技体制改革试验区。加强创新型企业培育,着力强化技术创新体系建设。深入推进国家技术创新工程试点,切实将创新资源引入企业、技术研发机构建在企业、科技服务覆盖到企业、创新政策落实到企业。培育创新型企业集群。深入实施科技企业培育"百千万"工程,新遴选 61 家拥有自主知识产权和自主品牌的创新型领军企业,总数达 140 家。大力实施科技企业"小升高"计划,引导面广量

---

① 资料来源:中国江苏网.2015 年江苏民营经济平稳健康发展 呈现五大亮点[EB/OL]http://economy.jschina.com.cn/system/2016/02/16/027849009.shtml

② 人民网.江苏 2015 年 GDP 超 7 万亿 区域创新能力"七连冠"[EB/OL]http://js.people.com.cn/n2/2016/0131/c360301 - 27661700.html

③ 江苏省科学技术厅.2015 年全省科技工作总结和 2016 年重点工作[EB/OL]http://www.jstd.gov.cn/kjxxgk/nr-glIndex.action? type=2&messageID=40288585535a7471015364c429230026

大的中小企业加快成长为高新技术企业,全年新认定高新技术企业 3000 多家,总数超过 10000 家。①

江苏省创新水平提高和创业意识的增强,标志着"大众创业、万众创新"战略在全省出初具成果。创新能力的增强,对全省的产业结构升级,经济活力提升,市场经济机制的合理运行也将大有裨益。

五、PPP 项目带来的机遇

货币政策边际效应越来越小、民间投资断崖式下滑、财政政策被推到台前,PPP 因此被寄予厚望。江苏省中小企业众多,"融资难"一直是一个亟待解决的问题。PPP 项目的出台,无疑能够帮助江苏民营企业筹集部分资金,以供发展。2015 年,江苏省举办投融资对接活动,协调解决项目建设中的突出问题,落实 530 个有融资需求和拟开展 PPP 重大项目投融资近 700 亿元。基础设施、产业、民生等领域重大项目亮点纷呈,宁安铁路、宁启铁路复线、电气化改造、南京轨道交通 3 号线、南通至洋口港疏港高速一期、南京中电熊猫显示器件等一批重大项目竣工。江苏省积极争取中央各类资金,全年共争取专项建设基金 244 亿元、中央预算内资金 85 亿元。借力一系列扩大有效投资"组合拳"的政策效应,1—11 月份江苏省投资增速由年初低于全国 2.9 个百分点转为高于全国 0.3 个百分点。②

PPP 项目的成功落实,有助于解决江苏省民营企业融资难,找项目难的困境;有助于促进民营企业的经济活力,提高民营企业的在经济深化改革中的参与度,从而使政府和国有型企业能够专注于民生项目上,提高整个社会的福利。

六、中英经贸合作带来的机遇

2015 年,中英两国达成一批重要经贸成果,涵盖金融、能源、医疗、汽车、地产等多个领域,两国签约额超过 300 亿英镑,超过我国历次领导人访英成果。英国在江苏省国际经贸合作版图中,位置非常突出。据江苏省商务厅统计,2016 年前九个月度,江苏对英国进出口 80.98 亿美元,增幅 7.37%。截止到 2015 年 9 月,英国在江苏省共投资项目 1273 个,协议外资 73.15 亿美元,实际利用外资 47.08 亿美元,江苏引进英国投资项目 38 个,实际利用外资 2.61 亿美元。同时,当期江苏省累计经批准在英国设立境外企业(机构)50 家,中方协议投资 2.58 亿美元。中英双方明确表示,将以中英铁路联合工作组为平台,鼓励两国企业和金融机构深化参与英国高铁 HS2 项目。一旦中方中标,位于常州的今创造集团将迎来重大的发展机遇。英国有丰富的侨务资源,要利用这种优势,加强与英国的龙头企业合作,以提高成功率,进出口银行也应当给予积极的支持。例如英国欣克利角核电项目一旦敲定,将对总部设在江苏省的中核华兴公司分享工程建设大有裨益,必然会带动相关材料出口和劳务输出。习近平主席访英必将推动中英经贸合作不断升温,在欧洲乃至更大范围产生示范效应,

① 江苏省科学技术厅.2015 年全省科技工作总结和 2016 年重点工作[EB/OL]http://www.jstd.gov.cn/kjxxgk/nr-glIndex.action? type=2&messageID=40288585535a7471015364c429230

② 江苏发展和改革委员会.2015 年部门决算[EB/OL]http://www.jsdpc.gov.cn/zixun/fgdt/201608/t20160830_422818.html

江苏企业应该抓住机遇乘势而上,到英国寻找更多的投资发展商机。

加强和英国的合作,有利于江苏省提升在欧洲的认知度,有利于江苏省寻找除美国外新的合作伙伴,扩大外资引进范围。

七、"互联网金融"和跨境电商带来的机遇

当前,中国的外贸优势逐渐消失,想要继续发展,就得减少流通环节、降低成本价格、拉近和国外消费者的距离,跨境电子商务恰好提供了这样一个渠道。江苏推进跨境电子商务具有前所未有的良好机遇,包括政府陆续出台相关扶持政策、外贸转型升级需求迫切、全球化购物需求日益旺盛、国内电子商务蓬勃发展、苏州自贸区的积极争取等。宁苏锡三地试点稳步推进,苏宁易购、中国制造网等跨境电商龙头企业不断发展。新华社智库江苏中心分析认为,江苏应结合自身特色,借鉴广东、浙江、上海等地经验,进军跨境电商新蓝海,培育外贸和经济发展新的增长点。在"互联网＋"行动计划中,"互联网＋"金融占据重要地位,这与金融作为国家经济支柱产业的角色相匹配。当前,江苏互联网金融发展状况,整体良好、政策环境便利、"政产学研用媒"协同、优势明显,但和广东、浙江等相比仍有差距,必须继续整合多方力量,推动江苏互联网金融发展迈上新台阶。

互联网金融的发展,促进了江苏省金融多样化格局的形成,保证了金融市场的活力。同时,加大了金融领域对省内经济的促进作用,拓宽了中小型企业的融资渠道,有利于金融行业在居民生活领域的实践应用。

第三章 江苏商务发展的劣势与挑战

因为便捷的交通、良好的基础设施以及雄厚的经济基础,江苏省的商务发展一直处于全国领先水平。但是,从近两年来看,江苏省仍然还有一些发展中的劣势亟待解决。本章将对江苏商务发展的劣势和挑战进行剖析,以便提供较为合理的政策建议。

一、产能过剩较为严重

随着中国经济增长进入"中高速"阶段,产能过剩问题也显得日益明显。江苏省作为全国的经济大省、制造业大省,也存在日益严重的产能过剩。2015 年以来,江苏省工业企业产能利用率为 73.89%,明显低于 82.05% 的合理水平,产能利用"明显不足"和"略有不足"的企业之和达到近 50%。从具体行业来看,化学原料制品业、黑色金属冶炼及压延加工业等 13个行业的企业能源利用率低于 75%。其中,非金属矿采选、橡胶制品、有色金属冶炼压延加工业、电气机械以及家电制造业等 4 个行业产能利用率低于 70%。在市场机制调节下,近年来,轻工业产能利用水平相对稳定,但是,重化工业存在巨大的沉没成本,产能在短期内很难调整充分。江苏全省现有钢铁行业 49 家,2015 年粗钢产量 10995.17 万吨,比 2014 年增长7.84%,虽然增速相较 2014 年已经大幅减少,但是"去产能"任务依然沉重。2015 年来,钢铁行业产能利用率为 73.16%,相比 2013 年下降 5.5 个百分点;水泥行业产能利用率为66.80%,相比 2013 年下降近 3 个百分点;汽车制造业产能利用率为 75.46%,相比 2013 年下降约 4 个百分点。可见,在传统制造业中,产能过剩依然是一个"老大难"问题。虽然造船、光伏和风电制造业的产能利用率和 2013 年相比有所上升,但是仍然没有达到金融危机之前的水平。因此在当前世界经济不景气的前提下,"去产能"的目标任重而道远。产能过剩在很大程度上挤占企业的流动资金,影响企业的盈利效率,从而在长期看来,影响企业的生存竞争力,进而对一个经济地区的产业格局造成不利影响。产能过剩如果得不到及时有效的解决,必将影响到江苏省传统产业的转型升级,对经济发展造成长期负向影响。

二、房地产市场去库存不理想

2015 年以来,江苏省除南京、苏州外,多数城市库存仍然居高不下,并且部分城市由于前几年土地供应偏多,潜在库存依然较大,全省给地普遍面临商业地产库存较高、销售困难的问题。房地产开发企业资金状况也需要引起关注。2015 年江苏省房地产企业到位资金同比下降 7.38%,这是近几年房企到位资金在持续快速增长后首次出现下降,房地产中的民营企业、中小企业普遍反映授信偏紧、融资难、成本高。同时,受高库存的影响,这些企业销售资金回笼状况也不理想,资金链断裂的风险有所增加。虽然房地产过热会带来"经济泡沫"的风险,但不可否认的是,房地产市场的有序运行能够增加社会总消费、拉动经济增长,并且对房地产投资的增加会对固定资产投资和进口产生正向影响,从而促进居民收入和就业的增长。在去库存压力之下,江苏省的房价仍然保持在一个较高的水平,对居民生活造成了不可忽视的影响。长期来看,必然会占用很大一部分社会资源,甚至影响整个社会的经济运行。

三、高新技术发展不足

科技是第一生产力,从全国看来,江苏一直是教育大省、科技大省和研发大省。2012—2015 年,江苏省高新技术产业产值分别为 3.84、4.50、5.19、5.73 和 6.14 万亿元,增速依次为 17.36%、15.23%、10.36% 和 7.15%。从增速来看,江苏省高新技术产值增长呈现递减的趋势,2015 年的增速已经降到 10% 以下。江苏省制造业的产业集群还处于发展阶段,区域间、产业链的上下游企业之间的协作、配套功能还未完全建立起来,行业内也缺少领导型企业,诸多企业"两头在外",处于产业价值链底部,附加值和科技含量较低、研发能力匮乏,造成了高新技术产业发展水平不高的局面,高新技术产业增加值占制造业增加值的比重远低于发达国家和新兴工业化国家的水平。从江苏省的钢铁、机械、石油化工、有色金属等传统制造业来看,这些产业以价格为主要竞争手段,缺乏以高端技术为核心的竞争优势,多数大中型企业关键技术的开发与应用能力不强,还处于产业链低端,从事劳动密集型的加工装配环节。在和高新技术产业相关的研究项目方面,2012—2015 年,基础研究的增速依次为 12.08%、14.86%、12.19% 和 11.43%;在应用研究上的增速依次为 13.04%、9.80%、10.83% 和 6.42%;实验发展的增速依次为 55.05%、8.89%、8.73% 和 -1.22%。可见,研究项目的不稳定以及在 2015 年的普遍减少,是江苏省高新技术产业发展不足的一个重要原因。科技研发能力的欠缺和不足,将在很大程度上制约高新科技产业的发展,并且将产业结构局限在"微笑曲线"的低附加值区域;产业结构中高新技术偏低,对江苏省吸引外资、落实"走出去"战略造成障碍;最终,高新科技的发展不足,必然影响江苏省重点发展先进制造业的战略实施,从而对去产能的目标造成很大程度影响,对新型产业结构的形成也造成了阻碍,从而对省内投资环境、商贸环境造成损伤。

四、环境约束增大

据江苏省环保厅统计,[①]2015 年江苏省环境空气中 PM2.5、PM10、二氧化硫、二氧化氮年均浓度分别为 58、96、25 和 37 微克/立方米。虽然这四项指标较 2013 年相比均有所幅回落,但应注意的是,多项指标的回落是年末为完成达标任务而不惜以停产为代价的结果。如果按照《环境空气质量标准》(GB3095—2012)中的二级标准进行年度评价,江苏 13 个省辖城市 PM2.5 和 PM10 均超标,有十市臭氧超标,苏南五市二氧化氮超标。按"日"来评价,全省环境空气质量达标率仅为 66.8%,较 2014 年上升 2.6 个百分点,13 个省辖城市达标率范围为 61.8%—72.1%。2015 年,全省废气中二氧化硫排放总量为 83.51 万吨,其中工业污染源排放占 95.1%;氮氧化物排放总量 106.76 万吨,其中工业污染源排放占 70.6%;烟(粉)尘

---

① 江苏省环境保护厅.陈蒙蒙.江苏省环境状况公报(2015)[EB/OL]http://www.jshb.gov.cn:8080/pub/root14/xxgkcs/201606/t20160603_352503.html

排放总量 64.502 万吨,其中工业污染源排放占 93.4％。由此可见,工业发展一方面拉动了江苏的经济增长,另一方面也对生态环境造成了一定的危害,资源环境对江苏省商务发展的约束力不断增强。现阶段,江苏省商务企业的发展大多是依靠资源消耗、以环境污染为代价的粗放式发展,这种发展方式虽然曾经为江苏省的商务发展做出了巨大贡献,但在环境约束不断增强的背景下,必须转变这种传统的发展方式。

五、人口结构失衡带来的挑战

目前,人口问题正成为影响我国经济社会发展的关键因素。进入"十二五"以来,随着经济发展减速换挡和产业结构转型升级,迁移流入人口规模不断萎缩,江苏省人口增长也随之切换到以自然增长为主的模式。人口的结构性问题尤其突出,主要表现为"两增两降":人口总量、老年人口加速增长,劳动年龄人口、农业转移人口规模持续下降。从 2011—2015 年,江苏省人口总量依次为 7514.25、7553.48、7616.84、7684.69 和 7717.59 万人,自然增长率依次为 2.61％、2.45％、2.43％、2.43％和 2.02％。2015 年,15—64 岁的适龄劳动力占全省总人口的比例为 73.75％,65 岁及以上的老龄人口占比 12.69％。"十三五"期间,人口老龄化将继续向深度发展,老龄化比例平均每年升高一个百分点,到 2020 年末老龄化比例达到 25％左右,60 岁以上老年人口规模接近 2000 万人,平均每年增加近百万人。老年人口数量的持续增长和少子化家庭养老功能的弱化,推动社会养老服务需求快速上升。随着经济社会发展水平的提高,养老服务需求逐渐呈多元化趋势,预计"十三五"期间,社会养老服务需求将进一步分化和升级,满足不同层次的养老服务需求将成为各级政府和社会共同面临的挑战。适龄劳动人口的减少,致使人口红利窗口进一步关闭、社会用工成本迅速提高。劳动力供给的减少使转型发展更为紧迫。近年来,外省市流入人口规模不断下降,本省农村劳动力转移潜力即将殆尽,以及老龄化程度进一步加深,"十三五"时期江苏劳动力短缺的局面可能比"十二五"时期更为严重。劳动力短缺将成为经济发展的全局性问题,不仅在苏南地区普遍存在,也将成为苏中和苏北地区发展必须面对的问题。[①] 老龄化的程度加强,必然会影响省内劳动力的供给,对传统产业的发展也将造成阻碍。

六、"一带一路"及对外开放战略升级压力带来的挑战

"一带一路"是中国的大战略,对相关国家则是一项大倡议,具体建设涉及到沿途各个国家。同样,对我国参与"一带一路"的各省份来说,既要抓住这个千载难逢的发展机遇,也要沉着面对在此过程中所遭遇到的种种挑战。江苏作为一个经济大省,在固有的发展模式上,在融入"一带一路"的进程中,毫不例外,也遇到了一些挑战。首先,江苏人口众多,资源相对缺乏,环境约束强,仅靠自身的力量和资源很难快速实现现代化,这就要求江苏同海外其他地区积极合作。其次,因为全方位开放,江苏沿江和沿海兼具的独特区位和先发开放优势,正在逐步弱化,江苏对外贸易的压力陡然上升。2011—2014 年,江苏省进出口总额依次为 5397.59、5480.93、5508.44、5637.62 和 5456.14 亿美元,增速依次为 15.88％、1.54％、0.5％、2.35％和－3.22％,江苏省进出口总额增长率基本呈下降趋势,2015 年则成负增长。再次,

---

① 新华报业网.江苏人口发展面临三大挑战[EB/OL].http://js.xhby.net/system/2016/02/17/027859331.shtml

江苏是我国对外开放的先行省份，而近期国内外经济形势发生了巨大的变化，江苏省对外开放的思路和产业结构需要改进创新。突破30年来固有发展模式的桎梏是江苏需要面对的一个巨大挑战。最后，江苏产业竞争力有待加强，企业走出去的能力尚有欠缺，产业层次较低，工业增加值率也偏低，服务业发展不完善，尚未形成一批具有国际竞争优势的产业集群，综合竞争力和抗风险能力较差。

七、上海自贸区带来的挑战

我国设立上海自贸区的重要目的在于，倒逼经济改革、挖掘改革红利、加强和国际接轨。自贸区的建立在较短时间内产生巨大的"虹吸"效应，会直接促使有海外业务的企业更愿意将一些总部功能放到上海，对周边地区扩大招商引资和进出口产生较大压力，对江苏省的人才引进、资金引进也会造成阻碍。上海自贸区作为国内第一个自贸区，实施境内关外特殊政策，通过服务更加便利、快捷，将吸引更多周边地区进口货物来上海通关，并且吸引更多的外资来上海投资。因此，江苏省的海关特殊监管区将面临挤压。江苏省的进出口货物通关率将进一步下降。另外，江苏和上海地理位置很近，上海自贸区的政策优势将使上海对江苏省的高端要素和柔性要素（高端企业、高端人才、创新要素等）吸引力大幅增加，进而对江苏省的相关产业，尤其是生产性服务业（外贸、信息、金融业等）造成进一步的冲击，对产业结构调整、提升整体经济竞争力产生一定的挑战。

八、跨境电商发展水平缓慢带来的挑战

跨境电商的产品种类多、数量少，但是批次频率高，造成通关时间较长、海关包裹积压等后果。虽然江苏省应用先进的平台技术进行了相关的整合，但仅仅是针对部分重点进出口企业。众多的中小外贸企业因为资金少、人才缺乏、信息化机制不完善等原因，仍然不能和电子政务平台进行很好的对接，无法做到数据的对接和共享，制约了电子通关的发展。同时，部分货物依然采用灰色通关的方式，电子商务平台不能正常结汇和退税，入境货物缺少合法的身份，安全没有保障。跨境电商因为需要面对来自世界各地的顾客、文化、语言和生活习惯，从而更具复杂性，对江苏省内的跨境电商人力资源提出了很大的挑战。电商人才不仅需要掌握对应的语言和基本的电商知识，更为困难的是，需要了解国外政策、知识产权、区域习惯等。跨境电商领域的人才缺失以及培养对应人才的时间周期长，对江苏省推进跨境电商带来了更大的挑战。当前，江苏跨境电子商务方兴未艾，还没有建立和健全针对跨境电子商务的法律体系，跨境电商的交易环境和国内电子商务相比要复杂的多。没有健全的法制，当跨境电商发生纠纷时，各方权益如果不能得到保障，将给跨境电商的推进带来负面影响。跨境电商的发展缓慢，也将影响经济效率的提升，影响省内经济的运行。长此以往，江苏省的经济活性也将受到损伤。

第四章　江苏商务发展现状的成因分析

江苏省商务发展应继续发挥自身优势、规避劣势,在复杂的外部环境下抓住机遇、迎接挑战。本章主要对江苏省商务发展现状的成因进行分析,为后文给出江苏省商务发展的政策建议提供依据。

一、经济增长的 GDP 导向制

作为经济大省,江苏的 GDP 增长一向处于全国领先地位。长期以来,地方政府忽略了经济发展中的质量和效益,只看重 GDP 增长率,导致了对制造业的盲目投入。江苏省产能过剩问题较为突出,钢铁、平板玻璃、水泥、光伏等行业过度投资、重复建设现象严重。首先,企业经济效益高,自然能够带动地方 GDP 的高涨,政府部门在绩效考核压力下,自然对企业发展推行各种优惠政策,甚至主动出面向金融机构寻求融资。但是,在进行扩张过程中,容易出现"潮涌现象"。各企业之间缺乏协调,整个市场的投资总量没有进行客观的估计,对需求盲目乐观,从而导致了产能快速扩张并超出市场需求的增长速度。其次,由于高科技行业的初期投入资金大、回报周期长、市场见效慢,政府还没有完全重视高科技行业的发展。在稳增长、调结构的战略方针下,政府部门依然狠抓制造业的生产,期望从制造业发展中获得巨大的经济和政治回报,而在一定程度上忽视了对高新行业的投入以及相关研发成果的推广和应用,从而造成产业结构升级缓慢。最后,和 2014 年的江苏省环境状况公报相比,江苏省 2015 年的环境情况依然没有得到多大好转,还未能形成真正意义上的环境友好型经济发展的良好局面。一方面,环境的保护和治理确实是一个长久的事情,短期内治理效果不一定明显。另一方面,江苏省的产业结构主要是建立在自然资源的大量消耗上,对 GDP 的过分追求造成了资源和能源的过度消耗,这种不计成本、特别是不注重子孙后代利益的发展方式,不利于经济的可持续健康发展。

二、对现有自贸区利用率不足

企业对自贸区的利用可以有效促进出口。我国企业自贸区利用率普遍不高,低于其他经济体的平均使用率。我国已经利用和计划利用自贸区的企业比例分别为 35.6% 和 34.6%,远低于北美自贸区的 80%、欧盟惠普制的 50%,以及科托努协定的 90%。针对江苏的调查显示,江苏省企业存在自贸区利用率严重不足的问题,与外贸大省的地位极不相称,约有三分之二的企业没有能够充分利用我国现有自贸协定的原产地优惠政策。

三、电子商务起步晚,电商之间协同能力差

江苏的南通、连云港、盐城等沿海城市具有发展港口贸易与物流产业的先天条件,但这

些优势并没有与跨境电商融合,产业链环节的脱节制约了跨境电子商务的进一步发展。虽然江苏物流网络、信息化建设等相对成熟,但涉及到跨境电子商务贸易的体系并不完备。在支撑体系方面,江苏跨境物流运作模式存在不足。江苏缺少本土成熟的跨国物流企业,与领先企业的合作也相对有限。同时,江苏电子商务因为起步晚,大型电商平台还未形成规模等原因,使得自身在物流方面受到的制约越来越大。跨境物流的不足主要体现在两方面:第一,协同能力差。当前,跨境电子商务与跨境物流缺乏协同,两者发展不匹配。除物流公司外,跨境电子商务还涉及商检、海关、国税、电商、消费者等多个主体,原有电子商务平台并未将不同部门对同一跨境交易行为的服务统一到综合平台上,海关、商检、国税等政务部门相对分离,跨境电子商务企业在办理进出口业务相关手续时效率低、成本高。同时,现有平台在安全认证、产品质量及知识产权保护、政府监管、第三方支付平台等方面亟待完善,迫切需要构建一个规范、高校、便利的综合性公共服务平台。第二,跨境电子商务物流人才缺乏。开展跨境电子商务,相关的跨境物流人才也是非常重要的影响因素之一。

四、区域间发展差异较大

　　江苏省作为我国经济较发达的省份,从整体上看来,发展势头迅猛,经济增长一直超过全国平均水平。然而,在发展过程中,一个比较突出的问题是苏南、苏中、苏北差距较大,对江苏省整体经济产生了很多不利影响。从产业转移方面来看,第二产业仍然集中在苏南地区,从而导致苏北和苏中地区的产业结构很难升级换代。受此影响,民间资本和市场热钱也不会投入到苏北和苏中地区的经济建设中,因此和苏南等经济更为发达地区的差距一直得不到有效缩减。在政府政策方面来看,江苏省财政对苏北的转移支付和各类经济补助逐年增加,在某种程度上,政府拉动对于江苏省内落后地区的经济发展产生了较为积极的影响。但是,政府的扶持政策不仅仅体现在最直接的经济补贴上,更重要的是,政府部门应该通过制定产业政策和产业规划,在省内经济落后地区大规模设立开发区、创新孵化池等措施,从根本上推动苏北和苏中地区的产业结构升级,从而带动经济全方位发展。在人才转移和科技转移等方面,受地区发展状况等因素的影响,苏北和苏中地区一直很难留住或吸引到先进人才,区域内本来的人力资源更多地是向苏锡常宁或者向省外的北上广地区集聚。人才的流失和缺乏造成苏北和苏中地区很难培育自己的核心竞争力,也无法培育自己的优势产业,更多时候是沦为苏南地区的产品加工地,在经济发展上自然也就"低人一等"。省内的经济发展不平衡对江苏省整体经济发展产生了巨大的制约作用。

五、制造业和服务业产业协作能力薄弱

　　发达国家的发展经历表明,当经济发展进入工业化中后期阶段,制造业和服务业的融合将成为产业发展的主流趋势。但是,当前江苏的制造业和服务业的协同发展还存在着不小的问题。首先,江苏的经济服务化水平较低,制造业中服务化的比重不高。究其原因,主要是江苏的制造型企业集中在加工装配环节,制造品的技术含量不高,以中低端产品为主,对诸如批发零售、运输仓储等低端服务行业需求过高,对科技研发、品牌维护等高端服务业需求较少。同时,制造业和服务业并没有形成良好的产业关联,这种独立发展、缺乏联系的发展模式导致了两中产业不能形成有效的互动。其次,江苏的服务业规模虽然在不断增大,但

是,生产性服务业所占据的比重依然不高,和欧美发达国家生产性服务业占服务业比重达到70%的规模相比,江苏的56.5%仍然有着不小的差距。生产性服务业发展的缓慢导致服务业难以满足制造型企业转型升级的需求。最后,江苏的生产性服务业中,创新较少。从统计数据可以看出,江苏的研发、设计、营销和供应链管理等服务业的创新水平不高,在一定程度上限制了制造业的发展。

第五章 江苏商务发展的政策建议

当前,江苏经济正处于增长速度换挡期、结构调整阵痛期、转型升级攻坚期,唯有进一步深化改革和扩大开放,方能化解江苏省商务发展过程中的诸如核心竞争力不强等问题。

一、积极推动自贸区申请进程,提升江苏对外话语权

第一,从政策上确立"走出去"的目标。《江苏"十三五"规划纲要》已经提出了"加快走出去的步伐",但并未明确江苏开放型经济发展的具体目标。因此,可结合加快实施我国自贸区战略,从拉动进出口增长、促进优势产能全球布局、加快发展新兴产业、推动技术标准走出去、改进国际营商环境、搭建自贸区交流平台和创建制度创新机制等方面设定江苏开放型经济"走出去"的具体细化目标。第二,构建支撑体系保障政策目标的实现。2015年11月中央财经领导小组第11次会议上提出"供给侧结构性改革"。合理调整开放型经济的供给侧结构,可以带动整个宏观经济的结构优化,为开放型经济发展构建支撑体系。对此,建议调整江苏省开放型经济的供给侧结构,把握国际产业发展的大势,明确开放型经济转型升级的大局,努力构建开放型经济新体制、构建新动力,以新的发展方式开拓新的空间。

二、评估自贸协定,申报自贸园区

第一,评估现有自贸协定对江苏省开放型经济发展的影响。自2002年于东南亚国家联盟签订《中国—东盟全面经济合作框架协议》首个自贸协定以来,我国已经签署14个自贸协定,涉及22个国家和地区,多数是江苏省的主要贸易伙伴。当前,中国正在谈判的自贸协定有8个,正在研究的有5个,涉及到近30个国家。研究这些自贸协定的影响,可以判定江苏开放型经济下一步"走出去"的方向,可以尽早准备,以应对可能遭遇的系统性和结构性风险。因此,江苏省需要收集和汇总有关信息、数据和政策诉求,为中国在谈和即将商谈的自贸协定提供参考资料,发挥外贸大省在对外争取话语权方面的应有作用。第二,建议积极推进江苏自由贸易区的申报。首先,要基于充分调研生成申报报告,也要对同期申报的其他省份,进行知己知彼的研究;其次,需要集思广益,广泛听取政界、商界和学界对申报方案的修改建议;此外,还需在申报方案之外利用媒体进行宣传;最后,则应考虑与已经先行先试的自贸园区在区域及申报地点上进行差异化区分,以避免同质化竞争带来的申报负面影响。

三、打造价值平台,组建企业联盟

第一,可以沿"一带一路"主动构建以江苏为主导的区域价值链,建立更加安全可靠的地区价值链体系,以提升跨境价值链韧性,推动江苏外向型经济更快更好地"走出去"。第二,应成立走出去企业联盟,为"走出去"搭建合作平台。江苏省应当参考上海、江西、辽宁、深圳

等地近些年的经验,尽快成立江苏"走出去"企业联盟,以抓住我国加快实施自贸区战略的重大机遇,进一步提升江苏企业"走出去"的质量和水平,全面提升江苏企业在全球价值链竞争与合作的整体地位。

四、通过供给侧改革,尽快建立和完善现代产业体系

江苏省出口结构调整优化的根本之策,是在供给侧结构性改革指导下,尽快完善建立现代产业体系,使产业尽快走向中高端,以产业结构升级来推动出口结构调整优化。但在短期内,江苏省也需推行相关举措,有效推动出口结构调整优化。

第一,强化商务部门在出口结构调整优化中的组织协调功能。以出口结构调整优化为目标,江苏省应尽快建立由省委省政府主要领导或分管领导牵头,商务部门组织协调,发改、经信、科技、人社、工商、税收、金融等多部门共同参与的联系协调制度。多部门紧密合作,短期内围绕降低出口企业成本,中长期围绕技改研发、海外营销渠道建设、品牌培育等多方面,落实一揽子的出口振兴方案,切实提高江苏省企业出口竞争力。

第二,支持龙头企业走出去,以更积极主动的对外开放和对外投资带动更高水平的出口。江苏省已经形成以轻纺、石化、冶金、建材、工程机械、轨道交通、新型电力、船舶和海洋工程等八大领域为主的优势产能和装备制造行业,2015年对外投资金额已突破100亿美元。下一步,要通过龙头企业走出去,不仅直接带动龙头企业的产能输出,带动其产品和服务的直接出口,还需要带动上下游的支撑产业和相关企业的产品和服务出口,进而鼓励有条件的上下游企业也走出去。同时,江苏省龙头企业走出去,要高度重视在东道国建立出口平台,以东道国为基地,间接出口到国际市场,这能有效规避江苏省遭遇的各类贸易摩擦。

第三,鼓励中小企业采取新型贸易方式出口。江苏省中小企业由于缺乏资金人才,缺乏对国际市场的了解,加之承担风险能力较弱,所以大多数被排除国际市场之外。跨境电商等新兴贸易方式的兴起,极大降低中小企业的出口成本,"互联网+外贸"已经成为助推中小企业走向国际市场的重要手段。江苏省既要积极开展与国内外跨境电商企业的合作,又要大力培育本省的跨境电商企业,帮助当地中小企业与跨境电商企业实现对接。跨境电商企业的专业服务不仅能帮助中小企业更方便地寻找国外客户,而且能更有效地帮助其提升出口产品档次,增加出口产品价值。

第四,坚持推动海外工业园区建设,带动江苏省对"一带一路"沿线国家的产业转移和贸易出口。海外工业园区不仅有助于江苏省制造业企业抱团对海外投资、减少投资风险,而且是江苏省外贸企业挖掘新兴国家市场机遇的重要基地。江苏省已在柬埔寨、印度尼西亚和巴基斯坦这三个"一带一路"沿线国家认定了三个境外集聚发展载体。下一步应该继续发挥这些海外工业园区的作用,以其为基地,鼓励外贸企业打通贸易渠道,帮助它们控制出口风险、挖掘出口的新兴市场。同时按照"成熟一个、启动一个"的原则,江苏省要在"一带一路"沿线国家逐步推进,建立更多的海外工业园区。

五、明确电子商务发展重点,大力支持跨境电子商务发展

电子商务是未来商务发展的主要方向,如何提升电子商务实力,进而带动江苏省商务发展,是信息经济条件下的一个重要议题。为此,需要做到以下几点:

第一,物流企业培养和合作并重,打造高效率物流网络。现代物流是江苏重点发展行业之一,但目前发展水平相对较低。首先,需要充分利用交通、邮政、仓储和各网点的物流资源,建立涵盖全省的物流信息平台,提供物流供需信息发布、服务交易、流程优化和跟踪服务,降低物流运行成本,提升物流效率。其次,积极发展第三方物流企业,充分利用现有物流资源,引导企业内部配送中心朝着社会化方向发展,完善物流企业的信息化建设,利用先进技术来提升物流公司专业水平和服务质量。具体来说,政府加大政策扶持,加强物流设施建设,并规划发展,制定物流发展政策,切实帮助企业。同时,鼓励企业加大信息化、标准化建设力度,提升服务水平,向信息需求方提供简易、快捷、准确的信息获取方式。此外,第三方物流企业还要做好物流服务标准化、规范化工作,提高物流速度和效率。在探索建立和发展第三方物流企业时,应当充分利用当今资本市场和金融市场相对发达的背景,加强与外资合作,或是通过资产重组、委托代理、收购、并购等形式,创新管理,运用现有的物流管理经验和技术,提升物流水平,为客户提供优质服务。

第二,多种物流模式共用,建立海外仓库及售后服务中心。跨境电子商务面向全球交易市场,交易方涉及很多国家,各国物流水平参差不齐、差异较大,加上交易商品种类众多,物流要求差异较大。和国内电子商务不同,跨境电子商务很难以单一物流模式实现跨境物流,伴随跨境电子商务发展,多种物流模式共用的跨境物流解决方案应用面更广。江苏省跨境电子商务贸易企业大部分是中小企业,主要采用国际小包和快递运送货物。为解决物流周期较长的问题,应创新跨境物流服务,吸引跨境电商平台型企业设立大型或区域性运营中心或仓储和配送中心,考虑与专业供应链服务外包企业合作,建设基于第三方平台的海外仓储、分销及售后服务中心,科学建立国际物流体系,提高跨境物流效率,提升跨境网购服务质量,满足当前跨境贸易电商企业发展。

第三,建设和完善江苏跨境电子商务物流平台。跨境电子商务和物流需要在可信第三方企业或政府的指导下,基于平台等互利原则,进行跨境电子商务和跨境物流平台整合。建立统一的业务平台,将跨境物流与有关跨境电子商务、报关报检、支付、税收等数据整合,由可信第三方企业或政府机构作为平台管理者,监管平台运行,并保守各方商业秘密。其中,跨境电子商务综合服务平台是一个综合平台,融合了跨境电子商务系统和各个物流合作方系统,由第三方管理,结合综合性跨境电子商务园区,通过标准化接口与电子商务口岸数据中心系统相连,提供通关、物流、金融等一站式服务。

第四,内培外引,建立高素质专业人才队伍。国际物流运作水平直接决定跨境电商的效率,而运作主要靠人进行。跨境电子商务的发展带来了国际物流的巨大需求。江苏省电子商务起步晚,精通跨境电子商务的人才稀少,因此迫切需要培养和引进相关方面的高级人才。除了向外引进专业人才外,跨境物流专业人才培养策略可以从以下方面入手:第一,培养跨境贸易规划人才,来系统规划跨境业务、深入分析市场,为客户提供专业解决方案;第二,培养跨境贸易开发人才,来负责国际大客户的开发管理工作,结合跨境业务需要,创建专业营销团队;第三,江苏省内高校必须变革目前跨境物流人才培养体系,建立和完善学历教育、岗位专业培训相结合的跨境人才培养模式,培养具有动手能力、实践能力和理论知识的复合型跨境物流人才。

六、提升创新能力，凸显自身制造业优势

第一，以提升企业创新能力、加强标准及品牌建设为中心，大力推动技术创新。为此，应持续推荐大众创业、万众创新，加快建设以企业为主体、市场为导向、产学研相结合的技术创新体系，引导和支持创新资源向企业集聚，推动企业增强自主创新能力。大力弘扬精益求精的"工匠精神"，重塑传统特色品牌，做强现有制造品牌，培育自主创新品牌，引导企业围绕提升技术标准和产品质量不断加大研发投入，突破关键核心技术，加速科技成果转化，打造更多具有国际影响力的江苏知名自主品牌和制造精品。积极鼓励协同设计、定制化、个性化生产等组织新方式推动产品创新，实现先进制造业基地与产业科技创新中心建设的协调并进。

第二，以生产制造的数字化、网络化、智能化为方向，促进企业制造装备升级。为此，应该进一步明确江苏智能制造发展重点，建立智能制造标准体系，制定数控化机械产品创新升级的总体规划和推广计划。依托大数据、物联网等新一代信息技术，深化信息网络化技术集成应用，确定"互联网＋"升级改造路线，加快应用数控技术和装备对传统优势产业进行自动化智能化技术改造，推动传统制造业向高端化品牌化转变。扶持龙头企业发展，建立智能制造产业集群。

第三，以发展众包设计、协同创新、电子商务、融合服务为重点，加快推进生产型制造向服务型制造转型。为此，应充分发挥江苏制造的规模优势，引导和支持制造企业延伸服务链条，拓展在线监控诊断、远程故障诊断及维护、工控系统安全监控、系统运行维护、网上支付结算等新业务及产品售后市场服务，逐步向研发设计、物流营销、品牌推广、系统集成等上下游延伸，培育一批制造业服务化示范企业。增加服务要素在制造投入产出中的比重，大力推动发展生产性服务业，鼓励发展通过个性化定制服务、全生命周期管理、网络精确营销和在线支持服务等制造业服务化的新业态新模式。

第四，以"一带一路"、长江经济带、沿海开发、"走出去"等国家战略为契机，积极扩大国内外产业资源整合。为此，应该进一步优化引资结构，引导外资投向新一代信息技术、高端装备、新材料、生物医药等高端制造领域，鼓励境外企业和科研机构在江苏设立地区总部和研发中心、营销中心、采购中心、物流中心等功能性机构。鼓励有实力的江苏制造企业在境外开展并购和股权投资、创业投资，建立研发中心、实验基地和全球营销服务体系，建立全球产业链体系。同时，积极扩大对内开放合作，引导和鼓励江苏制造企业将加工制造环节向内陆地区转移，在中西部地区建立原材料供应基地和加工生产基地。支持江苏制造企业和北京、上海、广东等沿海地区优势企业开展研发合作，建立产业创新联盟。

【参考文献】

[1] 长江产经智库.聚焦江苏.杨锐《工业与互联网融合促制造业升级》[J/OL].http://mp.weixin.qq.com/s?＿biz＝MzIzNDQ0MDgzNQ==＆mid=2247483687＆idx=2＆sn=5a52f714d9ccfdc7bb6d1854ece30253＆scene＝1＆srcid＝0818sJpXCW0aNlYlHCLTpzX0＃wechat_redirect

[2] 江苏省人民政府.2016 年通信与互联网发展状况新闻发布会[EB/OL].http://www.jiangsu.gov.cn/szfxwfbh/xwfbhhz/201605/t20160512_431946.html

[3] 中国电子商务研究中心.2015 年年江苏省网络交易平台总交易额 4939 亿元[EB/OL].http://www.100ec.cn/detail—6337126.html

[4] 江苏省经济和信息化委员会.2015 年江苏企业电商拓市环省行活动圆满落幕[EB/OL].http://www.jseic.gov.cn/xwzx/xwfb/tpxw/201601/t20160118_168204.html

[5] 中国服务外包网.2015 年江苏省服务外包发展继续领先全国[EB/OL].http://www.js-sourcing.org.cn/Model/view.aspx? m_id=1&id=304

[6] 江苏省经济和信息委员会.44 家苏企跻身中国企业 500 强[EB/OL].http://www.jseic.gov.cn/xwzx/dtxx/qedt/201608/t20160829_176402.html

[7] 中国江苏网.2015 年江苏民营经济平稳健康发展 呈现五大亮点[EB/OL].http://economy.jschina.com.cn/system/2016/02/16/027849009.shtml

[8] 人民网.江苏 2015 年 GDP 超 7 万亿 区域创新能力"七连冠"[EB/OL]http://js.people.com.cn/n2/2016/0131/c360301 - 27661700.html

[9] 江苏省科学技术厅.2015 年全省科技工作总结和 2016 年重点工作[EB/OL].http://www.jstd.gov.cn/kjxxgk/nrglIndex.action? type = 2&messageID = 40288585535a7471015364c429230026

[10] 江苏发展和改革委员会.2015 年部门决算[EB/OL].http://www.jsdpc.gov.cn/zixun/fgdt/201608/t20160830_422818.html

[11] 江苏省环境保护厅.陈蒙蒙.江苏省环境状况公报(2015)[EB/OL].http://www.jshb.gov.cn:8080/pub/root14/xxgkcs/201606/t20160603_352503.html

[12] 新华报业网.江苏人口发展面临三大挑战[EB/OL].http://js.xhby.net/system/2016/02/17/027859331.shtml

[13] 卢建海,刘建文.房地产市场波动对宏观经济的影响研究[J].中国房地产,2013(16):21—32.

[14] 程艳红.江苏推进跨境电子商务的机遇与挑战[J].电子商务,2015(4):8—9.

[15] 张琴.江苏跨境电子商务物流发展研究[J].合作经济与科技,2016(9):60—61.

国内贸易篇

第一章　江苏内贸的发展环境

　　"十二五"时期,世界经济处在危机后进入深度调整期,并呈现出低增长、不平衡、多风险的特征,世情国情发生深刻变化,中国经济发展也已步入新常态。自 2010 年,中国 GDP 已稳居全球第二位,赶超日本,2015 年达到 67.7 万亿元,全球占比 15.5%,比 2012 年提高 4 个百分点。2013—2015 年,中国 GDP 年均增长率为 7.3%,高于世界同期 2.4% 的平均水平,明显高于美、欧、日等发达经济体和巴西、俄罗斯、南非、印度等其他金砖国家,对世界经济增长的贡献率平均约为 26%。创新驱动作用日益彰显,科技进步贡献率超过 50%;工业化与信息化深度融合,互联网向各领域加快渗透。服务业持续快速发展,2013 年首次上升为国民经济第一大产业,实现对制造业的"逆袭",2015 年占 GDP 比重 50.5%,比 2011 年增加 6.2 个百分点。需求结构进一步改善,2015 年,最终消费支出对国内生产总值增长的贡献率为 66.4%,比上年提高 15.4 个百分点。

一、经济发展新常态,服务业增幅明显

　　2015 年,中国 GDP 实现 67.7 万亿元,同比增长了 6.4%,比 2014 年增长率降低了 1.8 个百分点,短期内经济下行压力较大。2015 年,第一产业增加值为 6.09 万亿元(见表 1.1),同比增长 4.3%,对 GDP 增长贡献为 9%;第二产业增加值为 27.4 万亿元,同比增长了 0.9%,对 GDP 增长贡献为 40.5%;第三产业增加值为 34.2 万亿元,同比增长了 11.6%,对 GDP 增长贡献为 50.5%。2011—2015 年,三次产业占 GDP 的比重,第一产业增加值比重一直保持在 10% 以内,且缓慢下降;2011—2014 年,第二产业增加值与第三产业增加值比重均在 40%—50% 之间,但 2012 年后,第三产业增加值比重开始超过第二产业增加值比重,并于 2015 年突破了 50%,超过第二产业 10 个百分点(见图 1.1),第三产业增加值比重同比提高了 2.4 个百分点,服务业快速发展。2015 年,中国人均 GDP 为 4.9 万元,同比增长 5.8%,比 2011 年增长了 37%,增长幅度明显。

表 1.1　2011—2015 年中国三次产业产值增长情况　　　　　　单位:亿元、%、元

年份	GDP	第一产业		第二产业		第三产业		人均GDP
		产值	增长率	产值	增长率	产值	增长率	
2011	484123.5	46153.3	17.28	223390.3	18.32	214579.9	18.72	36018
2012	534123.0	50892.7	10.27	240200.4	7.52	243030.0	13.26	39544
2013	588018.8	55321.7	8.70	256810.0	6.91	275887.0	13.52	43320
2014	636138.7	58336.1	5.45	271764.5	5.82	306038.2	10.93	46629
2015	676708	60863	4.33	274278	0.92	341567	11.61	49351

资料来源:中国统计局(国家数据 2016)整理而得。

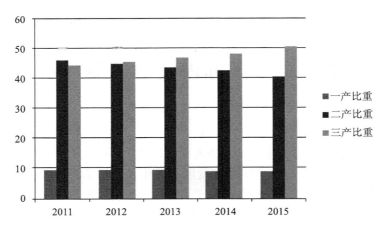

图 1.1　2011—2015 年中国三次产业产值比重　单位：％
资料来源：中国统计局（国家数据 2016）整理而得。

　　2011—2015 年,中国三次产业产值增长率曲线图都呈下降趋势,且第一产业、第二产业产值增长率下降幅度更为明显,几乎呈线性关系下降趋势,2015 年,第一产业与第二产业产值增长率分别为 4.3％和 0.9％,与 2011 年相比,分别减少了 13 个百分点和 17.4 个百分点。2015 年,第三产业产值增长率为 11.6％,较 2011 年减少了 7.1 个百分点,但与 2014 年相比,增长了 0.7 个百分点,在这五年间,其年均增长率为 13.6％(见图 1.2),高于 GDP 的年均增速,但其增速变化有起伏,相对于第一、第二产业的增速,更趋于较为稳定的发展。

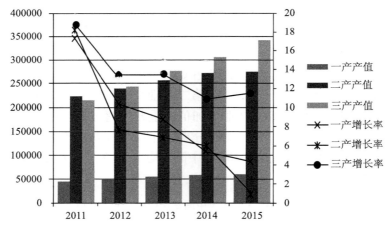

图 1.2　2011—2015 年中国三次产业增长情况　单位：亿元、％
资料来源：中国统计局（国家数据 2016）整理而得。

二、消费增长较快,但增速小幅回落

　　2015 年,中国社会消费品零售总额累计 30.1 万亿元(见表 1.2),同比增长 10.7％,实现了 30 万亿元的突破,比 2011 年增长了 63.6％,但比 2014 年下降了 3.6 个百分点(见图 1.3),增速小幅回落。消费对国民经济增长的贡献率达到 66.4％,较上年提升 15.4 个百分点,充分发挥了经济增长"稳定器"的作用。消费市场容量有扩大的趋势,消费增长出现新的消费热点,全国实物商品网上零售额同比增长 31.6％,占社会消费品零售总额的比重达到 10.8％。零售企业全年销售额同比增长 4.5％,其中,商务部重点监测中,购物中心销售额同比增长 11.8％,增速比超市、百货店和专业店分别高 5、8.4 和 11.5 个百分点。大众餐饮、文化娱乐、休闲旅游持续升温,全国餐饮收入增长 11.7％,增速比上年加快 2 个百分点①。

表 1.2 2011—2015 年中国社会消费品零售额增长情况 单位:亿元、％

年份	社会消费品零售额	增长率
2011	183918.6	17.1
2012	210307	14.3
2013	237809.9	13.1
2014	271896.1	14.3
2015	300931	10.7

资料来源:中国统计局(国家数据 2016)整理而得。

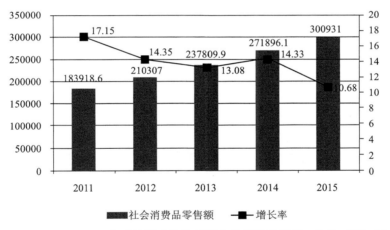

图 1.3 2011—2015 年中国社会消费品零售总额增长情况 单位:亿元、％

资料来源:中国统计局(国家数据 2016)整理而得。

三、城乡收入差距缩小,农村居民收入增长较快

近年来,随着劳动力的短缺,低端劳动力工资收入不断上涨,收入差距在不断缩小,2015 年,全国居民收入基尼系数为 0.462,创下自 2003 年以来的最低值。2015 年,中国城镇居民人均可支配收入为 31195 元,农村居民人均可支配收入为 11422 元,城乡居民收入比为 2.73∶1 (见表 1.3),这是城镇和农村居民的收入水平差距又一次降至 3 倍以下,为 15 年来最低值。

我国的城乡收入差距经历了一个"U"字形发展路径,2002 年以来,我国城乡收入比一直

① http://finance.sina.com.cn/roll/2016 - 01 - 20/doc-ifxnrahr8584887.shtml2015 年我国消费市场运行情况和特点.

在"3"以上,2007年,城乡居民收入差距扩大到改革开放以来的最高水平,为3.3∶1。2011年,城镇居民人均可支配收入为21809.8元,农村居民人均可支配收入为6977.3元,城乡居民收入比为3.1∶1。2014年城乡居民收入比为2.9∶1。2011—2015年,中国农村居民人均可支配收入的增长率均高于城镇居民人均可支配收入的增长率,2011年,农村居民人均可支配收入的增长率为17.9%,城镇居民人均可支配收入的增长率为14.1%,前者比后者高出3.8个百分点,2013年,农村居民人均可支配收入的增长率为19.1%,为五年间涨幅最高,城镇居民人均可支配收入的增长率为7.74%,却为五年间涨幅最低(见图1.4),两者相差11.4个百分点,2015年,两者的增长率几乎相当。"十二五"期间,一方面,城乡收入的增长已趋于缓慢,另一方面,城乡收入的差距在逐步缩小。

表1.3　2011—2015年中国城乡人均可支配收入增长情况　　　　　单位:元、%

年份	城镇可支配收入		农村可支配收入		城乡收入比
	人均收入	增长率	人均收入	增长率	
2011	21809.8	14.13	6977.3	17.9	3.1
2012	24564.7	12.63	7916.6	13.5	3.1
2013	26467.0	7.74	9430.0	19.1	2.8
2014	28844.0	8.98	10489.0	11.2	2.8
2015	31195	8.15	11422	8.9	2.7

资料来源:中国统计局(国家数据2016)整理而得。

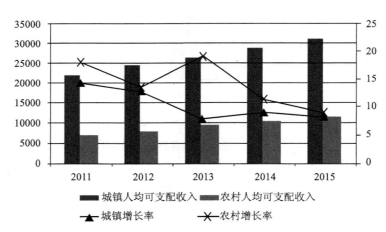

图1.4　2011—2015年中国城乡人均可支配收入增长情况　单位:元、%
资料来源:中国统计局(国家数据2016)整理而得。

四、城镇化进程不断推进,但城镇化质量亟待提高

城镇化既是经济结构转型升级的过程,也是社会结构转型升级的过程,2015年,中国常住人口77116万人,农村常住人口60346万人,城镇人口占总人口比重为56.1%。2011年以来,江苏城镇人口比重均在60%以上,同时农村人口逐年下降,2011—2015年,江苏总人口增幅从0.37%逐步缓慢下降到0.2%,2015年,江苏总人口为7976.3万人(见表1.4),同比增

长 0.2%,其中,城镇人口为 5305.8 万人,占比为 66.5%,同比增长 2.2%,农村人口为 2670.5 万人(见图 1.5),同比下降 3.6%,城乡人口比由 2011 年的 1.6% 提高到 2015 年的 2.0%。

表 1.4 2011—2015 年江苏城乡人口发展   单位:万人、%

年份	总人口数	城镇		乡村		城乡人口比
		人口数	占比	人口数	占比	
2011	7898.8	4889.4	61.9	3009.4	38.1	1.6
2012	7920.0	4990.1	63.0	2929.9	37.0	1.7
2013	7939.5	5090.0	64.1	2849.5	35.9	1.8
2014	7960.1	5190.8	65.2	2769.3	34.8	1.9
2015	7976.3	5305.8	66.5	2670.5	33.5	2.0

资料来源:根据《江苏统计年鉴》(2012—2016)中的数据整理而得。

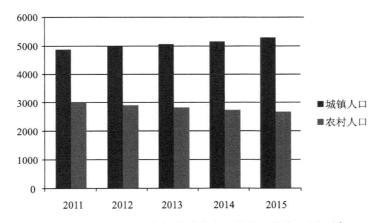

图 1.5 2011—2015 年江苏城乡人口发展   单位:万人、%
资料来源:根据《江苏统计年鉴》(2012—2016)中的数据整理而得。

城镇化进程和产业结构调整是密不可分的,农业生产力的发展是城市兴起和成长的前提,工业化是城市化的主导推动力量,第三产业的形成和发展加深了城市化进程,同时,城市化水平的提升又为产业的演进升级提供了重要的空间载体。然而,城镇化快速推进的背后,公共基础设施建设滞后、人口迁转能力相对较弱、城镇居民生活质量偏低等问题逐步凸显,城镇化质量亟待提高。

五、经济增速放缓,对就业的拉动效应减弱

2015 年,全国就业人员 77451 万人,其中城镇就业人员 40410 万人,人口就业总体稳定。随着经济规模和产业结构的变化,近年来,单位 GDP 增长拉动新增就业数量总体呈上升态势。2015 年,江苏三次产业就业人数分别为 875.56、2046.16 和 1836.78 万人(见表 1.5),构成分别为 18.4%、43% 和 38.6%,同比 2014 年,除第二产业比重未变以外,第一、第三产业分别减少 0.9 个百分点和增加 0.9 个百分点。与 2011 年相比,第一产业下降 3.1 个百分点、第二产业增加 0.6 个百分点、第三产业增加 2.5 个百分点(见图 1.6)。

表 1.5   2011—2015 年江苏三次产业就业人数   单位:万人

年份	从业人数	第一产业	第二产业	第三产业
2011	4758.2	1023	2017.5	1717.7
2012	4759.5	990	2032.3	1737.2
2013	4759.9	956.7	2042	1761.2
2014	4760.8	918.8	2047.2	1794.8
2015	4758.5	875.6	2046.2	1836.8

资料来源:根据《江苏统计年鉴》(2012—2016)中的数据整理而得。

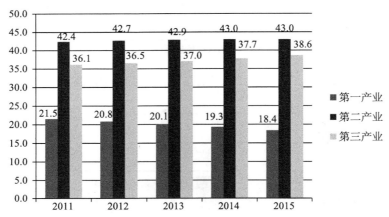

图 1.6   2011—2015 年江苏三次产业就业结构   单位:%
资料来源:根据《江苏统计年鉴》(2012—2016)中的数据整理而得。

2011—2015 年,江苏产业增长率的变化分别为:第一产业增长率均为负值,表明农业就业人口每年都在减少,其曲线呈先升后降抛物线式变化,2015 年下降了 4.7%;第二产业则几乎呈线性关系下降,2015 年,其就业人口为负增长;第三产业基本呈缓慢式增长,到 2015 年增长了 2.3%(见图 1.7)。三次产业结构由 2011 年的 22∶42∶36 变化为 2015 年的 18∶

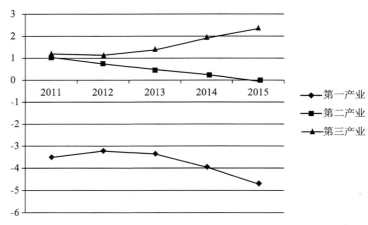

图 1.7   2011—2015 年江苏三次产业就业增长率   单位:%
资料来源:根据《江苏统计年鉴》(2012—2016)中的数据整理而得。

43∶39,第三产业增加了近 3 个百分点。总之,一方面,由于人口老龄化以及劳动力参与率的下滑,传统的人口红利面临衰退,对经济增长会有一定的影响,另一方面,由于户籍限制、素质技能要求、企业用工成本等因素,加大了就业难度。

六、科技投入增加,促进了创新驱动

中国经济高速发展带来的最为深远的影响莫过于我国科学技术高水平的提高,科技进步是江苏全面实施科技驱动战略,增强区域竞争力,率先建成创新省份的必然要求。

2015 年,江苏的科研机构数目(包括科研单位和高等院校等)为 23101 个,同比增长 5.8%,2011 年为 9061 个,五年增长 1 倍多,而 2000 年仅 1784 个;高等院校中的科研机构数 2015 年为 971 个,比 2011 年增加了 50%;从科技活动人数可以看出,2015 年,大中型工业企业科研机构数为 7432 个,同比下降 1.4%,从事科技活动人员数已经达到 112 万人,同比减少 2.6%,这两者的减少,之间有着必然的联系。2015 年,江苏省大学本科及以上学历为 54.84 万人,占比 49%,同比增长 2.4 个百分点,高层次学历的人员占近一半。2015 年,研发经费支出为 1801.23 亿元,同比增长 9%,比 2011 年增长了 68%,研发支出占江苏 GDP 的比重 2015 年为 2.57%,同比增长了 0.07 个百分点,比 2011 年增长 0.37 个百分点(见表 1.6)。江苏省科技投入的加大及高等院校科技机构的持续增加,促进了科学技术的发展,从而促进了整个江苏知识人才的培养,为江苏省的科技进步做好基础作用。

表 1.6 2011—2015 年江苏科技发展情况

指 标	2011 年	2012 年	2013 年	2014 年	2015 年
科技机构数(个)	9061	17776	19393	21844	23101
科研单位	148	148	143	144	142
规模以上工业企业	6518	16417	17996	20411	21542
♯大中型工业企业	3166	7395	7231	7538	7432
高等院校	647	761	801	854	971
其他	1748	450	453	435	446
科技活动人员数(万人)	81.62	98.23	109.46	115.00	111.99
♯大学本科及以上学历	32.72	44.96	49.09	53.61	54.84
研究与发展经费内部支出(亿元)	1071.96	1288.02	1450.00	1630.00	1801.23
研究与发展经费支出占地区生产总值比重(%)	2.20	2.33	2.45	2.50	2.57

资料来源:根据《江苏统计年鉴》(2012—2016)整理而得。
注:规模以上工业企业科技统计从 2011 年开始实施。

第二章 江苏内贸发展的概况

"十二五"期间,中国经济增长由高速转为中高速,服务消费、信息消费等增长明显,个性化、多样化、多层次消费渐成主流,大众消费稳步回升,绿色健康消费深入人心。2011—2015年,江苏省生产总值连跨三个万亿元台阶,超过7万亿元,年均增长9.6%,人均地区生产总值突破8.7万元。江苏省社会消费品零售总额2.58万亿元,年均增长13.7%,消费对经济增长贡献率达到51.5%,成为经济增长的最大拉动力。

一、商贸流通业规模不断扩大,但结构亟需调整

江苏生产总值总体规模不断扩大,2015年,江苏GDP增加值为70116.38亿元,占全国GDP增加值比重的10.4%,仅次于广东,近10年来,江苏GDP在全国比较稳定处于第二位。2015年,江苏第一、第二和第三产业增加值分别为3986.05、32044.45和34085.88亿元,三次产业增加值的贡献率分别为5.7%、45.7%和48.6%,三次产业产值贡献率表现同比分别为:第一产业减少0.1个百分点、第二产业减少1.7个百分点、第三产业增加1.6个百分点(见表2.1)。2011—2015年期间,江苏GDP增加值增长了42.8%,比"十一五"末增长了69.3%,江苏三次产业增加值也发生着较显著的变化,第一产业增加值比重表现为先小幅上涨,2013年后逐渐下跌,第二产业增加值比重从2011年51.32%一路下滑到2015年45.7%,第三产业增加值比重从2011年42.44%一路上涨到2015年48.6%。2015年,江苏第三产业比重首次超过第二产业(见图2.1)。2011—2015年,江苏人均GDP由62291元增长到87995元,增长了41.3%,比"十一五"末增长了66.5%。

表2.1 2011—2015年江苏三次产业产值及比重　　　　单位:亿元、%、元

年份	GDP	第一产业		第二产业		第三产业		人均GDP
		产值	比重	产值	比重	产值	比重	
2011	49110.27	3064.78	6.3	25203.28	51.32	20842.21	42.44	62291
2012	54058.22	3418.29	6.32	27121.95	50.17	23517.98	43.5	68347
2013	59753.37	3469.86	5.81	29086.08	48.68	27197.43	45.52	75354
2014	65088.32	3634.33	5.6	30854.5	47.4	30599.49	47	81874
2015	70116.38	3986.05	5.7	32044.45	45.7	34085.88	48.6	87995

资料来源:根据《江苏统计年鉴》(2012—2016)整理而得。

从产值增长的角度看,2011—2015年,江苏GDP增加值增长率从18.55%一路下滑到7.72%,三次产业产值增长率都有明显的下降趋势,但第一产业的变化自2012年后更为突出,并在2013年跌到最低点1.51%后,上扬到2015年的9.68%;第二产业产值增长率从

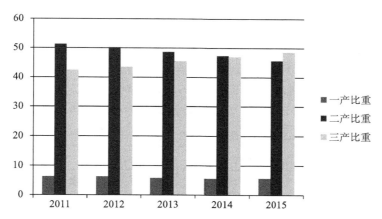

图 2.1　2011—2015 年江苏三次产业产值比重　单位:%
资料来源:根据《江苏统计年鉴》(2012—2016)整理而得。

2011 年的 15.86% 一路下跌到 2015 年的 3.86%;第三产业产值增长率表现为先降后升再降,从 2011 年的 21.66% 先下降到 2012 年 12.84%,2013 年又反弹到 15.65%,然后又下降到 11.39%(见表 2.1)。江苏三次产业产值增长速度总体上表现为第三产业高于第一产业和第二产业(见图 2.2)。

表 2.2　2011—2015 年江苏三次产业产值增长率　　　　　　　　　　单位:%

年份	GDP 增长率	一产增长率	二产增长率	三产增长率
2011	18.55	20.66	15.86	21.66
2012	10.08	11.53	7.61	12.84
2013	10.54	1.51	7.24	15.65
2014	8.93	4.74	6.08	12.51
2015	7.72	9.68	3.86	11.39

资料来源:根据《江苏统计年鉴》(2012—2016)整理而得。

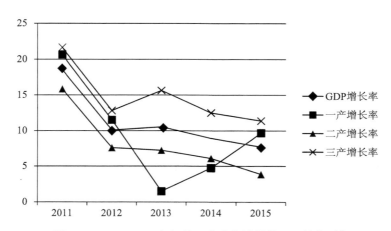

图 2.2　2011—2015 年江苏三次产业增长情况　单位:%
资料来源:根据《江苏统计年鉴》(2012—2016)整理而得。

商贸流通业作为传统行业,在第三产业中起着举足轻重的作用,一直以来备受关注。"十二五"期间,江苏流通业产值逐年增加,2015 年为 8182.08 亿元(见表 2.3),占第三产业比重为 24%,超过排名第二的金融业 15.6% 和第三的房地产业 13.2% 的比重。与其他行业产值比重相比,2011—2015 年,江苏流通业比重由 30% 一路下跌到 24%,这一时期,房地产业则由 2011 年的 13.2% 降低到 2014 年的 11.6%,2015 年的比重又重新回到了"十二五"初,金融业则通过缓慢爬升,由 2011 年的 12.1% 提高到 2015 年的 15.6%(见图 2.3)。

表 2.3　2011—2015 年江苏第三产业主要行业产值增长情况　　　　单位:亿元、%

年份	三产	流通业		金融业		房地产业	
		产值	增长率	产值	增长率	产值	增长率
2011	20842.21	6260.52	21.36	2600.11	23.47	2747.89	5.65
2012	23517.98	6749.87	7.82	3136.51	20.63	2992.82	8.91
2013	27197.43	7151.43	5.95	3958.79	26.22	3308.4	10.54
2014	30599.49	7653.48	7.02	4723.69	19.32	3564.44	7.74
2015	34085.88	8182.08	6.91	5302.93	12.26	3755.45	5.36

资料来源:根据《江苏统计年鉴》(2012—2016)整理而得。

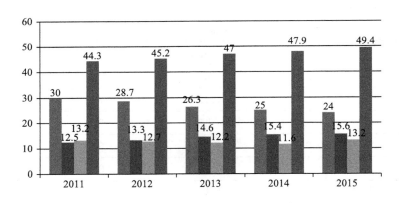

图 2.3　2011—2015 年江苏第三产业内各行业比重　单位:%
资料来源:根据《江苏统计年鉴》(2012—2016)整理而得。

2015 年,江苏流通业产值与 2014 年相比,增长了 6.91%,比 2011 年增长了 30.7%,但其产值的增长率从 2011 年的最高点 21.36% 开始下跌,到 2013 年为 5.95%,2013—2015 年,流通业产值增长率都在 6%—7% 之间。2011—2015 年期间,比重排名第二的金融业,其产值增长率虽然从 2011 年的 23.47% 降低 2012 年的 20.63%,后又提升到 2013 年的 26.22%,接着连续两年下降的 2015 年的 12.26%,有升有降,但均在流通业产值增长率之上,房地产业产值的增长率则由 2011 年的 5.65% 变化为 2015 年的 5.36%,五年间的变化有升有降,但其增长率的波动在 10% 以内(见图 2.4)。2011—2015 年,流通业的年均增长速度为 9.8%,金融业、房地产业的年均增长速度分别为 20.38% 和 7.6%,金融业产值增长速度明显快于流通业。"十二五"期间,江苏流通业产值增长率都在第三产业产值增长率的平均水平之下,流通业已经进入了调整期,产业的结构优化和升级已势在必行了。

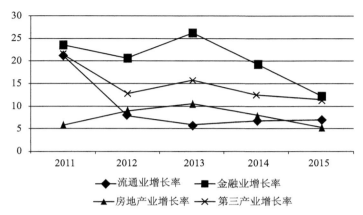

图 2.4　2011—2015 年江苏第三产业主要行业产值增长情况　单位:%
资料来源:根据《江苏统计年鉴》(2012—2016)整理而得。

2015 年,江苏流通业产值为 8182.1 亿元,其中,批发零售业产值为 6992.7 亿元,占比为 85.5%,住宿餐饮业产值为 1189.4 亿元,占比为 14.5%。"十二五"期间,批发零售业产值比重都保持在 84%—87% 之间,住宿餐饮业产值比重都保持在 13%—16% 之间。2015 年,江苏批发零售业产值同比增长了 6.6%,与 2011 年相比,增长了 30.9%,2011—2015 年期间,江苏批发零售业产值增长率从 20.1% 一直下滑,后四年,其增长速度稳定保持在 6%—8% 之间。江苏住宿餐饮业产值 2015 年同比增长了 8.7%,与 2011 年相比,增长了 29.4%,2011—2015 年期间,江苏住宿餐饮业产值增长率从 29.3% 一直下跌,2013 年产值为 1028 亿元,比 2012 年减少了 17.2 亿元,下降了 1.6%,为负增长(见图 2.5),后两年有所复苏,2015 年其增长率为 8.7%(见表 2.4),五年间,江苏批发零售业产值和住宿餐饮业的产值的增长速度分别为 9.6% 和 11.2%,后者略高于前者,江苏流通业产值增长率综合了两者,其变化曲线与江苏批发零售业产值增长率更为接近,表明了批发零售业在江苏流通业中的重要位置。

表 2.4　2011—2015 年江苏流通业各产业产值及增长　单位:亿元、%

年份	流通业产值	批发零售业		住宿餐饮业	
		产值	增长率	产值	增长率
2011	6260.52	5341.39	20.1	919.13	29.3
2012	6749.87	5704.66	6.8	1045.21	13.7
2013	7151.43	6123.46	7.3	1027.97	−1.6
2014	7653.48	6559.03	7.1	1094.45	6.5
2015	8182.08	6992.68	6.6	1189.4	8.7

资料来源:根据《江苏统计年鉴》(2012—2016)整理而得。

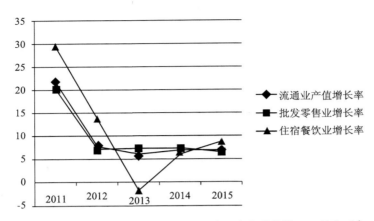

图 2.5　2011—2015 年江苏流通业各产业产值增长情况　单位:%
资料来源:根据《江苏统计年鉴》(2012—2016)整理而得。

二、消费市场缓慢增长,批发零售业占绝对主力

2015 年,全国社会消费品零售额为 300931 亿元,江苏社会消费品零售额为 26876.8 亿元,占全国比重为 8.6%(见表 2.5),同比增长了 10.3%,与 2011 年相比,增长了 61.1%,2011 年江苏社会消费品零售额增长率为 17.5%,五年间,其增长速度则处于较为明显的下降趋势(见图 2.6),这期间其年均增长率为 13.7%。"十二五"期间,江苏社会消费品零售额总体规模稳步增长,在全国的比重保持在 8.5%—8.8%之间,位置比较稳定,均为第三名。从经营单位所在地角度看,2015 年,城镇消费品零售额 23252.3 亿元,乡村消费品零售额 2624.5 亿元,分别增长 10.2%和 10.9%;从消费类型角度看,商品零售额 23456.7 亿元,餐饮收入额 2420.1 亿元,分别增长 10.3%和 10.5%。江苏增长速度总体与全国水平相当,这是经济新常态的典型特征,由原先的高速发展逐步转向中高速发展。

表 2.5　2011—2015 年江苏社会消费品零售额变化　　单位:亿元、%

年份	全国		江苏		
	社消品零售额	增长率	社消品零售额	比重	增长率
2011	183918.6	17.15	16058.31	8.69	17.50
2012	210307.0	14.35	18411.11	8.72	14.65
2013	242842.8	15.47	20878.20	8.56	13.45
2014	271896.1	11.96	23458.07	8.63	12.80
2015	300931	10.68	25876.77	8.6	10.31

资料来源:根据《江苏统计年鉴》(2012—2016)整理而得。

2015 年,江苏批发零售业社会消费品零售额为 23414.3 亿元(见表 2.6),占比 90.5%(见图 2.7),住宿业社会消费品零售额为 198.91 亿元,占比 0.8%,餐饮业社会消费品零售额为 2263.56 亿元,占比 8.7%,五年间,江苏社会消费品零售额在各行业中比重相对稳定,可以看出,批发零售业社会消费品零售额比重一直处于绝对主力位置。2015 年,江苏内贸各行业

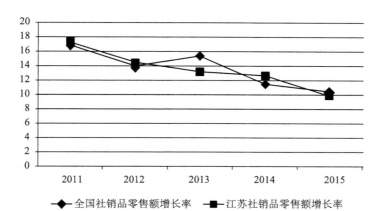

图 2.6　2011—2015 年江苏社会消费品零售额变化　单位:％
资料来源:根据《江苏统计年鉴》(2012—2016)整理而得。

社会消费品零售额在逐年增长,同比分别增长了 10.3％、6％、10.9％,与 2011 年相比,江苏三行业社会消费品零售额中分别增长 63.5％、22.9％和 66.5％。2011—2015 年,从增长幅度看,批发零售业与餐饮业的增长率均呈下降趋势,分别下跌了 7 个百分点和 8.5 个百分点,但都保持在 10％—19％之间;而住宿业增长率变动比较大,2011 年为最高点 27.4％,2013 年则下滑到－2.9％,首次为负值,后两年又有所反弹(见图 2.8)。这五年间,江苏批发零售业、住宿业、餐饮业的社会消费品零售额年均增长率分别为 13.9％、9.8％、14.6％,批发零售业和餐饮业增长速度均略高于住宿业,而批发零售业与餐饮业的增长幅度相当。

表 2.6　2011—2015 年江苏主要行业社会消费品零售额增长　单位:亿元、％

年份	社消品零售额	批发零售业		住宿业		餐饮业	
		社销额	增长率	社销额	增长率	社销额	增长率
2011	16058.31	14320.87	17.32	161.94	27.36	1359.27	18.40
2012	18411.11	16448.83	14.86	178.42	10.18	1588.08	16.83
2013	20878.20	18694.85	13.65	173.23	－2.91	1788.44	12.62
2014	23458.07	21229.55	13.56	187.67	8.34	2040.85	14.11
2015	25876.77	23414.3	10.29	198.91	5.99	2263.56	10.91

资料来源:根据《江苏统计年鉴》(2012—2016)整理而得。

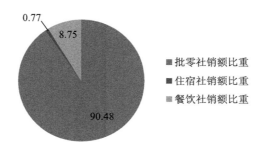

图 2.7　2015 年江苏主要行业社会消费品零售额比重　单位:％
资料来源:根据《江苏统计年鉴》(2016)整理而得。

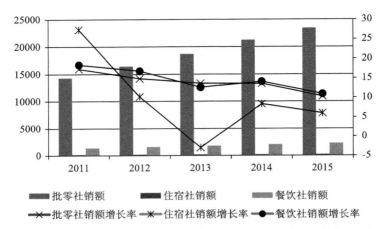

图 2.8　2011—2015 年江苏主要行业社会消费品零售额增长　单位:亿元、%
资料来源:根据《江苏统计年鉴》(2012—2016)整理而得。

三、居民收入提高,消费更加理性

居民生活水平不断提高,随着江苏内贸改革的进一步深化,江苏消费市场规模快速增长,2015 年,江苏全省居民人均可支配收入 29539 元,比上年增长 8.7%,居民人均消费支出 20556 元,比上年增长 7.3%,内贸的发展拉动了居民的消费,不仅表现为消费规模的增加,在消费结构方面变化也比较明显。

2015 年,江苏城镇居民人均可支配收入为 37173 元(见表 2.7),同比增长 8.2%,比 2010 年增长了 41.1%,2011—2015 年,江苏城镇居民人均可支配收入年均增长率为 10.2%。江苏农村居民人均可支配收入为 16257 元,同比增长 8.9%(见表 2.8),比 2010 年增长了 50.5%,2011—2015 年,江苏农村居民人均可支配收入年均增长率为 12.3%。2015 年,江苏城乡收入比为 2.3:1,2011 年,这一比值为 2.4:1,这五年间,江苏城乡收入比呈下降趋势,2015 年,全省居民人均可支配收入中位数 25095 元,比上年增长 10.1%。

2015 年,江苏城镇居民人均消费支出为 24966 元(见表 2.7),同比增长 6.3%,比 2011 年增长了 48.8%,2011—2015 年,江苏城镇居民人均消费支出年均增长率为 11.8%。2015 年,江苏农村居民人均消费支出为 12883 元,同比增长 9%(见表 2.8),比 2011 年增长 67.5%,2011—2015 年,江苏农村居民人均消费支出年均增长率为 14.7%。

表 2.7　2011—2015 年江苏城乡居民生活收入与支出情况　单位:元

年份	城镇居民			农村居民		
	人均可支配收入	人均消费支出	恩格尔系数(%)	人均可支配收入	人均消费支出	恩格尔系数(%)
2011	26341	16782	36.1	10805	7693	38.5
2012	29677	18825	35.4	12202	8655	37.4
2013	32538	22262	34.7	13598	10759	36.3

续 表

年份	城镇居民			农村居民		
	人均可支配收入	人均消费支出	恩格尔系数(%)	人均可支配收入	人均消费支出	恩格尔系数(%)
2014	34346	23476	28.5	14958	11820	31.4
2015	37173	24966	28.1	16257	12883	31.7

资料来源:根据《江苏统计年鉴》(2012—2016)数据整理而得。

表2.8 2011—2015年江苏城乡居民生活收入与支出增长情况   单位:%

年份	城镇居民(人均)		农村居民(人均)	
	收入增长率	消费增长率	收入增长率	消费增长率
2011	14.8	16.9	18.5	17.6
2012	12.7	12.2	12.9	12.5
2013	9.6	18.3	11.4	24.3
2014	5.6	5.5	10.0	9.9
2015	8.2	6.3	8.9	9.0

资料来源:根据《江苏统计年鉴》(2012—2016)数据整理而得。

2011—2015年,江苏城镇居民人均可支配收入增长速度的曲线表现为先降后升,由2011年的14.8%下降到2014年的5.6%,后又反弹到2015年的8.2%;农村居民的人均可支配收入增长率表现为一路下滑,从2011年的18.5%下降到2015年的8.9%,但都高于同期城镇居民收入的增长速度(见图2.9)。江苏城镇和农村居民人均消费支出增长速度的曲线都表现为有降有升,分别由2011年的18.5%变化为2015年的8.9%,2011年的17.6%变化为2015年的9%,2015年,城镇居民与农村居民人均消费支出比为1.9∶1,2011年,这一比例为2.2∶1,可以看出,农村居民人均消费支出增幅快于城镇居民(见图2.10)。

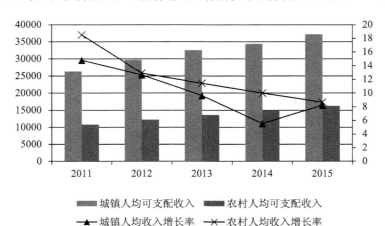

图2.9 2011—2015年江苏城乡居民人均可支配收入增长情况   单位:元、%
资料来源:根据《江苏统计年鉴》(2012—2016)数据整理而得。

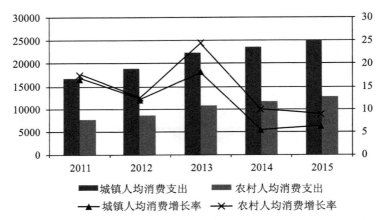

图 2.10　2011—2015 年江苏城乡居民人均消费支出增长情况　单位:元、%
资料来源:根据《江苏统计年鉴》(2012—2016)数据整理而得。

　　2015 年,江苏农村居民恩格尔系数为 31.7%,比 2011 年的 38.5%下降了 6.8 个百分点;江苏城镇居民恩格尔系数为 28.1%,比 2011 年的 36.1%下降了 8 个百分点,2013 年,城镇居民恩格尔系数跌破 30%,消费模式迈上了又一个新台阶(见图 2.11)。

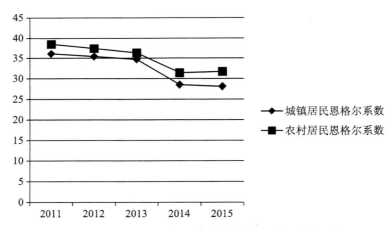

图 2.11　2011—2015 年江苏城乡恩格尔系数　单位:%
资料来源:根据《江苏统计年鉴》(2012—2016)数据整理而得。

　　图 2.12 和图 2.13 表明:2015 年,在城镇和农村居民消费支出模式比重中,占前三位的分别是食品烟酒、居住和交通通信,江苏城乡居民消费结构,商品零售额为 23456.7 亿元,同比增长 10.3%;餐饮收入额为 2420.1 亿元,同比增长 10.5%。在限额以上企业商品零售额中,与 2014 年相比,粮油、食品、饮料、烟酒类增长 9.5%,服装、鞋帽、针纺织品类增长 8.2%,金银珠宝类增长 5.6%,日用品类增长 6.7%,五金、电料类增长 10.6%,书报杂志类增长 11.1%,家用电器和音像器材类增长 9.5%,中西药品类增长 14.2%,通讯器材类增长 18.1%,文化办公用品类增长 17.7%,家具类增长 14.5%,石油及制品类下降 2%,建筑及装潢材料类增长 19%,汽车类增长 4.7%。江苏城乡居民消费模式和消费结构都发生变化,在居住类、交

通通信类以及教育文化娱乐类等商品上面消费所占比重增加,对食品烟酒类上消费比重有所下降。

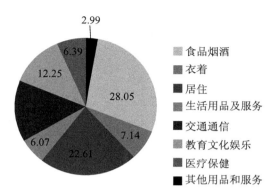

图 2.12　2015 年城镇居民人均消费支出情况　单位:%
资料来源:根据《江苏统计年鉴》(2016)数据整理而得。

食品烟酒
衣着
居住
生活用品及服务
交通通信
教育文化娱乐
医疗保健
其他用品和服务

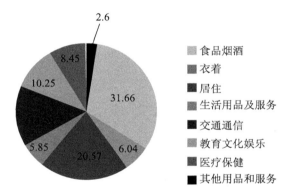

图 2.13　2015 年农村居民人均消费支出情况　单位:%
资料来源:根据《江苏统计年鉴》(2016)数据整理而得。

食品烟酒
衣着
居住
生活用品及服务
交通通信
教育文化娱乐
医疗保健
其他用品和服务

四、商品交易市场规模增幅减缓,市场间有差距

截至 2015 年末,江苏拥有亿元商品市场 513 个,同比减少 23 个,下降 4.3%,全年实现成交额 15973.1 亿元,较上年 17085 亿元的市场的成交额下降 6.5%,首次为负增长,这两项表明单位的亿元商品市场效率在减少;亿元市场的营业面积为 3183.7 万平方米,同比减少 2.5%,交易业主从业人员为 100.3 万人,同比减少 1.1%(见表 2.9),收经济下行的影响,商品消费市场仍未走出低迷。2011—2015 年,江苏超亿元商品交易市场数量从 2011 年的最高点直线下降,其交易市场的营业面积、从业人员规模表现为先升后降。江苏超亿元商品交易市场商品交易额则从 2011 年增长到 2014 年后下落,其增长速度则一路下滑,从 2011 年 19.6% 的正增长到 2015 年的负增长,"十二五"期间,江苏超亿元商品交易市场商品交易额的年增长速度为 6.7%(见图 2.14)。

表2.9　2011—2015年江苏亿元以上商品交易市场情况

年份	市场个数(个)	商品成交额(亿元)	营业面积(万平米)	从业人员(万人)
2011	575	14007.31	3027.63	106.93
2012	562	15659.24	3314.69	112.4
2013	547	16595.82	3294.69	105.07
2014	536	17084.95	3266.61	101.42
2015	513	15973.10	3183.73	100.26

资料来源:根据《江苏统计年鉴》(2012—2016)中的数据整理计算而得。

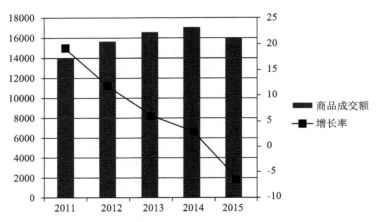

图2.14　2011—2015年江苏亿元以上商品交易市场成交额情况　单位:亿元、%
资料来源:根据《江苏统计年鉴》(2012—2016)中的数据整理计算而得。

2015年,江苏超亿元以上商品市场商品成交额为15973.1亿元,市场个数为513个,营业面积为3183.7万平方米,从业人员为100.3万人(见表2.10),与2014年相比,分别下降6.5%、4.3%、2.5%和1.1%,降幅较明显。

江苏亿元以上批发市场商品成交额2015年为14031.6亿元、零售市场的商品成交额为1941.5亿元(见表2.10),同比分别下降了6.6%和6.1%。超亿元的批发市场和零售市场数都略有下降,下降幅度分别为2.8%和5.9%,营业面积下降幅度分别为2.7%和2.1%,从业人员批发市场减少2.3%,零售市场增加2.9%。亿元以上商品成交额中批发市场占比为87.8%,与2014年相当(见图2.15)。通过观察2014年和2015年的数据,当2015年批发市场和零售市场个数、商品成交额、营业面积和从业人员数都有变化的时候,商品交易市场的店效、坪效和人效与2014年相比,都有所下降。

2015年,江苏亿元以上综合市场商品成交额为2835.9亿元,同比增长了5.5%,专业市场的商品成交额为13137.2亿元(见表2.10),同比减少了8.8%。超亿元的综合市场和专业市场数都略有下降,下降幅度分别为5.1%和4%,营业面积下降幅度分别为0.4%和3.1%,从业人员分别减少1%和1.1%。亿元以上商品成交额中专业市场占比为82.2%,与2014年相比,下跌2个百分点(见图2.16)。同样,通过观察2014年和2015年的数据,无论是商品交易市场的店效、坪效和人效,综合市场都比专业市场有所提高。

表 2.10　2014—2015 年江苏亿元以上商品交易市场情况

项　目	市场数(个)		商品成交额 (亿元)		营业面积 (万平米)		从业人员 (万人)	
	2014 年	2015 年	2014 年	2015 年	2014 年	2015 年	2014 年	2015 年
批发市场	282	274	15016.8	14031.62	2393.98	2329.65	75.93	74.02
零售市场	254	239	2068.15	1941.48	872.63	854.08	25.49	26.24
综合市场	136	129	2687.84	2835.88	716.49	713.52	25.80	25.53
其中 1. 生产资料市场	4	4	78.71	77.90	130.71	130.71	1.25	1.27
2. 工业消费品市场	19	19	767.64	733.38	203.68	204.68	7.93	7.40
3. 农产品市场	87	81	1473.94	1508.45	240.52	239.02	10.95	11.24
专业市场	400	384	14397.11	13137.22	2550.12	2470.20	75.61	74.73
总计	536	513	17084.95	15973.10	3266.61	3183.73	101.42	100.3

资料来源:根据《江苏统计年鉴》(2015—2016)中的数据整理计算而得。

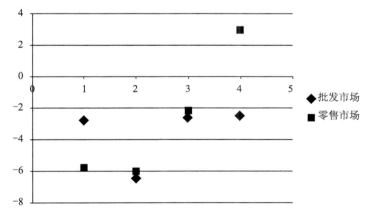

图 2.15　2015 年江苏亿元以上批发和零售交易市场同比变化情况　单位:%
资料来源:根据《江苏统计年鉴》(2016)中的数据整理计算而得。
注:x 轴中 1 为市场数增长率,2 为商品成交额增长率,3 为营业面积
增长率,4 为从业人员数增长率。

2011—2015 年,江苏超亿元的综合市场商品成交额增长速度表现为先从 2011 年的 9.6%下降到 2012 年的 6.4%,然后再上升到 2014 年的 13.3%,后又继续下降到 2015 年的 5.5%;而专业市场商品成交额的增长则从 2011 年的 21%直线下降,并于 2015 年跌破零值,为-8.8%(见图 2.17)。

2015 年,江苏各类综合市场商品成交额比重中,农产品市场比重最高,为 53.2%,其次是工业消费品市场,为 25.9%,生产资料市场则为 18.2%(见图 2.18)。江苏各类专业市场商品成交额比重中,位于前三甲的分别是生产资料市场、纺织品市场和农产品市场,分别为 39.1%、32.1%和 12.9%(见图 2.19)。

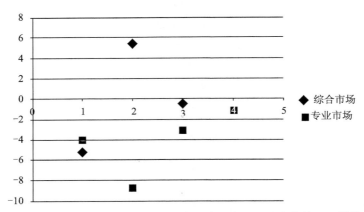

图 2.16　2015 年江苏亿元以上综合和专业交易市场同比变化情况　单位:%
资料来源:根据《江苏统计年鉴》(2016)中的数据整理计算而得。
注:x轴中 1 为市场数增长率,2 为商品成交额增长率,3 为营业面积
增长率,4 为从业人员数增长率。

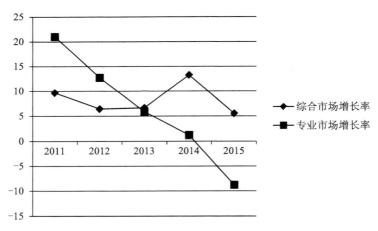

图 2.17　2011—2015 年江苏超亿元综合和专业市场商品成交额增长　单位:%
资料来源:根据《江苏统计年鉴》(2012—2016)中的数据整理计算而得。

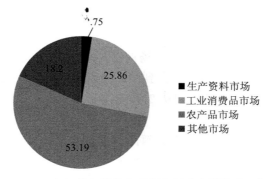

图 2.18　2015 年江苏各类综合市场商品成交额比重　单位:%
资料来源:根据《江苏统计年鉴》(2016)中的数据整理计算而得。

从专业市场商品成交额增长幅度的角度看,2015 年,限额以上企业商品零售额中,粮油、食品、饮料、烟酒类增长 9.5%,服装、鞋帽、针纺织品类增长 8.2%,金银珠宝类增长 5.6%,日用品类增长 6.7%,五金、电料类增长 10.6%,书报杂志类增长 11.1%,家用电器和音像器材类增长 9.5%,中西药品类增长 14.2%,通讯器材类增长 18.1%,文化办公用品类增长 17.7%,家具类增长 14.5%,石油及制品类下降 2%,建筑及装潢材料类增长 19%,汽车类增长 4.7%。

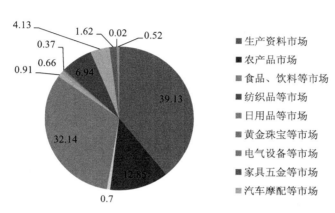

图 2.19　2015 年江苏各类专业市场商品成交额比重　单位:%

资料来源:根据《江苏统计年鉴》(2016)中的数据整理计算而得。

五、流通市场化程度较高,但批发市场规模有所缩小

2015 年,江苏限额以上批发业与零售业商品销售额为 42773 亿元(见表 2.11),同比减少 7.3%,五年间,首次表现为负增长。江苏批发业、零售业商品销售额 2015 年分别为 31628 亿元、2502.3 亿元,同比分别下降 11.1%、上涨 5.3%;产业活动数分别为 12734 个、18635 个,同比分别下降 5.5% 和增长 1.3%;营业面积分别为 414 万平方米、2502.3 万平方米,同比增长 0.1%、0.9%;从业人员分别为 41.5 万人、57.4 万人,同比下降 2.7%、2.7%。2011—2015 年,江苏限额以上批发业与零售业的商品销售额前三年为正增长,后两年为负增长,年均增长率为 10.6%。这五年间,批发业商品销售额年均增长率为 8.8%,零售业商品销售额年均增长率为 17.3%,这两条增长率的曲线均表现为先下降后上升,2013 年为最高,分别是 30% 和 28.1%,接着又直线下降,尤以限额以上批发业的下跌幅度最为显著,为负增长(见图 2.20),同时也可看出,与江苏限额以上批发业相比,在经济新常态下,零售业的效率不降反升。

表 2.11　2011—2015 年江苏限额以上批发业与零售业基本情况

	项　　目	2011 年	2012 年	2013 年	2014 年	2015 年
批发业	产活数(个)	10952	11221	16009	13474	12734
	营业面积(万平米)	—	250.92	359.80	412.73	414.01
	从业人员(万人)	32.67	34.71	46.23	42.65	41.48
	商品销售额(亿元)	27382.32	28258.5	36746.99	35571.9	31627.96

续　表

项　　目		2011 年	2012 年	2013 年	2014 年	2015 年
零售业	产活数（个）	12486	13052	18645	18395	18635
	营业面积（万平米）	1836.95	2117.08	2366.74	2479.49	2502.29
	从业人员（万人）	45.55	51.54	60.50	58.97	57.38
	商品销售额（亿元）	6451.73	7534.4	9652.83	10580.61	11145.02
总计	产活数（个）	23438	24273	34654	31869	31369
	营业面积（万平米）	—	2368	2726.54	2892.23	2916.3
	从业人员（万人）	78.22	86.25	106.73	101.62	98.86
	商品销售额（亿元）	33834.05	35792.9	46399.82	46152.51	42772.98

资料来源：根据《江苏统计年鉴》（2012—2016）中的数据整理计算而得。

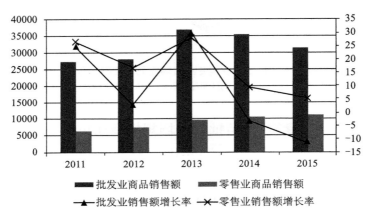

图 2.20　2011—2015 年批发业与零售业商品销售额增长情况　单位：亿元、%
资料来源：根据《江苏统计年鉴》（2012—2016）中的数据整理计算而得。

　　2015 年，江苏限额以上住宿业与餐饮业营业收入为 677.24 亿元（见表 2.12），同比增长 5.2%。2015 年，江苏住宿业与餐饮业营业收入分别为 264.9、412.3 亿元，同比分别增长 8.2% 和 3.4%；产业活动数分别为 1203、3527 个，同比分别增长 4.1% 和 0.2%；分属餐饮的营业面积分别为 250.8、434.1 万平方米，同比分别增长 10.7% 和减少 2.8%；从业人员分别为 12.9、19.9 万人，同比增长 1.2% 和减少 8.7%。2011—2015 年，江苏限额以上住宿业与餐饮业的营业收入的增长速度表现为先将后升，由 2011 年的 22.4% 直线下降到 2014 年的 −5%，2015 年又有所回涨，年均增长率为 8.5%。这五年间，住宿业所属餐饮的营业收入年均增长率为 5.6%，餐饮业营业收入的年均增长率为 10.8%，这两条增长率的曲线都有降有升，只是幅度不同，2011 年为最高，住宿业由 17.4% 下降到 2013 年的最低点 −4.1%，后又连续两年回升，其年均增长率为 5.6%，餐饮业由 26.5% 开始变动，最低点为 2014 年的 −3.2%，其年均增长率为 10.8%（见图 2.21）。

表 2.12　2011—2015 年江苏限额以上住宿业与餐饮业基本情况

	项　目	2011 年	2012 年	2013 年	2014 年	2015 年
住宿业	产活数(个)	1083	1072	1178	1156	1203
	餐营面积(万平米)	201.98	294.58	220	226.58	250.78
	从业人员(万人)	17.1	14.43	13.44	12.76	12.91
	营业收入(亿元)	239.87	256.18	245.67	244.89	264.92
餐饮业	产活数(个)	2910	3107	3840	3519	3527
	餐营面积(万平米)	397.84	453.82	472.09	446.74	434.08
	从业人员(万人)	20.47	22.31	24.07	22.87	19.85
	营业收入(亿元)	321.21	366	431.69	398.7	412.32
总计	产活数(个)	3993	4179	5018	4675	4730
	餐营面积(万平米)	599.81	748.4	693.09	673.32	684.86
	从业人员(万人)	37.57	36.74	37.51	35.63	32.76
	营业收入(亿元)	561.08	622.18	677.36	643.59	677.24

资料来源:根据《江苏统计年鉴》(2012—2016)中的数据整理计算而得。

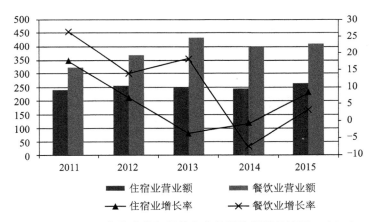

图 2.21　2011—2015 年住宿业与餐饮业商品销售额增长情况　单位:亿元、%

资料来源:根据《江苏统计年鉴》(2012—2016)中的数据整理计算而得。

　　2015 年,江苏限额以上批发业国有控股企业商品销售额为 7097.77 亿元(见表 2.13),非国有化比重占 77.6%,2011—2015 年,江苏批发企业非国有化比重在 75%—82% 之间,表现为先降后升再降(见图 2.22)。2015 年,江苏限额以上零售业国有控股企业商品销售额为 1744.9 亿元,非国有化比重为 84.3%;2011—2015 年,江苏零售企业非国有化比重在 83%—91% 之间(见表 2.13),表现为先降后升,江苏限额以上批发与零售企业非国有化比重都较高,尤其零售企业市场化程度更高。

表 2.13　2011—2015 年江苏限额以上批发零售国有企业发展情况　　　　单位:亿元

项　　目		2011 年	2012 年	2013 年	2014 年	2015 年
批发业	国有控股	6161.19	6949.0	6926.45	7433.23	7097.77
	总　计	27382.32	28258.5	36746.99	35571.90	31627.96
零售业	国有控股	623.89	732.9	1403.04	1780.01	1744.90
	总　计	6451.73	7534.4	9652.83	10580.61	11145.02
批零合计	国有控股	6785.08	7682.0	8329.48	9213.24	8842.67
	总　计	33834.05	35792.9	46399.82	46152.51	42772.98

资料来源:根据《江苏统计年鉴》(2012—2016)中的数据整理计算而得。

　　2015 年,江苏限额以上住宿业国有控股企业商品销售额为 67.55 亿元(见表 2.14),非国有化比重为 74.5％,2010—2014 年,江苏住宿企业非国有化比重在 70％—76％之间。2015年,江苏限额以上餐饮企业国有控股企业商品销售额为 15.82 亿元,非国有化比重为94.8％;2011—2015 年,江苏餐饮企业非国有化比重在 94％—97％之间。江苏餐饮、住宿业的非国有化的曲线均表现为先降后升再降(见图 2.22),不难看出,江苏限额以上住宿业与餐饮企业非国有化比重都较高,尤其餐饮企业市场化程度更高。

表 2.14　2011—2015 年江苏限额以上住宿餐饮国有企业发展情况　　　　单位:亿元

项　　目		2011 年	2012 年	2013 年	2014 年	2015 年
住宿业	国有控股	69.47	74.73	61.34	59.35	67.55
	总　计	239.87	256.18	246.71	244.89	264.92
餐饮业	国有控股	16.65	19.18	13.59	15.82	20.87
	总　计	321.21	366.00	431.69	398.76	412.32
住餐合计	国有控股	86.12	93.90	74.93	75.17	88.42
	总　计	561.07	622.19	677.36	643.65	677.24

资料来源:根据《江苏统计年鉴》(2012—2016)中的数据整理计算而得。

表 2.15　2011—2015 年江苏限额以上各行业非国有化比例　　　　单位:％

项　　目	2011 年	2012 年	2013 年	2014 年	2015 年
批发业非国有化	77.5	75.4	81.2	79.1	77.6
零售业非国有化	90.3	90.3	85.5	83.2	84.3
住宿业非国有化	71.0	70.8	75.1	75.8	74.5
餐饮业非国有化	94.8	94.8	96.9	96.0	94.8

资料来源:根据《江苏统计年鉴》(2012—2016)中的数据整理计算而得。

　　总体上看,2015 年,江苏内贸限额以上企业国有控股企业商品销售额为 8931.1 亿元,非国有化比重为 79.4％,"十二五"期间,江苏内贸企业非国有化比重在 78％—83％之间,表现为先降后升再降,到 2015 年又下降了 0.8 个百分点,表明江苏内贸企业市场化程度较高,其

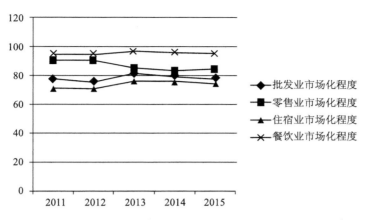

图 2.22　2010—2015 年江苏内贸各行业市场化程度　单位:%
资料来源:根据《江苏统计年鉴》(2012—2016)中的数据整理计算而得。

市场配置资源的能力相当强,但与发达国家相比,还有不少差距,仍要在企业管理水平和素质上下功夫。

六、流通业国际化规模收缩,进程减缓

　　随着全球经济一体化进程的加快,中国日益成为世界制造业基地和主要的商品采购市场和销售市场,我国流通业将成为全球供应链中的重要一环,国内流通企业将面临更多的机遇,但威胁也随之而来,贸易保护主义等因素加剧,流通企业国际化发展道路会有些风险。江苏流通国际化程度提高速度很快,2015 年,江苏外资及港澳台投资连锁企业销售额为1050.3 亿元(见表 2.16),占比为 23%,同比下降了 7%;门店数 4105 个,占投资连锁企业的比重为 21.2%,同比下降 1.2%;营业面积为 598.26 万平方米,占比为 30.2%,同比下降5.9%;从业人员为 14.78 万人,占比为 36.4%,同比下降 19.1%,与 2014 年相比,江苏外资及港澳台投资连锁企业销售额、门店数、营业面积和从业人员都有所减少。从效率角度看,2015 年,海外企业在国内扩张规模整体上都略有收缩,但商业企业店效和坪效并没有下降,但人效却有所下跌。2011—2015 年,江苏外资及港澳台投资连锁企业销售额变化曲线表现为先降后升再降,2011 年增长速度达最高点,为 13.9%,除 2013 年外,其他三个年份,销售额都在负增长,且 2015 年最低,这五年间,江苏外资企业销售额年均增长率为 1.38,但后两年持续负增长(见图 2.23)。

表 2.16　2011—2015 年江苏外资及港澳台投资连锁企业情况

年份	类型	门店数(个)	销售额(亿元)	营业面积 (万平方米)	从业人员(万人)
2011	外资及港澳台投资	3653	1132.61	526.94	18.33
	总计	19533	5316.01	1903.5	48.68
2012	外资及港澳台投资	3756	1119.94	573.28	17.69
	总计	18300	4851.52	1873.08	38.82

续　表

年份	类型	门店数(个)	销售额(亿元)	营业面积(万平方米)	从业人员(万人)
2013	外资及港澳台投资	4130	1180.79	638.16	18.73
	总计	18461	4831.87	2001.37	45.23
2014	外资及港澳台投资	4153	1128.97	635.5	18.29
	总计	19818	3580.99	2002.86	44.68
2015	外资及港澳台投资	4105	1050.3	598.26	14.78
	总计	19364	4567.16	1982.63	40.65

资料来源:根据《江苏统计年鉴》(2012—2016)中的数据整理计算而得。

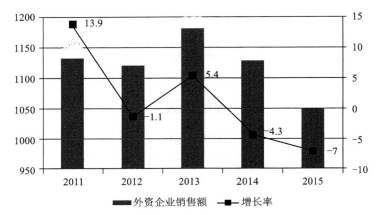

图 2.23　2011—2015 年江苏外资及港澳台投资连锁企业销售变化　单位:%
资料来源:根据《江苏统计年鉴》(2012—2016)中的数据整理计算而得。

七、连锁化程度降低,新型流通方式不断涌现

2015 年,中国连锁百强销售额为 2.1 万亿元,同比增长 4.3%,占社会消费品零售总额的 6.9%,门店总数达到 11.1 万余家,同比增长 4.7%。国内百强连锁企业中涌现出一批具有相当规模和国际竞争力的连锁集团,成为商贸流通业的龙头企业和主导力量,其中,江苏进入连锁百强企业前 10 的有两家,前 20 的有三家。由于连锁经营具有强大的规模效益和降低成本的优势,有利于商业资源的优化配置,提高企业组织化程度,保持良好的市场秩序,维护消费者权益。

2015 年,江苏批发和零售、住宿和餐饮连锁总店 200 家,连锁门店数 19364 个,同比减少 2.3%,连锁门店营业面积 1982.6 万平方米,同比减少 1%,从业人员 40.65 万人,同比减少 9%,全年实现商品销售总额为 4567.2 亿元(见表 2.17),同比增加 27.5%。江苏批发零售业连锁经营额为 4475.44 亿元、门店数为 17865 个、营业面积为 1932.88 万平方米、从业人员为 36.09 万人,与 2014 年相比,除销售额增长了 28.5%以外,其他分别减少了 2.6%、1.1%和 3.6%。江苏住宿餐饮业连锁经营额为 91.72 亿元、门店数 1499 个、营业面积 49.74 万平方米、从业人员为 4.56 万人,与 2014 年相比,销售额和从业人员分别减少 1%和 36.9%,

门店数和营业面积分别增加 2.1% 和 2.3%。与 2014 年相比,江苏内贸连锁企业在门店数、营业面积和从业人员减少的同时,销售额却有较明显增长,这主要归功于批发和零售业的连锁销售额的增长。从行业效率的角度看,2015 年,江苏内贸连锁企业的店效、坪效和人效由于销售额的明显增长,较之 2014 年都有大幅增长。

表 2.17　2015 年江苏批发和零售业、住宿和餐饮业连锁经营情况

行　业	门店数 （个）	销售额 （亿元）	营业面积 （万平方米）	从业人员 （万人）
批发和零售业	17865	4475.44	1932.88	36.09
住宿和餐饮业	1499	91.72	49.74	4.56
总计	19364	4567.16	1982.63	40.65

资料来源:根据《江苏统计年鉴》(2016)中的数据整理而得。

用当年地区连锁企业销售额占地区社会消费品零售额的比例,可以反映地区企业的连锁经营的程度。2015 年,江苏内贸企业连锁经营比率为 17.7%,同比增长了 15.7%(见表 2.18),2011—2015 年,江苏内贸企业连锁经营比率变化情况表现为从 2011 年的 33.3%一路下降到 2014 年 15.3%,然后 2015 年又开始反弹回升(见图 2.24),"十二五"期间,江苏内贸企业年均连锁经营比率为 23.3%。从行业销售额的占比看,江苏批发零售业 2015 年为 98%,五年间,一直处于绝对优势比重。

表 2.18　2011—2015 年江苏内贸连锁企业经营情况　　　　　　　单位:亿元

年份	江苏连锁经营		批零业	住宿业	餐饮业
	销售额	连锁经营率(%)			
2011	5316.01	33.25	5232.9	0.75	82.37
2012	4943.78	26.97	4851.5	0.49	91.77
2013	4831.87	23.23	4741.8	0.47	89.58
2014	3580.98	15.27	3483.9	0.42	96.67
2015	4567.16	17.65	4475.4	0.38	91.34

资料来源:根据《江苏统计年鉴》(2012—2016)数据整理而得。

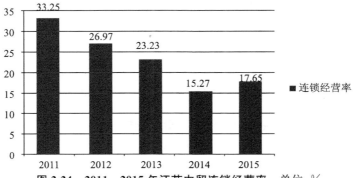

图 2.24　2011—2015 年江苏内贸连锁经营率　单位:%
资料来源:根据《江苏统计年鉴》(2012—2016)中的数据整理而得。

2011—2015 年,江苏内贸连锁企业销售增长情况见表 2.19,2015 年是连锁企业涨幅最快的一年,从变化曲线上看,从 2011 年的涨幅 19.3％开始,表现为先降后升,并且有两次往复,五年间,江苏连锁企业销售额的首尾两年都在增长,而中间三年在减少,尤以 2014 年下降幅度最大,为 25.9％(见图 2.25),其销售额的年均增长率为 2.4％。由于江苏批发零售企业销售在内贸连锁企业的绝对比重,因此,它们销售变化曲线基本保持一致,表现为从 2011 年 19.1％,下滑后在 2013 年略有回升,接着又下滑到 2014 年的－26.5％,2015 年则大幅度反弹,并提高了 55 个百分点(见表 2.19),其销售额的年均增长率为 2.3％。江苏住宿业销售变化曲线和前两类相似,从 2011 年的 4.2％,下降到 2012 年的－34.7％,再反弹后下滑,后四年都处于负增长,其销售额的年均增长率为－10.9％。江苏餐饮业销售变化曲线与前三个略有差异,从 2011 年的 28.6％下滑到 2013 年的－2.4％,2014 年反弹到正值 7.9％,后 2015 年又下降,其中有三年在增长,两年在减少(见图 2.25),其销售额的年均增长率为 8％。

表 2.19　2011—2015 年江苏内贸连锁企业销售增长情况　　　　单位:％

年份	批发零售业增长率	住宿业增长率	餐饮业增长率	连锁企业增长率
2011	19.1	4.2	28.6	19.3
2012	－7.3	－34.7	11.4	－8.7
2013	－2.3	－4.1	－2.4	－0.4
2014	－26.5	－10.6	7.9	－25.9
2015	28.5	－9.5	－5.5	27.5

资料来源:根据《江苏统计年鉴》(2012—2016)中的数据整理而得。

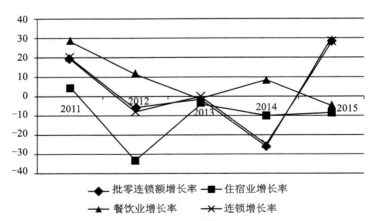

图 2.25　2011—2015 年江苏内贸连锁企业销售增长情况　单位:％
资料来源:根据《江苏统计年鉴》(2012—2016)中的数据整理而得。

江苏连锁企业 2014 年表现为销售额的下滑及连锁经营率的下降,但到了 2015 年,这两项指标都开始发生逆转,且涨幅较大,增长了 53.4 个百分点,表明近年来,江苏连锁企业的发展已注重通过对商业资源的优化配置和提高企业组织化程度方面,着手挖掘和应用规模效益和成本优势的特征。

2015年,江苏限额以上零售业商品销售额为11145.02亿元(见表2.20),同比增长5.3%,产业活动单位数为18635个,同比增长1.3%,零售营业面积为2502.3万平方米,同比减少3%,从业人员为57.4万人,同比减少2.7%。从商业企业经营效率角度看,企业的店效、坪效和人效都有所增加,坪效增长幅度更大些。

表2.20 2015年江苏限额以上零售业态经营情况

零售业态	产业活动单位数(个)	营业面积(平方米)	从业人员(人)	销售额(亿元)
有店铺零售	18400	24717815	555936	10727.76
食杂店	208	42069	2542	24.12
便利店	492	216653	5007	58.31
折扣店	11	21193	529	6.75
超市	853	649559	30284	203.86
大型超市	1768	5051967	112737	1230.30
仓储会员店	8	68715	599	24.52
百货店	706	4586577	78646	1193.58
专业店	10353	8004592	188098	4619.85
专卖店	3460	4793122	109356	2781.74
家具建材商店	181	363765	6126	171.38
购物中心	99	583606	9621	133.02
厂家直销中心	261	335997	12391	280.32
无店铺零售	235	305134	17816	417.26
电视购物	4	180	1217	30.79
邮购	4	3700	943	4.53
网上商店	145	241225	12691	312.65
自动售货亭	1	1258	69	0.68
电话购物	9	1341	441	3.83
其他	72	57430	2455	64.80
零售业总计	18635	25022949	573752	11145.02

资料来源:根据《江苏统计年鉴》(2016)中的数据整理而得。

2015年,有店铺的零售业态,商品销售额为10727.8亿元,同比增长3.9%,产业活动单位数为18400个,同比增长0.7%,零售营业面积为2471.8万平方米,同比增长0.2%,从业人员55.6万人,同比减少3.5%。从商业企业单位效率看,有店铺的零售业态的坪效、人效、店效略有增加,尤以人效增加幅度最快。从业态构成看,各零售业态所占比重分别为:食杂店

0.2%、便利店 0.5%、折扣店 0.06%、超市 1.9%、大型超市 11.5%、仓储会员店 0.2%、百货店 11.1%、专业店 43.1%、专卖店 25.9%、家具建材商店 1.6%、购物中心 1.2%、厂家直销中心 2.6%(见图 2.26)。专业店市场占有率最高,超过 40%,随后,专卖店、百货店、大型超市分列 二、三、四位,这四种零售业态市场份额超过了 90%。

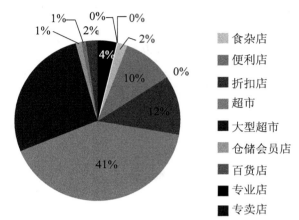

图 2.26 2015 年江苏有店铺的零售业态销售比重 单位:%

资料来源:根据《江苏统计年鉴》(2016)中的数据整理而得。

2015 年,无店铺零售业商品销售额 417.3 亿元,同比增长 61.9%,产业活动单位数为 235 个,同比增长 97.5%,零售营业面积为 30.5 万平方米,同比增长 138%,从业人员为 1.78 万 人,同比增长 29%。从业态构成看,各零售业态所占比重分别为:电视购物 7.4%、邮购 1.1%、网上商店 74.9%、自动售货亭 0.2%、电话购物 0.9%等,网上商店市场占有率最高,超 过 70%(见图 2.27)。

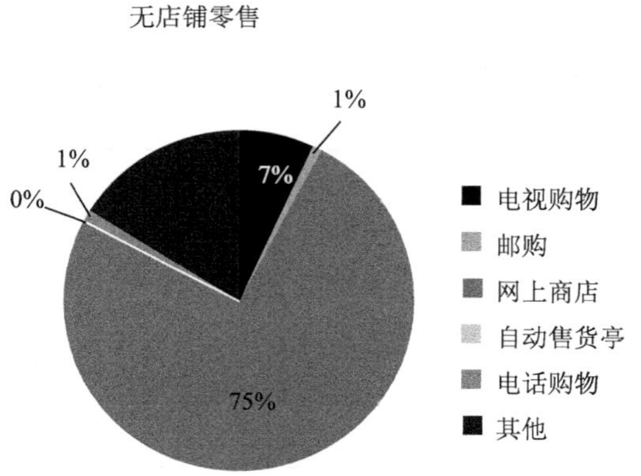

无店铺零售

图中图例:
- 电视购物
- 邮购
- 网上商店
- 自动售货亭
- 电话购物
- 其他

图中数据:1%、1%、0%、7%、75%

图 2.27 2015 年江苏无店铺的零售业态销售比重 单位:%

资料来源:根据《江苏统计年鉴》(2016)中的数据整理而得。

2015 年,江苏连锁零售业态销售额中,百货店为 264.4 亿元、超级市场 972.2 亿元、专业 店 3212.3 亿元、专卖店 11.25 亿元、便利店 11.25 亿元、家居建材店 12.53 亿元,同比分别增 长 5.2%、2%、42.7%、−21.4%、4%和 5.9%(见表 2.21)。

表 2.21　2011—2015 年江苏连锁零售业态销售情况　　　　单位:亿元

年份	百货店	超级市场	专业店	专卖店	便利店	家居建材店	其他	合计
2011	206.8	946.26	4021.4	17.06	6.63	1.3	33.44	5232.89
2012	212.74	921.03	1852.89	32.94	9.59	3.1	1819.23	4851.52
2013	233.13	989.35	3484.02	21.76	11.22	2.34	——	4741.82
2014	251.28	953.33	2250.39	14.31	12.05	2.53	——	3483.89
2015	264.43	972.24	3212.31	11.25	12.53	2.68	——	4475.44

资料来源:根据《江苏统计年鉴》(2012—2016)中的数据整理而得。

2011—2015 年,从江苏连锁零售销售增长,即各业态销售增长速度的曲线图中,可以看出,百货店从 2011 年的 10.1% 下滑到 2012 年的 2.9%,接着又回升到 2013 年的 9.6%,然后又连续两年下滑;超市是先降后升,往复两次,2014 年负增长最低,为 −3.6%;专业店同样是先降后升,往复两次,并且涨跌起伏差距较大,如 2013 年与 2012 年相比,增长了 140 个百分点;专卖店的变化则是先升后降,同样其涨跌起伏差距也较大,2013 年相比 2012 年,下滑有 120 个百分点;便利店则表现为先升后降再小幅回升,2012 年增长速度最快,为 44.6%;家居建材店表现为先升后降,往复两次,其中涨跌起伏差距也较大,如 2012 年与 2011 年相比,增长超过 200 个百分点。"十二五"期间,江苏百货店、超市、专业店、专卖店、便利店和家居建材店的连锁销额售年均增长率分别为 7.1%、3.1%、13.1%、−5.3%、17.1% 和 11.3%,可以看出,专卖店的下降幅度最大,其中,百货店和便利店的销售额增长在这五年里都是正增长(见图 2.28)。

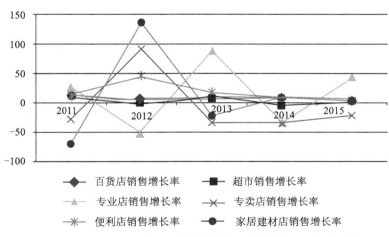

图 2.28　2011—2015 年江苏连锁零售业态销售增长　单位:%
资料来源:根据《江苏统计年鉴》(2012—2016)中的数据整理而得。

2015 年,江苏住宿业营业收入为 264.9 亿元,同比增长 8.2%,其中,旅游饭店收入占 87%(见图 2.29),江苏餐饮业营业收入为 412.3 亿元,同比增长 3.4%,其中正餐收入比重为 68.3%,快餐比重为 25%(见图 2.30)。

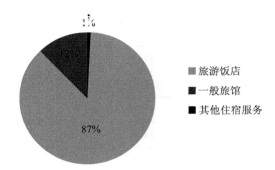

图 2.29　2015 年江苏住宿业销售比重　单位：％
资料来源：根据《江苏统计年鉴》(2016)中的数据整理而得。

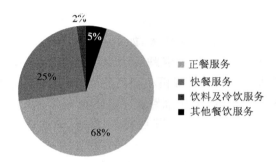

图 2.30　2015 年江苏餐饮业销售比重　单位：％
资料来源：根据《江苏统计年鉴》(2016)中的数据整理而得。

第三章 苏南、苏中与苏北地区的内贸发展

江苏是全国沿海经济带的重要组成部分,其地势以平原为主,辖江临海、扼淮控湖,高速公路密度接近发达国家水平,拥有新亚欧大陆桥即陇海铁路、京沪铁路、京杭大运河,区位优势明显,苏南、苏中和苏北三地区积极推进产业转型升级,现代服务业快速发展,传统流通业提档升级。

一、苏南地区流通规模占较大比重,但苏中、苏北地区增长速度较快

2015年,苏南地区GDP为41518.7亿元、苏中地区为13853.1亿元、苏北地区为16564.3亿元,同比分别增长6.6%、8.9%和9.3%,与2011年相比,三地区的GDP分别增长40.1%、51.7%和54.2%,从GDP增加值的总量上看,苏南地区高于苏北地区和苏中地区,但从GDP增长率看,2011—2015年,苏北地区GDP增长速度最快,苏南地区GDP的增长速度最慢,其中,2013年,苏北地区GDP的增长高出苏南地区4.6个百分点(见表3.1),除2012年外,苏中地区GDP的增长率也普遍高于苏南地区。2011—2015年,三地区GDP增长率的曲线基本保持一致,都处于一路下滑的态势(见图3.1),这五年间,三地区GDP的年均增长率分别为10.6%、12.4%和13.2%,2015年,苏南地区人均GDP为12.5万元,苏中地区人均GDP为8.4万元,苏北地区人均GDP为5.5万元,同比分别增长6.4%、8.8%和8.9%,与2011年相比,三地区的人均GDP分别增长了37.9%、51.2%和52.7%。2011—2015年,三地区人均GDP的年均增长率分别为9.5%、12.2%和13.2%(见表3.2),总体上,"十二五"期间,无论是GDP增加值还是人均GDP,都表现出苏北地区的增长速度快于苏中、苏南地区。

表3.1 2011—2015年江苏三地区GDP增加值及增长率　　　　单位:亿元、%

年份	苏南		苏中		苏北	
	GDP	增长率	GDP	增长率	GDP	增长率
2011	29635.09	17.7	9133.14	17.9	10744.32	20.4
2012	33381.66	12.6	10193.54	11.6	12182.94	13.4
2013	36245.50	8.6	11534.98	13.2	13787.01	13.2
2014	38941.26	7.4	12721.49	10.3	15151.49	9.9
2015	41518.73	6.6	13853.14	8.9	16564.30	9.3

资料来源:根据《江苏统计年鉴》(2012—2016)中的数据整理而得。

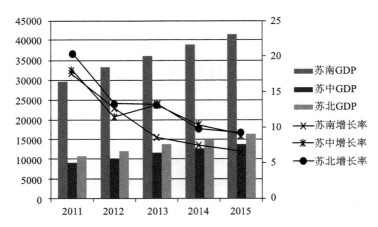

图 3.1　2011—2015 年江苏三地区 GDP 增加值及增长率　单位:亿元、%

资料来源:根据《江苏统计年鉴》(2012—2016)中的数据整理而得。

表 3.2　2011—2015 年江苏三地区人均 GDP 及增长率　　　　单位:元、%

年份	苏南		苏中		苏北	
	人均 GDP	增长率	人均 GDP	增长率	人均 GDP	增长率
2011	90622	14.0	55788	17.6	36094	21.2
2012	101370	11.9	62208	11.5	40914	13.4
2013	109627	8.1	70344	13.1	46208	12.9
2014	117477	7.2	77532	10.2	50603	9.5
2015	125002	6.4	84368	8.8	55127	8.9

资料来源:根据《江苏统计年鉴》(2012—2016)中的数据整理而得。

2015 年,苏南、苏中和苏北三地区的三次产业产值比重分别为 2.1:46.7:51.2、5.9:49.1:45 和 11.3:44.9:43.8(见表 3.4),2011 年,三地区这一比重分别为 2.3:52.9:44.8、7.1:54.3:38.6 和 12.9:47.9:39.2,三次产业有较为明显的变化,表现出第一产业和第二产业产值占地区比重在下降,第三产业产值在上升。2011 年,苏南、苏中和苏北三地区的第三产业增加值分别为 13288、3529 和 4209 亿元(见表 3.3),占全省第三产业增加值的比重分别为 63.2%、16.8%和 20%。2015 年,三地区第三产业增加值分别为 21251、6237 和 7249 亿元,占全省第三产业增加值的比重分别为 61.2%、18%和 20.9%(见图 3.2),与 2011 年相比,第三产业产值比重,苏南地区降低了 2 个百分点,苏中地区增加 1.2 个百分点,苏北地区也增加近 1 个百分点。2015 年,苏南、苏中、苏北三地区第三产业产值占地区 GDP 比重分别为51.2%、45%、43.8%(见表 3.4),与 2011 年相比,三地区的第三产业产值比重分别提高了7.5、7.5 和 5.2 个百分点。

表3.3　2011—2015年江苏三地区三次产业产值　　　　　　单位:亿元

年份	苏南			苏中			苏北		
	一产	二产	三产	一产	二产	三产	一产	二产	三产
2011	678	15670	13288	647	4958	3529	1389	5146	4209
2012	760	17205	15417	716	5403	4074	1546	5784	4854
2013	761	18093	17392	734	5969	4833	1626	6437	5724
2014	816	18652	19473	776	6396	5550	1758	6938	6456
2015	865	19402	21251	816	6801	6237	1870	7446	7249

资料来源:根据《江苏统计年鉴》(2012—2016)中的数据整理而得。

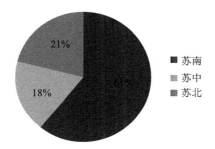

■ 苏南
▨ 苏中
■ 苏北

图3.2　2015年江苏三地区第三次产业产值占比
资料来源:根据《江苏统计年鉴》(2016)中的数据整理而得。

表3.4　2011—2015年江苏三地区三次产业产值比重　　　　　　单位:%

年份	苏南			苏中			苏北		
	一产	二产	三产	一产	二产	三产	一产	二产	三产
2011	2.3	52.9	44.8	7.1	54.3	38.6	12.9	47.9	39.2
2012	2.3	51.5	46.2	7.0	53.0	40.0	12.7	47.5	39.8
2013	2.1	49.9	48.0	6.4	51.7	41.9	11.8	46.7	41.5
2014	2.1	47.9	50.0	6.1	50.3	43.6	11.6	45.8	42.6
2015	2.1	46.7	51.2	5.9	49.1	45.0	11.3	44.9	43.8

资料来源:根据《江苏统计年鉴》(2012—2016)中的数据整理而得。

　　苏南、苏中、苏北三大地区的经济服务化趋势不断增强,但由于地理位置及资源配置等因素,它们在发展速度和发展水平方面有所差异,从发展水平上看,苏中、苏北地区较苏南地区要稍快些,2011年,苏中、苏北第三产业增加值之和仅为苏南的57.6%,2015年,这一比例达到了63.5%,提高了近6个百分点;从增速上看,苏南、苏中、苏北第三产业增加值的年均增幅分别为14.1%、16.6%和16.1%。尽管苏中、苏北第三产业规模上和苏南地区相比依然存在较大差距,但其二者发展潜力较大。从人均经济指标上看,2015年,作为长三角的核心区域、江苏推进"两个率先"先行区的苏南地区,其五个地级市人均地区生产总值为125002元,是苏中三个地级市人均地区生产总值的1.5倍,是苏北五个地级市人均地区生产总值的2.3倍。

2015 年,江苏苏南、苏中和苏北三地区流通业产值分部为 6466.1 亿元、1539.4 亿元和 2097.1 亿元,在地区 GDP 的占比分别为 15.6%、11.1% 和 12.7%(见表 3.5),在地区第三产业产值的占比分别为 30.4%、24.7% 和 28.9%,同比变化均为 1 个百分点左右。2015 年,三地区流通业产值占全省的比重分别为 64%、15.2% 和 20.8%(见图 3.3),从流通规模上看,苏南地区分别是苏中、苏北地区的 4.2 倍和 3.1 倍,苏南地区的流通业产值在全省占据近三分之二的份额,比重相当高。从年均占比的情况看,2013—2015 年,流通业产值占地区 GDP 比重,苏南、苏中和苏北地区分别为 15.7%、10.9% 和 12.4%,流通业产值占地区第三产业产值比重,三地区分别为 31.6%、25% 和 29%(见图 3.4),表明流通业产值在地区 GDP 和第三产业产值中的比重近几年来相对稳定,苏中和苏北地区略有增长。

表 3.5　2013—2015 年江苏三地区流通产值及比重　　单位:亿元、%

年份	苏南		苏中		苏北	
	流通产值	比重	流通产值	比重	流通产值	比重
2013	5657.63	15.6	1198.16	10.4	1645.62	11.9
2014	6191.67	15.9	1412.09	11.1	1892.97	12.5
2015	6466.1	15.6	1539.39	11.1	2097.07	12.7

资料来源:根据《江苏统计年鉴》(2014—2016)中的数据整理而得。

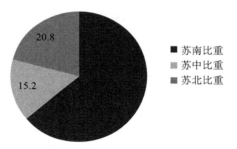

图 3.3　2015 年江苏三区域流通业产值比重　单位:%
资料来源:根据《江苏统计年鉴》(2016)中的数据整理而得。

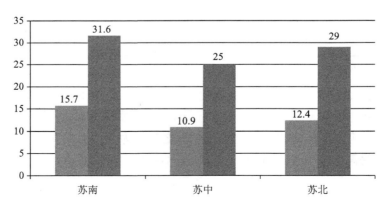

图 3.4　2013—2015 年江苏三区域流通业产值年均占比　单位:%
资料来源:根据《江苏统计年鉴》(2016)中的数据整理而得。

2015 年,江苏省 13 个地级市流通业产值规模都有增加,处于第一梯队、产值超千亿元列前三位的是苏州 2354 亿元、无锡 1585 亿元和南京 1231 亿元,处于第二梯队的有常州 866 亿元、徐州 858 亿元和南通 807 亿元,处于第三梯队的有盐城 482 亿元、镇江 431 亿元、泰州 370 亿元和扬州 362 亿元,处于第四梯队的有淮安 301 亿元、连云港 238 亿元和宿迁 218 亿元。从增长速度看,与 2014 年相比,增长率最快,超 10% 的地区有盐城、淮安和连云港,分别为 13.8% 和两个 13.1%,而增长速度较慢的有苏州和南京,分别是 0.9% 和 0.8%(见表 3.6)。

2015 年,江苏各地级市流通业产值比重(如图 3.5),其中,苏州最高占 23%、份额超 10% 的有无锡 16%、南京 12%,第四到第十位的依次是常州、徐州、南通、盐城、镇江、泰州和扬州,列后三位的是淮安 3%、连云港 2.4% 和宿迁 2.2%,位列第一的苏州地区的流通业产值与宿迁相差 10 倍,差距较大。

表 3.6　2013—2015 年江苏各地级市流通业产值　　　　　　　　单位:亿元

地区	2013 年		2014 年		2015 年		
	GDP	流通产值	GDP	流通产值	GDP	流通产值	增长率
南京	8080.2	973.3	8820.8	1119.2	9720.8	1230.9	0.8
苏州	12970	2160.5	13761	2334.6	145041	2353.8	0.9
无锡	7770.2	1504.5	8205.3	1570.3	8518.3	1585.1	9.3
常州	4450	673.2	4901.9	791.9	5273.2	865.5	9.6
镇江	2975.1	346.1	3252.4	393.3	3502.5	430.9	9.4
南通	5150	612.1	5652.7	737.6	6148.4	806.7	9.5
泰州	3065	292.1	3370.9	338.1	3687.9	370.3	6.9
扬州	3320	293.9	3697.9	339	4016.8	362.4	8.9
盐城	3490.6	383.3	3835.6	442.3	4212.5	481.7	13.1
淮安	2215.9	219.5	2455.4	266.2	2745.1	300.9	13.8
连云港	1810.5	177.4	1965.9	209.4	2160.6	238.2	13.1
宿迁	1750.3	159.4	1930.7	192.8	2126.2	218	9.7
徐州	4519.8	706.1	4963.9	782.4	5319.9	858.2	6.2
全省	61568	8501	66814	9517	71936	10103	10

资料来源:根据《江苏统计年鉴》(2014—2016)中的数据整理而得。

2015 年,江苏各地区流通业产值占地区 GDP 比重也有差异,除扬州占 9% 外,另 12 个地级市占比都超 10%,其中,无锡最高,为 18.6%,常州 16.4% 和苏州 16.2%,分列第二、三位,第四到第十位的分别是徐州、南通、南京、镇江、盐城、淮安和连云港,后三位的是宿迁 10.3%、泰州 10% 和扬州 9%(见表 3.7)。从流通业产值占全省的比重与其占地区 GDP 的比重及排名,可以看出,苏州流通业产值占全省的份额最高,但占地区 GDP 比重为第三位,一方面,表明苏州的 GDP 增加值规模可观,另一方面,表明苏州地区的产业结构更趋于多元化和优化,传统的流通方式已经在悄然发生变化。与流通业产值占全省的比重排名后两位的连云港和宿迁相比,泰州和扬州份额虽居于中下游,但其占地区 GDP 比重排名却降为最后

2015年地区流通业产值比重

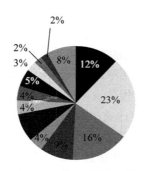

■南京　▨苏州　■无锡　▨常州　▨镇江　■南通　▨泰州
■扬州　▨盐城　▨淮安　▨连云港　■宿迁　▨徐州

图3.5　2015年江苏13个地级市流通业产值比重
资料来源：根据《江苏统计年鉴》(2016)中的数据整理而得。

两位,这表明,一方面,这几个地区的流通业发展的规模还有潜力,另一方面,这几个地区的产业结构亟需优化。

表3.7　2015年江苏13个地级市流通业发展比较　　　　　　单位:%

地区	地区流通业		地区流通业	
	排名	占全省流通业比重	排名	占地区GDP比重
南京	3	12.2	6	12.7
苏州	1	23.3	3	16.2
无锡	2	15.7	1	18.6
常州	4	8.6	2	16.4
镇江	8	4.3	7	12.3
南通	6	8	5	13.1
泰州	9	3.7	12	10
扬州	10	3.6	13	9
盐城	7	4.8	8	11.4
淮安	11	3	10	11
连云港	12	2.4	9	11
宿迁	13	2.2	11	10.3
徐州	5	8.5	4	16.1

资料来源：根据《江苏统计年鉴》(2016)中的数据整理而得。

二、苏中、苏北地区消费品零售额增长明显,但苏南地区消费市场占有绝对优势

2015年,苏南、苏中、苏北三地区社会消费品零售额分别为15003.6亿元、4618.1亿元、

6255.1 亿元(见表 3.8),在全省社会消费品零售额比重分布为 58%、17.8%、24.2%,同比分别增长 9.7%、10% 和 12.1%,与 2011 年相比,分别增长 56.8%、54% 和 82.8%,苏南地区的社会消费品零售额是苏中和苏北的 3.2 倍和 2.4 倍,区域间商品流通市场规模差距还是比较大的。2011—2015 年,江苏三大区域的社会消费品零售额的年均增长率分别为 13.1%、12.6% 和 16.6%,无论是从社会消费品零售规模上还是其增长速度上看,苏北地区的增长幅度均快于苏南和苏中地区。2011—2015 年,江苏三大区域社会消费品零售额增长速度变化情况在前三年基本一致,都由最高点下滑,苏南地区 2013 年后仍然一直下滑,苏中地区下降到 2014 年最低点 8.1% 后,2015 年略有回升到 10%,苏北地区 2014 年出现逆转,比 2013 年增长了 10 个百分点,但 2015 年其增长速度又下降到五年间的最低点(见图 3.6)。"十二五"期间,从三大区域增长率的变化曲线看,消费市场的增长受经济下行的影响,拉升动力不够。

表 3.8　2011—2015 年江苏三区域社会消费品销售额及增长　　单位:亿元、%

年份	苏南		苏中		苏北	
	社销额	增长率	社销额	增长率	社销额	增长率
2011	9568.87	17.6	2998.19	17.2	3421.32	17.5
2012	10967.82	14.6	3430.82	14.4	3932.66	14.9
2013	12433.71	13.4	3884.38	13.2	4478.51	13.9
2014	13679.38	10.0	4197.79	8.1	5580.89	24.6
2015	15003.57	9.7	4618.06	10.0	6255.14	12.1

资料来源:根据《江苏统计年鉴》(2012—2016)中的数据整理而得。

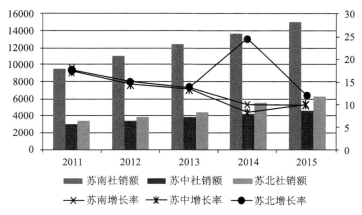

图 3.6　2011—2015 年江苏各地区社会消费品零售额增长　单位:亿元、%
资料来源:根据《江苏统计年鉴》(2012—2016)中的数据整理而得。

　　江苏社会消费品零售额分行业在各地区发展情况有一定的差别,2015 年,苏南、苏中和苏北地区批发零售业销售额分别为 13681、4137.7 和 5661.6 亿元(见表 3.10),在全省所占比重分别为 58.3%、17.6% 和 24.1%,同比分别增长 10.7%、9.6% 和 12%,与 2011 年相比,分别增长 58.4%、53.8% 和 84.6%,从发展规模上看,苏南地区占有较大优势,分别是苏中和苏北地区的 3.3 倍和 2.4 倍,从增长速度看,苏北地区快于苏南和苏中地区。

2015 年,江苏三大区域住宿与餐饮业销售额分别为 1322.6、480.3 和 593.5 亿元,在全省所占比重分别为 55.2%、20% 和 24.8%,同比分别增长 0.3%、13.3% 和 12.5%,与 2011 年相比,分别增长 45.8%、71.2% 和 67.8%,从发展规模上看,苏南地区占有较大优势,分别是苏中和苏北地区的 2.8 和 2.2 倍,从增长速度看,与批发零售业销售额不同,苏中地区要快于苏北和苏南地区,从行业社会消费品零售额占比的情况看,批发零售业比重较大,在地区发展的优势明显,与住宿餐饮业相比,有 10 倍左右的差距,但也可以发现,各区域社会消费品零售额的行业结构均保持稳定状态。

表 3.9 2011—2015 年江苏三区域各行业社会消费品零售额 　　　　单位:亿元、%

年份	苏南		苏中		苏北	
	批零额	住餐额	批零额	住餐额	批零额	住餐额
2011	8634.78	907.3	2690.69	280.5	3067.68	353.64
2012	9834.5	1066.9	3081.22	332.89	3521.03	411.64
2013	11168.63	1167.95	3496.32	367.40	3996.73	459.48
2014	12360.27	1319.12	3773.88	423.92	5053.37	527.53
2015	13680.95	1322.62	4137.74	480.32	5661.62	593.52

资料来源:根据《江苏统计年鉴》(2012—2016)中的数据整理而得。

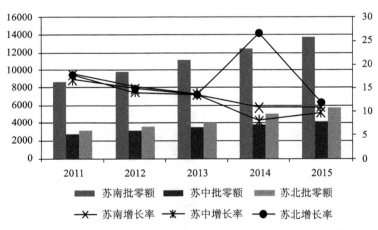

图 3.7 2011—2015 年江苏三大区域批发零售业社销额及增长　　单位:亿元、%
资料来源:根据《江苏统计年鉴》(2012—2016)中的数据整理而得。

2011—2015 年,苏南、苏中和苏北地区批发零售业销售额年均增长速度分别为 13.3%、12.5% 和 16.9%,五年间,其增长速度,苏南地区由 2011 年的 17.7% 一路下滑到 2015 年的 10.7%,苏中地区由 2011 年的 16.8% 开始下滑到 2014 年的 7.9%,2015 年略有回升,苏北地区由 2011 年的 17.9% 开始下降,到 2014 年反弹到 26.4%,2015 年又有回落(见图 3.7)。苏南、苏中和苏北地区住宿餐饮业销售额年均增长速度分别为 11.9%、15.3% 和 15.2%,五年间,住宿餐饮业销售额增长速度,苏南地区由 2011 年的 19.1% 一路下滑,苏中地区由 2011 年的 18.8% 开始下滑到 2013 年的 10.3%,2014 年略回升后下降,苏北地区由 2011 年的

20.9%开始下降,到 2014 年反弹到 14.8%,2015 年又回落(见图 3.8)。

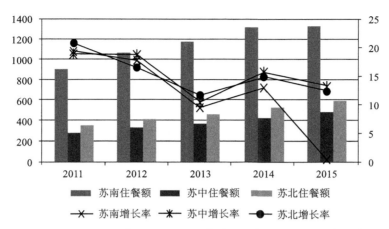

图 3.8 2011—2015 年江苏三大区域住宿餐饮业社销额及增长 单位:亿元、%
资料来源:根据《江苏统计年鉴》(2012—2016)中的数据整理而得。

江苏省苏南地区是三大区域经济比较发达的地区,在整个江苏处于经济龙头地位,2015年的数据显示,作为省会城市的南京社会消费品零售额为 4590.2 亿元,位列全省第一位;苏州作为江苏工业发展最为发达的地区,其社会消费品零售总额为 4461.6 亿元,无锡、常州和镇江的社会消费品零售额分别为 2847.6、1990.5 和 1113.7 亿元,位列第三、六、九位,苏中地区共有三个市,分别是南通、扬州和泰州,2015 年,南通地区社会消费品零售总额为 2379.5亿元,位列第四位;扬州、泰州的社会消费品零售额分别为 1237、1001.6 亿元,位列全省第八和第十,可以发现,南京、苏州、无锡社会消费品零售额占全省的比重分别为 18%、17%和11%(见图 3.9),位于第一梯队;镇江、扬州、泰州三地社会消费品零售额的缓慢增长,处于第二梯队的末端,而南通地区由于其消费市场规模连续多年的强劲增长,已位居第二梯队的首位;苏北地区共有五个市,徐州地区 2015 年社会消费品零售额为 2358.5 亿元,列第五位,盐城社会消费品零售额为 1468.6 亿元,列第七位,淮安、连云港和宿迁的社会消费品零售额分别为 970.7、830.7 和 626.6 亿元,分列全省第十一、十二和第十三位(见表3.9)。从行业发展的角度看,地区批发零售业的销售额的规模及比重与社会消费品零售额发展是一致的,但住宿业与餐饮业的社会消费品零售额,地区的规模及排名略有微调。

地区间的消费市场规模差异还是比较明显的,其中,南京的社会消费品零售额是宿迁地区的 6.8 倍,随着苏南地区经济的不断发展,作为江苏经济的领跑者,社会消费品零售总额位列第一、第二的南京、苏州两地都突破了 4000 亿元。苏南地区除了镇江,其他四个市的批发零售业发展都很迅速,然而,由于苏北地区的第三产业本身占的比重就比较低,苏北地区的批发零售业以及住宿餐饮业销售规模都不高,因此,尽管江苏 13 个城市的社会消费品零售总额与往年相比都有明显增长,但地区间差异仍然导致了产业发展上的差距,随着经济的发展,制造业的转型,服务业的现代化,地区间差异将依然存在。

表 3.10　2015 年江苏各地区各行业社会消费品零售额　　　　　单位：亿元

地区	社会消费品零售总额	批发和零售业	住宿业	餐饮业
苏南	15003.57	13680.95	177.25	1145.37
南京	4590.17	4193.01	79.07	318.08
无锡	2847.61	2632.96	23.00	191.65
常州	1990.45	1825.79	14.80	149.86
苏州	4461.62	4041.99	49.73	369.90
镇江	1113.71	987.21	10.63	115.88
苏中	4618.06	4137.74	41.84	438.48
南通	2379.46	2177.46	10.84	191.15
扬州	1236.96	1096.69	19.10	121.17
泰州	1001.64	863.59	11.89	126.16
苏北	6255.14	5661.62	90.12	503.40
盐城	1468.60	1320.45	15.20	132.95
淮安	970.74	874.22	11.32	85.19
徐州	2358.45	2166.50	38.71	153.24
连云港	830.71	753.31	9.71	67.70
宿迁	626.64	547.14	15.18	64.32
全省	25876.77	23480.31	309.21	2087.25

资料来源：根据《江苏统计年鉴》（2016）中的数据整理而得。

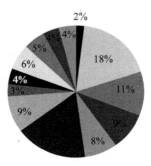

■ 南京　　无锡　■ 徐州　■ 常州　■ 苏州　■ 南通　连云港
■ 淮安　　盐城　■ 扬州　■ 镇江　■ 泰州　　宿迁

图 3.9　2015 年江苏 13 个地级市社会消费品零售额占比
资料来源：根据《江苏统计年鉴》（2016）中的数据整理而得。

三、苏南、苏中和苏北三地区城乡居民收入和消费几乎同步增长

2015 年,苏南、苏中和苏北地区城镇居民人均可支配收入分别为 46222、34758 和 26349
元(见表 3.11),同比分别增长为 8.1%、8.7% 和 8.9%,与 2011 年相比,分别增长 45.5%、

44.5%和43.1%,苏南地区城镇居民人均可支配收入分别是苏中和苏北地区的1.3倍和1.8倍。2015年,苏南、苏中和苏北地区农村居民人均可支配收入分别为22760、16862和13841元,同比分别增长为8.6%、8.9%和9.2%,与2011年相比,分别增长49.6%、48%和49.7%,苏南地区农村居民人均可支配收入分别是苏中和苏北地区的1.3倍和1.6倍。

从人均可支配收入增长速度看,2011—2015年,苏南、苏中和苏北地区城镇居民年均增长分别为8.7%、9.1%和9%,三大区域农村居民年均增长分别为11.9%、11.9%和12.5%。如图3.10所示,三大区域城镇居民与农村居民人均可支配收入增长速度曲线,其中有升有降,但总体上表现为下降的趋势,增长率最高不超过20%。可见,无论是苏南、苏中地区,还是苏北地区,抑或是无论城镇居民,还是农村居民,全省范围内人均可支配收入增长幅度基本相当。

表 3.11　2011—2015 年江苏三大区域人均可支配收入及增长　　单位:元

年份	苏南		苏中		苏北	
	城镇居民	农村居民	城镇居民	农村居民	城镇居民	农村居民
2011	31762	15213	24052	11396	18415	9246
2012	35827	17160	27095	12877	20822	10502
2013	39224	19107	29706	14375	22933	11769
2014	42753	20954	31969	15476	24177	12670
2015	46222	22760	34758	16862	26349	13841

资料来源:根据《江苏统计年鉴》(2012—2016)中的数据整理而得。

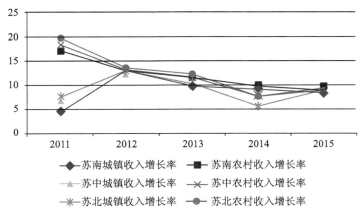

图 3.10　2011—2015 年江苏三大区域人均可支配收入增长　单位:%
资料来源:根据《江苏统计年鉴》(2012—2016)中的数据整理而得。

2015年,苏南、苏中和苏北地区城镇居民人均消费支出分别为28477、21861和16105元(见表3.11),同比分别增长为8.1%、8.7%和8.9%,与2011年相比,分别增长40.7%、45.3%和30.4%,苏南地区城镇居民人均消费支出分别是苏中和苏北地区的1.3倍和1.8倍。2015年,苏南、苏中和苏北地区农村居民人均消费支出分别为15524、12062和9792元,同比分别增长为8.7%、9.2和10.4%,与2011年相比,分别增长40.6%、47.2%和65.7%,苏南地区农村居民人均可支配收入分别是苏中和苏北地区的 1.3 倍和 1.6 倍。

从人均消费支出增长速度看,2011—2015 年,苏南、苏中和苏北地区城镇居民年均增长分别为 10.4%、11% 和 8.9%,三大区域农村居民年均增长分别为 10.4%、11.9% 和 14.4%。图 3.11 所示,三大区域城镇居民与农村居民人均消费支出增长速度曲线,主要表现为下降趋势,但到 2014 年,六条曲线变动幅度有差异,尤以苏北地区城镇和农村地区居民消费支出变动为突出,两者一升一降,悬殊相当大,城镇人均消费支出下降 5.4%,而农村人均消费支出增长 20.5%,前者比后者少近 26 个百分点(见图 3.9)。

表 3.12　2011—2015 年江苏三大区域人均生活消费支出及增长　　单位:元

年份	苏南		苏中		苏北	
	城镇居民	农村居民	城镇居民	农村居民	城镇居民	农村居民
2011	20244	11045	15042	8193	12353	5909
2012	22786	12427	17103	9301	13837	6660
2013	24728	13726	19063	10214	15851	7367
2014	26487	14276	20336	11049	14956	8870
2015	28477	15524	21861	12062	16105	9792

资料来源:根据《江苏统计年鉴》(2012—2016)中的数据整理而得。

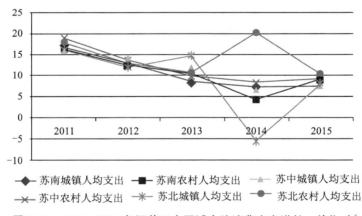

图 3.11　2011—2015 年江苏三大区域人均消费支出增长　单位:%
资料来源:根据《江苏统计年鉴》(2012—2016)中的数据整理而得。

2015 年,江苏各地城镇地区,人均可支配收入方面,苏州城镇人均可支配收入为 50390 元(见表 3.13),位列第一,位列第二到第五的地区分别为南京、无锡、常州和镇江,苏中三市南通、泰州和扬州则位列第六到第八,而盐城、淮安、徐州、连云港和宿迁则位列第九到第十三,城镇间人均可支配收入差距也比较明显,第一位的苏州是宿迁的 2.3 倍。

消费支出方面,2015 年,苏州城镇人均消费支出为 31136 元,位列第一,位列第二到第五的地区分别为无锡、南京、常州和南通,位列第六到第十的地区是镇江、泰州、扬州、连云港和盐城,徐州、淮安和宿迁分列第十一、十二和十三位,城镇间人均消费支出也有一定差距,位列第一的苏州是宿迁的 2.1 倍。

江苏各地农村地区,2015 年,人均可支配收入方面,苏州城镇人均可支配收入为 25580 元(见表 3.13),位列第一,位列第二到第五的地区分别为无锡、常州、南京和镇江,苏中三市,南通、扬州和泰州则位列第六到第八,而盐城、徐州、淮安、连云港和宿迁则分列第九到第十三位,城镇间人均可支配收入差距也比较明显,位列第一的苏州是宿迁的 2 倍。

2015 年,消费支出方面,苏州农村人均消费支出为 16761 元,位列第一,位列第二到第五的地区分别为无锡、常州、镇江和南京,位列第六到第九的地区是扬州、南通、镇江、泰州,淮安、徐州、连云港和宿迁分列第十到第十三位,农村间人均消费支出也有一定差距,位列第一的苏州是宿迁的近 2 倍。从整体上看,苏州市场容量和消费规模都名列全省前茅,其城镇人均可支配收入突破 5 万元,人均消费支出也首次超过 3 万,从地区城乡收入差距看,南京城乡收入差距最大,为 2.4∶1,地区的市场容量潜力较大,并有很大的提升空间。纵向看这几年,江苏各地城乡收入和消费支出的差距相对稳定,量入为出还是居民消费理念和消费方式的首选。

表 3.13　2015 年江苏 13 个地级市居民收入消费情况　　　　　　　　　　单位:元

区域		城镇居民		农村居民	
		人均可支配收入	人均消费支出	人均可支配收入	人均消费支出
苏南	南京	46104	27794	19483	14041
	无锡	45129	29466	24155	16469
	常州	42710	25358	21912	14764
	苏州	50390	31136	25580	16761
	镇江	38666	22859	19214	14217
苏中	南通	36291	23680	17267	12052
	扬州	32946	19780	16619	12316
	泰州	34092	21008	16410	11844
苏北	徐州	26219	16143	13982	9873
	盐城	28200	16539	15748	11819
	宿迁	22233	14494	12772	8444
	淮安	28105	15867	13128	8615
	连云港	25728	17259	12778	9052

资料来源:根据《江苏统计年鉴》(2016)中的数据整理而得。

【参考文献】

[1] 沈坤荣、滕永乐.中国经济发展阶段转换与增长效率提升[J].北京工商大学学报(社会科学版),2015(2):1—7.

[2] 赵萍.2014 年中国流通产业回顾与 2015 年展望[J].中国流通经济,2015(1):1—9.

[3] 王雪峰、荆林波.我国商品交易市场发展的现状、问题及对策[J].中国流通经济,2015(12):30—36.

［4］俞彤晖.中国流通效率区域差异演进趋势分析［J］.北京工商大学学报(社会科学版)，
2015(2):1—7.

［5］佚名.2015 年我国消费市场运行情况和特点［EB/OL］.新浪网，http://finance.sina.
com.cn/roll/2016 - 01 - 20/doc - ifxnrahr8584887.shtml.

对外贸易篇

第一章 2015年江苏对外贸易概况[①]

后金融危机时代,外贸环境日趋不利,2015年以来江苏省对外贸易也在艰难中前行,总体数据比往年有明显下滑。同时,2015年江苏对外贸易继续保持全国第二的突出地位,为江苏开放型经济迈向新台阶做出了重要贡献。

一、进出口额明显走低

2015年江苏全年进出口总额5456.1亿美元,比上年下降3.2%。其中,出口总额3386.7亿美元,下降0.9%;进口总额2069.5亿美元,下降6.7%[②]。但如果考虑到2015年人民币币值大幅波动的特点,按人民币折算的全年进出口值33870.6亿元,位居全国第二,规模占据全国进出口值的13.8%,较前一年上升了0.7个百分点,出口实现正增长[③]。纵向比较来看,2015年与之前几年相比,外贸表现弱于往年(见表1.1)。

表1.1　江苏对外贸易额(2011—2015)　　　　　　　　　　　单位:亿美元

指标＼年份	2011	2012	2013	2014	2015
进出口总额	5397.59	5480.93	5508.44	5637.62	5456.14
进口总额	2271.36	2195.55	2219.88	2218.93	2069.45
初级产品	377.63	329.81	346.21	330.39	253.40
工业制成品	1893.73	1816.88	1831.55	1840.54	1749.47
出口总额	3126.23	3285.38	3288.57	3418.69	3386.68
初级产品	61.33	54.86	52.56	56.01	50.99
工业制成品	3064.90	3189.55	3193.96	3321.42	3285.58

数据来源:2016年江苏统计年鉴。

从上表看出,2011—2014年期间,以美元计算的江苏外贸发展虽然增幅不稳定但总体是正增长,进出口总额年度增长分别是1.5%、1.0%和2.3%。而到了2015年,江苏外贸出现总体3.2%的降幅,以及出口额和进口额不同程度的下降。再从具体的出口或进口来看,

---

[①] 数据如无特别说明,均来自2016年江苏统计年鉴及作者计算。同时除了服务贸易作特别分析,其他均为货物贸易。

[②] 江苏省统计局,国家统计局江苏调查总队,2015年江苏省国民经济和社会发展统计公报[EB/OL]. http://www.jssb.gov.cn/tjxxgk/xwyfb/tjgbfb/sjgb/201602/t20160229_277995.html

[③] 去年江苏进出口总值达到33870.6亿元,正增长来之不易[EB/OL]. http://www.js.chinanews.com/news/2016/0120/147321.html

五年中 2015 年出口首次出现下降,而进口更是下行趋势明显,除了 2013 年同比增长 1.1%之外,其他年份均为下降,2015 年跌幅高达 6.7%。再从贸易结构来看,2015 年进口和出口中无论是初级产品和工业制成品均呈现下跌特点。

二、外贸与经济增速差距较大

外贸是国民经济的"三驾马车"之一,对经济发展具有重要的推动作用。长久以来江苏的外贸走在全国前列,对提升江苏经济发展地位、提高江苏开放水平意义重大。而后金融危机时代到来后,江苏外贸虽然体量依然较大,但增长速度不力。表 1.2 显示,"十二五"期间江苏地区生产总值(GDP)始终保持较高的增长速度,年均增长率 9.6%,其中 2015 年增速为7.7%。同期江苏外贸年均增长数据来看,进出口总额年均增长仅为 3.2%,出口总额年均增长 4.6%,两者均远低于经济增长速度。

由于外贸增长速度低于经济增长速度,连带着外贸依存度这一指标也呈现出明显的下行趋势。外贸依存度是外贸总额与地区生产总值之比,出口依存度是出口总额与地区生产总值之比,两者都是用来衡量一地开放程度的重要指标。由于 GDP 的年均增长速度 9.6%远高于进出口总额和出口总额的增长速度,再加上人民币对美元汇率呈现出先升值后贬值的势头,使得江苏"十二五"期间的外贸依存度和出口依存度均不断下降(见表 1.2)。这显示出江苏作为外贸大省来说,经济开放程度相对来说下降了,这不仅有汇率的干扰,同时更重要的是外贸发展的低迷所致。

表 1.2　江苏地区生产总值、外贸额和贸易依存度(2011—2015)

江苏	2011 年	2012 年	2013 年	2014 年	2015 年	"十二五"年均增长
地区生产总值(亿元)	49110.27	54058.22	59753.37	65088.32	70116.38	9.6
进出口总额(亿美元)	5397.59	5480.93	5508.44	5637.62	5456.14	3.2
出口总额(亿美元)	3126.23	3285.38	3288.57	3418.69	3386.68	4.6
人民币对美元汇率	6.4588	6.3125	6.1932	6.1428	6.2284	—
外贸依存度(%)	70.99	64.0	57.09	53.21	48.47	—
出口依存度(%)	41.12	38.36	34.09	32.26	30.08	—

数据来源:2016 年江苏统计年鉴,汇率来自国家统计局网站。
注:汇率为年均价,进出口总额和出口额均按当年汇率折算为人民币后再计算外贸依存度。

三、外贸稳居全国第二

虽然从时间上看,2015 年江苏外贸呈现低迷,但横向比较的结果显示,江苏依然稳居全国外贸第一方阵,多年保持全国第二的高位次。从表 1.3 可以看出,北京及沿海省市是全国外贸的主要力量,六省市的外贸额占全国比重高达 48.11%,撑起了外贸的半壁江山。江苏在其中的前列位置与其开放早、力度大、加工贸易比重高有较大关系。纵向来看,2014 年江苏和广东占全国比重分别是 13.1%和 25.02%,2015 年两省比重分别上升到 13.79%和 25.85%。与多年保持第一的广东相比,江苏进出口额和占全国比重与广东差距还较大,广东 2015 年外贸额高于江苏 87.47%。与其他省市相比,江苏目前优势还比较明显,保持着一定差距,但这也侧面反映了江苏与上海、北京等地区因为产业结构差异导致了货物贸易额的差距。

表 1.3　2015 年各主要省市外贸额及比重　　　　　　单位:亿美元、%

地区	进出口额比重	进出口额	出口额	进口额
全国	100	39569	22749	16820
广东	25.85	10228.71	6435.12	3793.59
江苏	13.79	5456.14	3386.68	2069.45
上海	11.35	4492.38	1959.41	2532.97
浙江	8.78	3473.43	2765.95	707.48
北京	8.08	3196.19	546.73	2649.46
山东	6.11	2417.48	1440.60	976.88

数据来源:2016 年江苏统计年鉴。

　　从 2015 年全国及各主要省市的进出口变动幅度来看,2015 年江苏省进出口、出口、进口均好于全国平均水平,其中进出口总额下降 3.2%,降幅比全国低 4.8%,在沿海主要省市中仅次于浙江省 2.2 个百分点的降幅;出口方面,江苏下降 0.9%,降幅比全国低 1.9%,在沿海主要省市中仅好于上海 6.8 个百分点的降幅①。

四、一般贸易高于加工贸易

　　对外贸易按贸易方式划分主要分为一般贸易和加工贸易,这两种方式占到对外贸易比重的绝大部分,另外还有易货贸易、保税监管场所进出境货物和海关特殊监管区域物流货物三种类型。江苏外贸大省的地位早期主要靠大量的加工贸易来实现的,随着技术创新和产业省级的逐步推进,再加上后金融危机时代欧美市场低迷,加工贸易订单日益减少,近年来江苏一般贸易逐渐超越加工贸易成为江苏对外贸易比重最大的贸易方式。

　　从 2011—2015 年期间江苏的出口额来看,2011 年江苏一般贸易的比重为 40.38%,远低于同期加工贸易的比重 55.08%(见表 1.4)。而随后一般贸易和加工贸易呈现一升一降相反的变化趋势,两者比重不断接近。2014 年两者比重出现反转,一般贸易比重达到 46.32%,超越了加工贸易的 43.66%。2015 年前者比重虽然略有下降,但依然保持相对于加工贸易的优势地位。

表 1.4　2015 年江苏按贸易方式分类的出口额及比重　　　　单位:万美元、%

年份 项目	2011	2012	2013	2014	2015
出口总额	31262305	32853789	32885683	34186898	33866822
一般贸易	12623974	13954791	14552930	15834354	15524922
一般贸易比重	40.38	42.48	44.25	46.32	45.84

---

　　①　江苏省发展和改革委员会,2015 年全省外贸进出口情况[EB/OL]. http://www.jsdpc.gov.cn/gongkai/jjfz_1/201602/t20160205_415940.html

续　表

项　目＼年　份	2011	2012	2013	2014	2015
来料加工装配贸易	2225413	2140849	1774011	1645108	1643571
进料加工贸易	14993058	13879105	13232056	13276771	13151944
出料加工贸易	650	3674	3542	4102	4112
加工贸易额	17219121	16023628	15009609	14925981	14799627
加工贸易比重	**55.08**	**48.77**	**45.64**	**43.66**	**43.70**
易货贸易	—	—	—	—	—
保税监管场所进出境货物	622100	275183.4	305545.7	458702	429799
海关特殊监管区域物流货物	714457	2471844	2917852	2872483	3029687

数据来源：根据 2016 年江苏统计年鉴计算。

注：加工贸易额是来料加工装配贸易、进料加工贸易和出料加工贸易三项加总而来。

　　另外三种贸易方式中，易货贸易目前在国际贸易中已经很少使用，江苏没有易货贸易。保税监管场所进出境货物和海关特殊监管区域物流货物近五年来变化较大，前者从 2011 年后总体是有跌有涨，但 2015 年仅相当于 2011 年的 69.09%。作为承接国际产业转移、联接国内国际两个市场的特殊功能和政策，由海关为主实施封闭监管的特定经济功能区域，海关特殊监管区域物流货物上升较快，2015 年达到了 2011 年的 4.24 倍。

　　2011 年到 2015 年期间江苏的进口额在一般贸易和加工贸易的对比上呈现出类似特征。早期一般贸易进口低于加工贸易进口，2013 年前者开始超越后者。2015 年两者较为接近，一般贸易进口额为 8357709 万美元，加工贸易进口额为 8178791 万美元，所占比重分别是 40.39% 和 39.52%，但前者还是略高于后者。

　　从变化特点来看，2015 年江苏一般贸易方式进出口 2388.3 亿美元，下降 3.9%，占全省进出口总额 43.8%，占比较去年同期下降 0.3 个百分点。其中，一般贸易出口下降 2.0%，进口下降 7.3%。同期，加工贸易方式进出口 2296.7 亿美元，下降 2.6%，占全省进出口总额 42.1%，占比增长 0.3 个百分点。其中，出口下降 0.8%；进口下降 5.5%[①]。一般贸易在进出口总项和单项上的降幅均大于加工贸易。

五、美国成为第一大贸易伙伴

　　贸易对象的分析主要反映经济体之间贸易往来的紧密程度，通常用不同出口目的地和进口来源地的贸易额或比重来表示。江苏出口市场和进口来源地分布在六大洲多个国家与地区，从 2015 年数据与 2014 年数据的对比来看，江苏与亚洲、非洲、欧洲、大洋洲的贸易额都出现了不同程度的下降，而北美和拉美地区贸易总额在上升。从份额来看，亚洲依然是主要贸易目的地和来源地，2015 年江苏与亚洲国家（地区）的进出口额 3035.54 亿美元，占当年江苏对外贸易的 55.64%，显示了亚洲地区对于江苏外贸的重要性（见表 1.5）。

---

　　① 江苏省发展和改革委员会，2015 年全省外贸进出口情况［EB/OL］. http://www.jsdpc.gov.cn/gongkai/jjfz_1/201602/t20160205_415940.html

表 1.5　江苏与主要经济体的贸易额　　　　　　　　　　　　　　　　单位:万美元

国家 （地区）	2014 年			2015 年		
	进出口	进口	出口	进出口	进口	出口
亚洲	**31434122**	**15451160**	**15982962**	**30355414**	**14555096**	**15800319**
中国香港	3539165	54546	3484620	3524518	45555	3478963
日本	5939570	2853273	3086297	5281906	2473708	2808198
韩国	5932734	4269049	1663685	5849986	4182164	1667822
中国台湾	4624341	3203742	1420599	4344067	2965719	1378348
新加坡	1238482	581641	656841	1243447	519578	723869
非洲	**1107340**	**177611**	**929728**	**1025487**	**155410**	**870077**
南非	248064	64287	183777	248598	58716	189883
埃及	104542	2057	102485	111683	2001	109682
尼日利亚	140829	9068	131761	115818	6157	109661
欧洲	**9930219**	**2878621**	**7051598**	**9258347**	**2644028**	**6614319**
荷兰	1539933	161578	1378355	1412581	127685	1284897
德国	2201467	1056850	1144617	2098657	1004265	1094392
英国	1036576	174921	861655	1076308	185545	890763
法国	646405	205368	441037	595682	188677	407005
意大利	638404	229007	409397	581531	186073	395457
拉丁美洲	**2722128**	**802852**	**1919276**	**2800262**	**906979**	**1893283**
阿根廷	164677	49386	115291	186011	75363	110649
巴西	995192	442149	553043	1010193	551116	459077
智利	264753	95352	169401	246664	74115	172550
墨西哥	606697	86670	520026	653509	78504	575005
秘鲁	123626	33705	89921	121448	26734	94714
北美洲	**9397570**	**1850028**	**7547542**	**9485545**	**1647856**	**7837689**
加拿大	792201	261966	530235	796430	251221	545210
美国	8605218	1588060	7017158	8676316	1396635	7279681
大洋洲	**1783791**	**1028060**	**755731**	**1633275**	**782139**	**851136**
澳大利亚	1526545	896553	629993	1328826	683275	645551
新西兰	146784	75565	71219	132483	62595	69888
东南亚国家联盟	**5931560**	**2509318**	**3422242**	**5965438**	**2454704**	**3510734**

续　表

国家 (地区)	2014 年			2015 年		
	进出口	进口	出口	进出口	进口	出口
欧洲联盟	8936079	2585568	6350512	8473473	2394898	6078575
亚太经济合作组织	39958589	17510604	22447985	38823474	16385804	22437670

数据来源:2016 年江苏统计年鉴。

再从各洲内部来看,亚洲市场中最重要的贸易对象是临近经济体,以港台及日本、韩国、新加坡为主,两年中虽然排位略有变化,但依然都是江苏在亚洲乃至全球最重要的贸易伙伴。其他大洲前几位的贸易伙伴也持续保持前列位置。各洲经济体进行总体比较,美国依然是江苏第一大贸易伙伴,2015 年与江苏贸易额高达 8676316 万美元,占比达15.9%。欧洲联盟曾经多年占据江苏第一大贸易伙伴的位置,但 2015 年占比 15.53%,次于美国成为第二大贸易伙伴。如果从世界主要经济组织来看,亚太经济与合作组织与江苏的贸易远远超越欧盟、东盟与江苏之间的贸易,这主要还是美国的贸易贡献更为突出、成员数量多体量大所致。

具体来看江苏与主要出口目的地和进口来源地的贸易变化,可以发现,2015 年江苏对美国和东盟出口稳步上升,以美元计价的上升幅度略低于人民币计价的上升幅度。2015 年对欧盟和日本的出口呈现较大幅度的下跌,其中日本高达 9.0%的降幅(美元计价)。但江苏对美国和欧盟的出口份额分别占到 21.5%和 18.0%,远高于其他任何一个经济体。同期,印度和墨西哥成为最大亮点,对印度和墨西哥的出口增长高达 11.8%和 10.6%,成为仅有的两个高增长地区,显示了这两个地区市场的巨大潜力(见表 1.6)。

表 1.6　2015 年江苏出口主要国别(地区)总值表　　　　　　单位:亿元

出口目的地	人民币计价			美元计价		
	金额	同比(%)	占比(%)	金额	同比(%)	占比(%)
总值	21022.1	0.1	100.0	3386.7	−0.9	100.0
美国	4518.1	4.8	21.5	728.0	3.7	21.5
欧盟	3773.5	−3.3	18.0	607.9	−4.3	18.0
东盟	2179.2	3.7	10.4	351.1	2.6	10.4
香港	2166.1	1.2	10.3	347.9	−0.2	10.3
日本	1743.2	−8.1	8.3	280.8	−9.0	8.3
韩国	1035.0	1.3	4.9	166.8	0.2	4.9
台湾省	853.1	−2.3	4.1	137.8	−3.0	4.1
印度	597.7	13.0	2.8	96.3	11.8	2.8
澳大利亚	401.1	3.6	1.9	64.6	2.5	1.9
墨西哥	356.5	11.6	1.7	57.5	10.6	1.7

资料来源:南京海关网站。

对比来看同期的江苏进口来源地,2015 年江苏的进口主要以亚洲临近国家(地区)为主,美国排在五名之外。从变化来看,2015 年前十位进口来源地中只有巴西呈现增长并且幅度高达 24.6%,其他均下跌,日本、美国、澳大利亚和沙特阿拉伯均是两位数的跌幅(见表 1.7)。

表 1.7　2015 年江苏进口主要国别(地区)总值表　　　　单位:亿元

进口原产地	人民币计价			美元计价		
	金额	同比(%)	占比(%)	金额	同比(%)	占比(%)
总值	12848.5	−5.8	100.0	2069.5	−6.7	100.0
韩国	2598.4	−0.9	20.2	418.2	−2.0	20.2
台湾省	1840.8	−6.4	14.3	296.6	−7.4	14.3
日本	1535.4	−12.5	11.9	247.4	−13.3	11.9
东盟	1523.5	−1.1	11.9	245.5	−2.2	11.9
欧盟	1488.0	−6.5	11.6	239.5	−7.4	11.6
美国	865.9	−11.2	6.7	139.7	−12.1	6.7
澳大利亚	423.3	−23.1	3.3	68.3	−23.8	3.3
巴西	342.5	26.2	2.7	55.1	24.6	2.7
沙特阿拉伯	178.2	−14.9	1.4	28.8	−15.7	1.4
加拿大	155.8	−3.2	1.2	25.1	−4.1	1.2

资料来源:南京海关网站。

结合出口和进口两方面来看,2015 年江苏前五大贸易伙伴分别为:美国 867.6 亿美元,欧盟 847.3 亿美元,东盟 596.5 亿美元,韩国 585.0 亿美元,日本 528.2 亿美元。

六、本土企业份额显著上升

一个地区的外贸主体大体可以分为四类:国有企业、集体企业、私营企业和外资企业。江苏不仅是外贸大省,同时也是外资大省,而外资企业大多数也进行跨境贸易。从外贸主体所占出口比重来看,外资企业始终是占据了一半以上的出口份额,本土企业中的国有企业、集体企业和私营企业相对较弱。而近年来发生的显著变化是,外资企业份额逐渐收缩,而本土企业比重不断上升。外资企业份额在 2011 年是 68.84%,本土企业是 31.07%;2015 年前者下降为 57.25%,后者则上升到 42.67%(见表 1.8)。本土企业技术能力提升带动了出口份额的提高。

表 1.8　江苏按外贸主体分类的出口额及比重(2011—2015)　　　　单位:万美元、%

项　　目	2011 年	2011 年比重	2012 年	2013 年	2014 年	2015 年	2015 年比重
出口总额	31262305	100	32853789	32885683	34186898	33866822	100
国有企业	2650599	8.48	2758608	2876115	3061824	3073976	9.08
集体企业	610920	1.95	692981	593346	660632	695249	2.05

续　表

项　目	2011 年	2011 年比重	2012 年	2013 年	2014 年	2015 年	2015 年比重
私营企业	6454030	**20.64**	8908287	9967602	10546177	10681755	**31.54**
外商投资企业	21521089	**68.84**	20468393	19422155	19879858	19388612	**57.25**
中外合作	115562	**0.37**	103405	116745	104072	100879	**0.30**
中外合资	4694500	**15.02**	4548370	4354884	4466909	4010918	**11.84**
外商独资	16711028	**53.45**	15816618	14950527	15308876	15276815	**45.11**

数据来源：根据 2016 年江苏统计年鉴计算。

注：外商投资企业包括中外合作、中外合资和外商独资三种。

再从本土企业和外资企业内部结构来看，本土企业中更具活力的是民营企业，近年来出口份额上升明显，从 20.64％上升到 31.54％，对拉动本土企业整体份额上升贡献较大，而国有企业和集体企业相对来说只有较小幅度上涨。在外资企业中，中外合作、中外合资和外商独资三种类型中始终是外商独资企业占据最大份额，甚至在 2011 年独占江苏外贸出口额的半壁江山，达到 53.45％的份额。但值得注意的是，三种类型的出口份额均在下降，2015 年外商独资企业出口比重降到了 45.11％。

进口中的外贸主体份额变化不如出口那么明显，但本土企业总体来看的份额依然保持上升趋势。由表 1.9 可以计算得出，2011 年到 2015 年，本土企业进口份额由 25.03％上升到 30.64％，不过这主要是私营企业的上升推动的，国有企业和集体企业却有不同程度的下降。外资企业总体进口份额从 74.92％下降到 69.31％，但仍然占据绝对优势。

表 1.9　江苏按外贸主体分类的进口额及比重（2011—2015）　单位：万美元、％

项　目	2011 年进口额	2011 年比重	2015 年进口额	2015 年比重
进口总额	**22713585**	**100**	**20694533**	100
国有企业	1687688	7.43	1422078	6.87
集体企业	882131	3.88	359797	1.74
私营企业	3115689	13.72	4558828	22.03
外商投资企业	17016200	74.92	14343335	69.31
中外合作	151522	0.67	166033	0.80
中外合资	4448230	19.58	3261222	15.76
外商独资	12416448	54.67	10916081	52.75

数据来源：根据 2016 年江苏统计年鉴计算。

七、月度增长极不平衡

2015 年江苏对外贸易的月度数据呈现大起大落的发展状况。从进出口总额来看，同比增长涨幅最大的是 2 月份，涨幅达到 12.6％，但紧跟着 3 月份就迎来最大跌幅。这种情况反映了非常明显的季节性特征，尤其是圣诞和新年因素的影响比较大。贸易总额从 3 月份开始下跌开始，一直到 9 月份才迎来增长持续到 12 月份，全年总体是涨少跌多。出口和贸易总额具有类似特点,2 月份同比增长高达 35%,紧接着出口受春节因素大量减少,3 月份下跌 14.2%(见表 1.10)。全年中进口同样起伏不定,但相对来说波幅要远小于出口和进出口总额。

表 1.10 江苏省月度进出口总值表(人民币计价) 单位:亿元

时 间	进出口金额	进出口同比(%)	出口金额	出口同比(%)	进口金额	进口同比(%)
2015 年 1 月	2790.0	−4.8	1738.2	−1.7	1051.9	−9.4
2015 年 2 月	**2258.6**	**12.6**	**1445.1**	**35.0**	**813.5**	**−13.1**
2015 年 3 月	**2536.9**	**−10.2**	**1427.9**	**−14.2**	**1109.0**	**−4.5**
2015 年 4 月	2760.3	−8.3	1689.8	−4.8	1070.5	−13.4
2015 年 5 月	2887.0	−6.5	1816.5	−6.5	1070.5	−6.5
2015 年 6 月	2860.4	−1.2	1728.5	−1.6	1131.9	−0.5
2015 年 7 月	2961.1	−9.2	1809.5	−10.4	1151.6	−7.2
2015 年 8 月	2911.0	−4.4	1839.6	−3.4	1071.3	−6.1
2015 年 9 月	3100.9	3.7	1957.8	11.8	1143.1	−7.9
2015 年 10 月	2841.0	0.7	1835.6	4.1	1005.4	−4.8
2015 年 11 月	2857.3	1.9	1776.0	−0.4	1081.4	6.0
2015 年 12 月	3106.1	5.0	1957.7	8.7	1148.4	−0.7

资料来源:南京海关,江苏省月度进出口总值表(人民币计价)。

第二章　江苏对外贸易行业特征[①]

江苏作为外贸大省,对外贸易的产品类别丰富、行业多样,2015 年多种大类产品的贸易呈现出较大的波动。

一、贸易结构以工业制成品为主

江苏的产业结构中第二产业远高于第一产业,2015 年两者 GDP 之比是 8.04∶1,所以相应的对外货物贸易出口中工业制成品要远高于初级产品。2015 年江苏对外出口商品中,98.47％的份额是工业制成品。进口中虽然工业制成品没有出口中那么高的份额,但也高达87.35％,显示了江苏外贸总体上以工业制成品为主的特征。

从表 2.1、表 2.2 来看,初级产品在 2011—2015 年期间,总体来看出口和进口都有下降趋势,但出口和进口相比差距较大,多年中都呈现较大逆差,这也体现了江苏按比较优势参与国际分工和国际贸易,更多地进口自己不具有比较优势的初级产品,把资源集中在有比较优势的工业制成品上。初级产品的构成中,无论是进口还是出口,均是以食品及活动物、非食用原料(燃料除外)为主,其他三类贸易额均比较小。

表 2.1　江苏出口商品分类总额(2011—2015)　　　　　　　　单位:万美元

项　目＼年　份	2011	2012	2013	2014	2015
出口总额	**31262305**	**32444163**	**32465195**	**33774301**	**33365671**
初级产品	**613281**	**548632**	**525635**	**560070**	**509857**
♯食品及活动物	208191	207354	213710	251286	231475
饮料及烟类	417	528	833	1545	1902
非食用原料(燃料除外)	250927	209821	218957	228779	215152
矿物燃料、润滑油及有关原料	148631	122658	84308	72199	55414
动植物油、脂及蜡	5115	8272	7828	6262	5915
工业制成品	**30649025**	**31895531**	**31939561**	**33214231**	**32855814**
♯化学成品及有关产品	2273585	2160801	2289492	2494298	2315512
按原料分类的制成品	4847150	5105959	5262112	5697069	5454410
机械及运输设备	17880782	18079423	18132848	18717293	18898514
杂项制品	5625714	6547831	6253457	6303895	6185859

数据来源:2016 年江苏统计年鉴。

[①]　外贸商品分类统计按 SITC 分类,年度商品贸易总额与按 HS 分类计算的贸易总额有所不同,前者低于后者。

工业制成品下又可以分为四大类,化学成品及有关产品、按原料分类的制成品、机械及运输设备、杂项制品。总体来看,工业制成品顺差较大,出口优势明显。从具体构成来看,四类又有所差异,化学成品及有关产品多年中都是逆差,后三类则都是顺差且幅度较大,显示了这三类是江苏对外贸易中具有明显优势的大类产品,其中2015年单独机械及运输设备一类就占了出口额的56.64%,成为江苏出口的拳头产业。

表2.2 江苏进口商品分类总额(2011—2015) 单位:万美元

项 目 \ 年份	2011	2012	2013	2014	2015
进口总额	22713585	21466875	21777542	21709293	20028665
初级产品	3776321	3298097	3462069	3303915	2534000
♯食品及活动物	139635	151494	153986	155875	161218
饮料及烟类	4462	5286	6663	8186	9732
非食用原料(燃料除外)	2964063	2505048	2538023	2341037	1820600
矿物燃料、润滑油及有关原料	454514	462749	624094	674811	415774
动植物油、脂及蜡	213646	173522	139303	124005	126677
工业制成品	18937265	18168778	18315473	18405378	17494665
♯化学成品及有关产品	3934639	3708609	3823328	3904546	3379824
按原料分类的制成品	1834901	1725394	1661021	1719625	1516499
机械及运输设备	10117268	9814610	10110878	10112676	9898339
杂项制品	3043768	2911090	2646724	2663858	2695754

数据来源:2016年江苏统计年鉴。

二、矿物燃料跌幅巨大

江苏是经济大省,第二、三产业均比较发达,但相对来说资源并不丰富。矿产资源储量不足,对江苏产业发展形成资源约束,因此江苏主要靠进口来满足市场需求,江苏相应在矿物燃料、润滑油及有关原料项目上多年来存在较大逆差。出口连年下降,进口在保持多年上升后2015年突然暴跌,从674811万美元下跌到415774万美元,跌幅高达38.39%。进口的巨大跌幅累及到贸易总额,2015年该项贸易总额由747010万美元下跌到471188万美元,跌幅达到36.93%(见表2.3)。

表2.3 江苏矿物燃料贸易额(2011—2015) 单位:万美元

项 目 \ 年份	2011	2012	2013	2014	2015
出口	148631	122658	84308	72199	55414
进口	454514	462749	624094	674811	415774
总额	603145	585407	708402	747010	471188

数据来源:根据2016年江苏统计年鉴计算。

再从该项目下具体细类来看,近几年贸易额跌涨不一,但 2015 年无一列外都迎来了大跌。煤、焦炭及煤砖近年来贸易额下降幅度较大,2015 年贸易额仅相当于 2014 年的 52.61% 和 2012 年的 32.77%。石油、石油产品及有关原料也在下降,2015 年同比下降 33.21%。天然气及人造气的贸易额经历了大幅上扬之后,2015 年也下跌了 33.21%(见表 2.4)。这一变化和国际大宗商品价格下跌有直接联系。

表 2.4　江苏矿物燃料贸易构成　　　　单位:万美元

项目	2012 年			2014 年			2015 年		
	总额	进口	出口	总额	进口	出口	总额	进口	出口
矿物燃料、润滑油及有关原料	585406	462749	122658	747010	674811	72199	471188	415774	55414
煤、焦炭及煤砖	143393	142096	1297	89314	84785	4529	46987	39230	7757
石油、石油产品及有关原料	372731	270393	102338	363431	300227	63204	242763	195542	47221
天然气及人造气	69283	50260	19023	294243	289800	4443	181438	181002	436

数据来源:2013、2015、2016 年江苏统计年鉴。

三、高科技产品出口逆势上扬

高科技产品包括机电产品和高新技术产品,发展机电产业和高新技术产业是实施创新驱动战略、推动转型升级的必然选择。2015 年全省高新技术产业实现产值 61373.61 亿元,比去年同期增长 7.62%。全省高新技术产业中,航空航天制造业实现工业总产值 316.28 亿元,占高新技术产业总产值的 0.52%;电子计算机及办公设备制造业实现工业总产值 2375.86 亿元,占 3.87%;电子及通讯设备制造业实现工业总产值 13955.09 亿元,占 22.74%;医药制造业实现工业总产值 4170.23 亿元,占 6.79%;仪器仪表制造业实现工业总产值 1393.42 亿元,占 2.27%;智能装备制造业实现工业总产值 18182.56 亿元,占 29.63%;新材料制造业实现工业总产值 17289.21 亿元,占 28.17%;新能源制造业实现工业总产值 3690.95 亿元,占 6.01%[1]。可以看出高新技术产业生产情况良好,增长势头良好,尤其是电子及通讯设备制造业和智能装备制造业增长高达两位数,成为江苏经济发展中的亮点。

机电产品和高新技术产品两者在海关分类中有所不同,但也存在个别交叉。机电产品和高新技术产品的贸易额和比重是衡量一国或地区外贸转型升级的重要指标。江苏历来是机电和高新技术产品的贸易大省,这是由产业结构所决定的。表 2.5 显示,2015 年江苏机电产品出口 2247.52 亿美元,比 2014 年增长 1.49%,高于全国机电产品出口 1.2% 的增幅;完成高新技术产品出口交货值 1310.89 亿美元,比去年同期增长 1.34 %。通信及 IT 产品出口稳

---

[1]　江苏省科学技术厅、江苏省统计局,2015 年江苏省高新技术产业主要数据统计公报[EB/OL]. http://www.jssts.com/Item/572.aspx

中有升,带动机电产品出口逆势增长,带来一抹亮色。据南京海关统计,1—12 月全省分别出口手持或车载无线电话机、平板电脑和便携式电脑 392.2 亿元、365.2 亿元和 1204.6 亿元,分别增长 34.3%、8.8%和 0.9%。船舶作为江苏的重要产业,经历了几年的低迷之后,2015 年迎来了出口的大幅度上升,出口额 462.9 亿元人民币,增长了 15.1%,成为仅次于手持或车载无线电话机的增速第二的机电产品。高新技术产品中,集成电路是大类商品。1—11 月第一大进口产品集成电路进口额增长 5.9%,占全省进口总值的 21.4%,拉动全省高新技术产品进口逆势增长 0.5%[①]。统计显示,2015 江苏全年的集成电路出口高达 233.44 亿美元,比 2014 年增长 2.45%。

表 2.5　江苏主要商品出口额和进口额　　　　　　　　　　单位:千美元、%

项　　　目	2014 年出口	2014 年进口	2015 年出口	2015 年进口
总额	**337743010**	**217092930**	**333656710**	**200286650**
农产品	3617473	10326437	3368466	11473411
机电产品	221451410	129058662	224751602	126822544
高新技术产品	129359046	90443604	131089251	90761188

数据来源:2016 年江苏统计年鉴。

四、农产品存在较大逆差

与高科技产品增长且具有较大顺差形成对比的是,江苏的农产品贸易不具备优势,贸易逆差较大,2015 年出口下降了 6.89%,进口增长了 11.11%,使得逆差进一步扩大。这种逆差格局是和江苏产业结构及比较优势一致的。进口增加最多的农产品是大豆。根据南京海关统计,2015 年江苏大豆进口量达 1153.6 万吨,增长 113.1%;贸易额达到 301 亿元,增长 63.6%。趁国际市场价格低迷大量买入正是江苏大豆进口激增的主要原因。

五、劳动密集型产品出口乏力

由于海外需求疲弱加上国内生产成本高企,纺织服装为代表的传统劳动密集型产业,面临越南等周边发展中国家的竞争,已大量出现订单转移的迹象。据南京海关统计,2015 年江苏口岸累计出口纺织服装、塑料制品、家具及其零件、玩具、鞋类和箱包及类似容器等 6 大类传统劳动密集型产品 401.2 亿元人民币,比上年同期增长 13.8%。同时月度出口值呈现震荡走高的特点。2015 年 4 月份以来,江苏口岸劳动密集型产品单月出口值总体呈现震荡走高态势,12 月当月出口 40.3 亿元,同比增长 33.4%,环比增长 16.5%[②]。但是如果统计口径放宽,江苏传统劳动密集型产品总体表现不佳。

据南京海关统计,2015 年前三季度江苏服装、纺织纱线织物及制品、鞋类、塑料制品、箱

---

　　① 杜颖梅.江苏机电产品出口逆势增长[EB/OL].新华报业网—江苏经济报,http://js.xhby.net/system/2015/12/23/027433921.shtml

　　② 南京海关.2015 年江苏口岸劳动密集型产品出口稳定增长[EB/OL].http://nanjing.customs.gov.cn/publish/portal119/tab62017/info785213.htm

包、玩具、家具等七类传统劳动密集型产品2620.9亿元,虽然下降3.3%,但降幅较前8月收窄1.3个百分点[①]。2015年全年七大类传统劳动密集型产品出口566.0亿美元,下降3.2%,占全省出口总值的16.7%,同比下降0.4个百分点[②]。

---

①　南京海关,2015年前三季度外贸形势在线访谈[EB/OL]. http://www.customs.gov.cn/nanjing/tabid/70578/Default.aspx

②　江苏省发展和改革委员会,2015年全省外贸进出口情况[EB/OL]. http://www.jsdpc.gov.cn/gongkai/jjfz_1/201602/t20160205_415940.html

第三章 江苏对外贸易区域特征

江苏作为外贸大省,下辖的 13 个城市也大都具有较强的外贸实力。同时江苏的苏南、苏中、苏北的经济差异也十分明显,相应的,外贸也存在明显的区域差异。另外,江苏也是长三角开放型经济的重要构成,同时沿江开放也加快了步伐,港口国际化程度不断提高,这些因素使得江苏外贸区域特征十分显著。具体分析 2015 年江苏区域的外贸发展状况,主要包括以下特征。

一、苏州外贸一枝独秀

《中国海关》杂志发布 2015 年度"中国外贸百强城市"的名单中,深圳、苏州、上海分别占据综合排名的前三甲。江苏共有 11 座城市入围前 100 强,除苏州外,南京、无锡、常州分居第 12、第 15、第 27 位,没有入围的仅徐州和宿迁。在"中国外贸百强城市"5 大指标评价体系中,苏州外贸水平竞争力指标列第 2、效益竞争力列第 2、发展竞争力列第 1、潜力竞争力位列第 5[①]。

表 3.1 2015 年江苏各城市外贸和生产总值

城市	进出口额(亿美元)	出口(亿美元)	进口(亿美元)	GDP(亿元)	外贸依存度(%)
南京市	532.70	315.09	217.61	9720.77	34.1
无锡市	443.36	269.02	174.34	4351.74	50.1
徐州市	30.86	25.40	5.46	2910.48	6.3
常州市	272.11	205.12	66.99	4535.00	33.1
苏州市	1577.44	919.15	658.29	7493.58	131.1
南通市	191.43	135.10	56.33	2264.63	32.0
连云港市	72.17	33.80	38.37	1185.34	23.2
淮安市	29.34	19.41	9.94	1636.75	9.4
盐城市	57.50	31.17	26.33	1734.81	12.0
扬州市	79.04	61.76	17.28	2639.82	16.0
镇江市	61.70	35.90	25.80	1573.74	17.9

---

① 佚名.江苏 11 市入围中国外贸百强 苏州位列第二位[EB/OL].新华报业 http://xh.xhby.net/mp2/html/2016 - 07/22/content_1443871.htm

续　表

城市	进出口额 （亿美元）	出口 （亿美元）	进口 （亿美元）	GDP （亿元）	外贸依存度 （%）
泰州市	42.67	28.24	14.43	1531.41	17.3
宿迁市	15.24	9.23	6.01	772.50	7.6

数据来源：2016 年江苏统计年鉴。

从上表看出，江苏 13 个城市中外贸依存度最高的是苏州、无锡和南京，分别是 131.1%、50.1% 和 34.1%，常州也紧跟其后达到 33.1%。省会南京与苏州相比，地区生产总值（GDP）总量高达 9720.77 亿元，高出苏州 29.72 个百分点，但以外贸依存度衡量的开放程度远低于苏州。2015 年苏州的外贸额远高出其他城市，是位居第二的南京的 2.93 倍，苏州一个城市的外贸额占到全省贸易总额的 28.91%。如果进一步把下辖县级市的外贸纳入考虑，2015 年整个苏州地区进出口总额高达 3053.5 亿美元，这一数据远远超过了很多省份的全年外贸总额。优越的地理位置、良好的工业基础、快速集聚的外来劳动力是苏州对外贸易独占全省鳌头的重要有利条件。

2015 年江苏 13 个城市从绝对外贸额来看分为三个层级：苏州是第一层级，外贸进出口额超千亿美元；其次是南京、无锡、常州、南通四个百亿级城市；其他城市均为第三层次，贸易额均在百亿以下，宿迁贸易额最低。进一步按外贸依存度来分析城市的相对贸易规模，则苏州仍是第一梯队，连云港进入了第二梯队，和南京、无锡、常州、南通外贸依存度均在 20%—50% 范围内；其他城市在第三梯队，其中徐州虽然经济体量较大但相对外贸规模最低，外贸依存度仅有 6.3%。

二、三大区域外贸分化明显

江苏地理上划分为苏南、苏中和苏北三个区域，其中苏北包括徐州、连云港、宿迁、淮安和盐城五个地市；苏中包括扬州、泰州和南通三个地市；苏南包括南京、镇江、常州、无锡和苏州五个地市。长久以来三地经济由南向北呈现明显的梯度差距，对外贸易同样具有这一特点。苏南产业基础雄厚、经济发达，企业出口比较早，苏中、苏北则存在较大差距。

从表 3.2 来看，苏南、苏中、苏北的地区生产总值是南高北低的状况，苏南远远高于苏中和苏北，苏中最低，这和城市数量有一定关系。外贸额来看无论是总额还是出口额都是从南向北依次降低，2015 年苏南地区外贸进出口额分别达到苏中和苏北的 9.24 倍和 16.39 倍，当年外贸依存度分别为 69.8%、23.4% 和 10.6%，显示了三地对外贸易方面极大的差异。

表 3.2　2015 年三大区域地区生产总值和贸易额

地区	地区生产总值（亿元）		进出口额（亿美元）		出口额（亿美元）	
	2014 年	2015 年	2014 年	2015 年	2014 年	2015 年
苏南	38941.26	41518.70	4818.13	4651.62	2860.03	2833.23
苏中	12721.49	13853.14	525.52	521.46	363.40	369.13
苏北	15151.49	16564.30	293.96	283.05	195.27	184.31

数据来源：2015、2016 年江苏统计年鉴。

　　纵向来看,2015年三地地区生产总值均呈现显著增长,但三地对外贸易总额却无一例外地出现了下降,降幅分别是3.46%、0.77%和3.71%,苏北本身外贸基数较低反而降幅最大。同时苏北内部也存在较大差异,苏北各市既有以9.1%的进出口增幅居全省之首的盐城,也有以30.1%的降幅落后全省的宿迁。

　　再对三地2015年高新技术产业进行分析,2015年三地高新技术35405.76、14609.50和11358.35亿元,产业基础上的差异意味着三地高科技产品的出口差异将在较长时期内维持。

三、本省外贸领先长三角

　　长三角城市群在上海市、江苏省、浙江省、安徽省范围内,由以上海为核心、联系紧密的多个城市组成,主要分布于国家"两横三纵"城市化格局的优化开发和重点开发区域。规划范围包括:上海市,江苏省的南京、无锡、常州、苏州、南通、盐城、扬州、镇江、泰州,浙江省的杭州、宁波、嘉兴、湖州、绍兴、金华、舟山、台州,安徽省的合肥、芜湖、马鞍山、铜陵、安庆、滁州、池州、宣城等26市。《长江三角洲城市群发展规划》明确了长三角发展目标是,长三角城市群要建设面向全球、辐射亚太、引领全国的世界级城市群。建成最具经济活力的资源配置中心、具有全球影响力的科技创新高地、全球重要的现代服务业和先进制造业中心、亚太地区重要国际门户、全国新一轮改革开放排头兵、美丽中国建设示范区[①]。长三角区域是我国最具经济活力的区域之一,国家"一带一路"和长江经济带战略的实施,为长三角地区充分发挥区位优势和开放优势,更高层次更高水平参与国际合作和竞争带来了新空间。2015年长三角地区上海市、浙江省、江苏省、安徽省三省一市共完成国内生产总值159973.46亿元,经济总量占全国的23.64%,经济发展成绩斐然。

　　2015年长三角地区开放型经济亮点较多,外贸占全国比重达到三分之一,实际使用外资比重高达47.3%(见表3.3),成为我国开放型经济的排头兵。江苏省主动融入对接"一带一路"和长江经济带战略,加强与上海自贸区全方位对接互动,江苏作为长三角的重要构成,在长三角对外开放中发挥着重要作用。从具体指标来看,2015年江苏地区生产总值占到整个长三角三省市的一半,进出口总额和利用外资均超过40%,超越上海和浙江。除了实际使用外资外,江苏占长三角的主要经济指标比重也远远超出长三角占全国的比重,显示了江苏在长三角的突出位置。

表3.3　2015年江苏主要指标占长三角比重

指　　标	长江三角洲三省市合计	长江三角洲占全国比重(%)	江苏占长江三角洲比重(%)
地区生产总值(亿元)	137967.9	20.4	50.8
第一产业	5928.6	9.7	67.2

---

　　① 财经网,国家发改委发布《长江三角洲城市群发展规划》[EB/OL]. http://economy.caijing.com.cn/20160603/4128701.shtml

续　表

指　　标	长江三角洲 三省市合计	长江三角洲 占全国比重(%)	江苏占长江 三角洲比重 (%)
第二产业	59692.2	21.8	53.7
第三产业	72347.0	21.2	47.1
进出口总额(亿美元)	13421.9	33.9	40.7
出口	8112.0	35.7	41.7
进口	5309.9	31.6	39.0
实际使用外资(亿美元)	597.3	47.3	40.6

数据来源：2016 年江苏统计年鉴。

注：此表中长三角地区的统计口径是江苏、浙江、上海三省市。

四、沿江地区外贸潜力较大

近年来长江经济带的开发建设成为长江沿线省份经济工作的重点之一。江苏省政府在 2006 年出台了《江苏省沿江开发总体规划》,明确了沿江地区包括南京、镇江、常州、扬州、泰州、南通 6 个市区和句容、扬中、丹阳、江阴、张家港、常熟、太仓、仪征、江都、泰兴、靖江、如泉、通知、海门、启东 15 个县(市)。面积 2.46 万平方公里,占全省面积的 24%。沿江地区的战略定位之一是"长江流域对外开放的重要门户",也就是要"依托长江"黄金水道"和快捷的交通通讯网络,建设面向国际市场的区域性进出口商品集散枢纽。以国际化为龙头,构建面向长江流域及更广区域的经济腹地,向东接轨上海,向南汲取沪宁杭甬产业密集带的能量,向西辐射长江中上游地区,向北带动苏北和影响中原地区"[1]。经过近十年的发展,沿江地区在重化工业、特种冶金、汽车、船舶、物流以及电子、纺织、造纸、医药、新材料、农产品出口加工等产业方面发展迅速,也在此基础上发展对外贸易也具有良好的基础。2015 年沿江开发区域对外贸易占全省 40.4% 的比重,出口比重是 41.2%。与 2012 年、2014 年相比这一区域出口额持续小幅上升,出口比重也在上升。

表 3.4　2015 年沿江开发区域重要经济指标

指　　标	全省	沿江开发区域	沿江开发区域占全省比重(%)
地区生产总值(亿元)	70116.38	36963.47	52.7
第一产业	3986.05	1090.94	27.4
第二产业	32044.45	17653.07	55.1
第三产业	34085.88	18219.46	53.5
进出口总额(亿美元)	5456.14	2204.92	40.4

---

① 　南京市人民政府,江苏省沿江开发总体规划(序言)[EB/OL]. http://www.jiangsu.gov.cn/jsgov/sx/shengxs/ nanjings/201212/t20121218_309179.html

续　表

指　　标	全省	沿江开发区域	沿江开发区域占全省比重（%）
出口（亿美元）	3386.68	1394.22	41.2
规模以上工业总产值	149841.41	73281.81	48.9
制造业	144190.80	71862.66	49.8
实际利用外资（亿美元）	242.75	135.04	55.6

数据来源：2016 年江苏统计年鉴。

从上表来看，2015 年沿江地区外贸占全省比重虽然绝对数额不小，但与主要经济指标占全省比重对比来看，无论是地区生产总值的占比、第二、三产业产值占比还是制造业比重、实际利用外资比重、外贸比重都是偏低的。这一对比显示了沿江地区产业发展较为迅猛、外资进入不断扩大的现状，这些因素是该地区发展对外贸易良好的支撑因素。如果具体看这一地区制造业的产业结构，可以发现多数产业出口优势还不明显，比如泰州的医药产业虽然产业规模较大，但多数医药企业成长期较长、技术研发周期长导致出口能力较弱。而该地区传统产业，比如服装也面临优势削弱、出口乏力的局面。总体来看该地区产业格局面临着新兴产业和传统产业处在巨大变革的时代，新兴产业蓬勃向上逐渐将取代传统产业的优势地位，再加上沿江高铁等基础设施建设利好不断，意味着沿江地区虽然目前外贸出口比重低于其他经济指标，但长期来看上升空间较大。

五、沿海地区形成外贸增长极

江苏沿海地带包括连云港、盐城、南通三市市区及所辖的沿海 14 个县（市），土地面积 3.25 万平方公里，海岸线 954 公里。江苏沿海建有近 50 个大中小港口。其中连云港港是国家主枢纽港，有万吨以上泊位 29 个，大丰港、滨海港、洋口港均具备建设 10 万吨级以上深水泊位港口的条件，有利于临港工业和临海产业的发展。江苏沿海地带位于我国沿海、沿江、陇海三大经济带的交汇处，南部南通毗邻上海，是长三角的组成部分；北部连云港是陇海—兰新地区的重要出海口。该地区东与日本、韩国隔海相望，距釜山港、长崎港仅 400 多海里，是日韩等国资本产业转移的重要目的地[①]。为促进江苏沿海地区发展，国家发改委 2009 年 8 月出台了《江苏沿海地区发展规划》，标志着江苏沿海开发这一国家战略的操作"蓝本"正式出炉。

2015 年沿海地区生产总值增长 10.1%，超过全省平均水平 1.6 个百分点，占全省比重 17.86%，比上年提高 0.26 个百分点。沿海地区 13 个主要经济指标全部高于全省平均水平，其中有 8 个指标超出全省平均水平 3 个点以上。规上工业增加值、工业用电量、进出口总额、出口额增幅高于苏南、苏中、苏北三大板块[②]。2015 年江苏沿海地区主要经济指标见表 3.5。

---

① 徐琪，江苏沿海地带产业发展的条件和方向[J].商场现代化 2009.12
② 江苏沿海地区发展办公室，2015 年沿海地区经济运行情况[EB/OL].http://www.jscado.gov.cn/yhkfsjk/zhsjk/201603/t20160301_2728.html

表 3.5　2015 年江苏沿海地区主要经济指标

地区	地区生产总值(亿元)	进出口总额(亿美元)	出口(亿美元)	外贸依存度(%)
沿海三市合计	12521.54	477.43	320.09	23.4
沿海地带合计	10521.29	437.81	286.39	25.6
南通市区	2264.63	191.43	135.10	51.9
连云港市区	1185.34	72.17	33.80	37.4
盐城市区	1734.81	57.50	31.17	20.4

数据来源:2016 年江苏统计年鉴。

从上表看出,沿海地区南通、连云港、盐城三市虽然属于苏中和苏北地区,但借助沿海地区发展特殊政策,外贸发展实现了超越。在全省进出口均出现双降的情况下,沿海地区 2015 年外贸依然保持正增长,其中南通市区比去年增长 9.05%,盐城市区增长高达 56.55%。这显示出沿海开发战略对苏中、苏北的拉动作用显著,苏南向苏北的辐射效应明显。在这种示范效应下,2015 年泰州和淮安请示省委省政府,恳请将两市纳入沿海开发战略,这将推动江苏在更大的空间范围内利用沿海开发优势。沿海地区将致力于着力打造"一带一路"建设先行基地、江海联动发展基地和开放合作门户基地,不断增强辐射带动能力和综合竞争优势,推动沿海地区全面建成更高水平的小康社会,加快形成我国东部地区重要的经济增长极。

六、港口发展支撑外贸增长

江苏水系发达,港口众多,对全省内贸和外贸均起到重要支撑作用。江苏长江岸线 1175 公里,其中主江岸线 861 公里,洲岛岸线 314 公里。主江岸线中南岸 412 公里,北岸 449 公里,其中深水岸线约 302 公里,中深水岸线约 113 公里,分别占主江岸线总长的 35%、13%。本区的南京港、镇江港、南通港、苏州港、常州港、江阴港、扬州港、泰州港等组成的沿江港口群,是上海国际航运中心北翼的组合港[1]。《江苏省沿江开发总体规划》对上述港口作了不同的发展定位,其中南通港和苏州港是定位上海国际航运中心江苏一翼的重要港口,其他港口基本定位为内河中心枢纽港或者南北水运物资中转港以及服务地方的地方港口,也就是说前两个港口定位国际化,其他港口更多地服务于内贸。

经过多年发展,目前江苏多个港口均突破原有定位,开放度和吞吐量大大提高。连云港港、太仓港、南京港已经进入世界集装箱百强。南京港是我国沿海 25 个主枢纽港之一和对外开放的一类口岸,对内连接长江流域及中原、华东、华南、华北地区等 10 多个省市,对外辐射 80 多个国家和地区近 200 个港口。南京港还积极打造"三枢纽一平台"(江海转运主枢纽、集装箱区域性中心枢纽、综合运输体系节点枢纽、港城一体化融合发展平台),承担建设南京长江航运物流中心主力军的使命责任,成为国际性、多功能、综合型江海转运主枢纽港[2]。相应地,多个港口的外贸货物也占据了港口货物吞吐总量的较大份额。

---

[1]　南京市人民政府,江苏省沿江开发总体规划(序言)[EB/OL]. http://www.jiangsu.gov.cn/jsgov/sx/shengxs/nanjings/201212/t20121218_309179.html

[2]　南京港官网,集团简介[EB/OL]. http://www.njp.com.cn/into/introduction.html

表 3.6 2015 年江苏港口货物吞吐量 单位：万吨、%

指标	南京市	无锡市	徐州市	常州市	苏州市	南通市	连云港市	淮安市	盐城市	扬州市	镇江市	泰州市	宿迁市
吞吐量	22218	19864	9030	8823	61092	26286	21909	8004	10626	9955	14788	19226	1468
外贸	2251	1561	—	409	14091	5152	9992	—	1745	799	2274	1492	—
占比	10.13	7.86	—	4.64	23.07	19.60	45.61		16.42	8.03	15.38	7.76	—

数据来源：2016 年江苏统计年鉴。

　　从上表可以看出，苏州无论是吞吐总量还是其中的外贸吞吐量均居首位，其次是南通、南京、连云港、无锡、泰州等港口也拥有较大的吞吐量。外贸吞吐量在一定程度上反映了港口的国际化程度。连云港作为江苏矿产资源进口的主要港口，2015 年外贸吞吐量占港口货物吞吐总量的 45.61%，成为江苏外贸吞吐量占比最大的港口。除了连云港，外贸吞吐量占比在 10%以上的排名从高到低依次是苏州、南通、盐城、镇江、南京。徐州、淮安、宿迁因地理位置所限，没有外贸吞吐量，对当地外贸发展也造成了明显影响。

第四章　江苏服务贸易特征[①]

2010 年至 2015 年,我国服务贸易进出口总额从 3624 亿美元增至 7130 亿美元,年均增长 14.5%,为同期世界服务进出口平均增速的 2 倍。我国服务贸易全球排名从第四位上升至第二位。江苏作为中国服务贸易第一方阵的重要成员,大力发展服务贸易对江苏开放迈向新台阶尤为重要。

江苏服务贸易经过多年发展,取得了一定成效,目前主要呈现出以下发展特点。

一、服务贸易逆差增大

据江苏省外管局统计,2015 年江苏省服务贸易进出口额 319.21 亿美元,同比增长 7.27%。其中出口额 144.58 亿美元,同比增长 7.32%;进口 174.63 亿美元,同比增长 7.24%,进口增幅低于出口增幅 0.08%。

据江苏省商务厅统计,2015 年江苏省服务贸易进出口额为 541.1 亿美元,2013 年为 710.06 亿美元,2013—2015 年服务贸易总额减少了 23.8%。其中出口额为 163.1 亿美元,进口额为 378 亿美元,逆差为 214.9 亿美元。总体来看,距实现江苏省"十三五"期间服务贸易进出口额年均增长 10% 以上的目标仍有一段距离。

2015 年江苏省服务贸易仍呈逆差态势,逆差额为 30.05 亿美元,同比增长了 6.9%。逆差项目中,旅游类仍为江苏省最大的逆差项目,且其逆差额达到 51.3 亿美元,同比增长了 30.9%;知识产权使用费仍为江苏省第二大服务贸易逆差项目,其逆差额达到 29.6 亿美元,同比缩小了 3.4%;而其他商业服务仍居逆差项目第三位,其逆差额达到 8.6 亿美元,但同比缩小了 50.5%。顺差项目中,运输类仍为江苏省最大的顺差项目,其顺差额达到 7.7 亿美元,同比增长 25.2%;虽然保险类顺差额仅为 0.06 亿美元,却同比增长了 25 倍多。此外,计算机和信息服务类由贸易顺差转变为贸易逆差。

二、服务贸易各行业涨跌不一

2015 年,服务贸易的 11 个门类中占比最大的 5 个门类依次是:旅游、其他商业服务、知识产权使用费、运输服务、专业管理和咨询。这 5 类服务贸易共占江苏省 2015 年服务贸易进出口总额的 81.98%。

2014—2015 年,江苏省服务贸易结构变化主要集中于其他商业服务与旅游这两类。其中旅游门类比重迅速增长,2015 年旅游进出口总额占比为 38.2%,同比增长 4.6%,较 2013

[①]　本章数据主要来自江苏省商务厅和江苏省外管局,两种来源的数据统计口径存在差异,如无特别说明,则数据源自江苏省商务厅。本章内容来自笔者撰写的《江苏服务贸易发展特点兼与部分发达省市比较》一文中的部分。

年的 8％ 增长了 30.2％；其他商业服务比重迅速下跌，2015 年其他商业服务进出口总额占比为 19.9％，同比下降了 2％，较 2013 年的 81.2％ 下降了 61.3％。新兴服务贸易中，计算机和信息服务的比重增长最快，在 2015 年其进出口总额比重涨至 3.9％，同比增长 0.9％；知识产权使用费的比重下跌最快，在 2015 年其进出口总额比重跌至 9.8％，同比下跌 0.8％；其余新兴服务贸易项目中，除技术类同比下跌 0.7％ 外，保险、金融等门类均无较大变化。

三、新兴服务贸易发展势头良好

从 2015 年各类服务贸易的贸易总额增速及进口额增速这两方面来看，增长最快的是文化和娱乐类，其进出口总额达到 1 亿美元，同比增长 67.4％，其中进口额达到 0.84 亿美元，同比增长 99.2％；其次是电信、计算机和信息服务类，其进出口总额达到 12.4 亿美元，同比增长 39.9％，其中进口额达 6.5 亿美元，同比增长 56.3％。

再从 2015 年各类服务贸易的出口额增速来看，增长最快的是知识产权使用费类，其出口总额达到 0.8 亿美元，同比增长 117.3％；其次是专业管理和咨询类，其出口额达到 6 亿美元，同比增长 31.3％；再次是计算机和信息服务类，其出口额达到 6 亿美元，同比增长 25.6％。

四、传统服务贸易规模快速下降

从 2015 年各类服务贸易的贸易总额增速、出口总额增速及进口总额增速这三方面来看，建筑类和运输类这两类传统服务贸易的规模下降最快。建筑类进出口总额达到 5.1 亿美元，下降幅度高达 26.8％，其中，出口额达 3.6 亿美元，同比下降 26.5％，进口额达 1.5 亿美元，同比下降 27.6％；运输类进出口总额达到 26.6 亿美元，同比下降 11.4％；其中，出口额达 17.2 亿美元，同比下降 5.2％，进口额达 9.4 亿美元，同比下降 20.9％。此外，金融类出口额增速大幅下滑，其出口额仅 81 万美元，同比下降 66.6％。与上述门类形成鲜明对比的是，2015 年江苏旅游类服务进出口总额达到 121.9 亿美元，同比增长 22％，其中进口额高达 86.6 亿美元，同比增长 24.5％。出境游日益成为普通百姓偏好的旅游方式，近年来呈现爆发式增长。

五、服务贸易地区集中度高

2014 年江苏省苏南服务贸易占比 84％，苏中占比 7.6％，苏北占比 7％。与 2013 年相比，苏南比重同比上升 4.9％，苏北和苏中地区比重同比下降 6.3％，2014 年地区差异情况与 2009 年地区差异情况相似。从各市占比情况来看，2014 年比重最大的 5 个市中，有 4 个市属于苏南地区。苏州市位居第一，服务贸易比重高达 40.3％；南京市位居第二，服务贸易比重达 23％；无锡市位居第三，服务贸易比重达 14％，其余各市服务贸易比重均不足 10％。服务贸易比重前三位的城市的服务贸易额占到了全省服务贸易总额的 77.3％。

六、服务外包稳居全国第一

江苏省服务外包规模、增速继续保持全国领先，完成服务外包离岸执行额增幅 15％、离岸执行总额 190 亿美元的全年目标，实现了新常态下的稳定增长。2015 年，江苏省服务外包业务合同额 445.9 亿美元,同比增长 19.6%,占全国的 14.5%。其中离岸合同额 253.0 亿美元,同比增长 21.3%,占全国的 29%,在岸合同额 192.9 亿美元,同比增长 17.4%,占全国的 44.2%。服务外包业务执行额 376.8 亿美元,同比增长 21.1%,占全国的 39%。其中离岸执行额 214.1 亿美元,同比增长 22.6%,占全国的 33.1%,在岸执行额 162.7 亿美元,同比增长 19.1%,占全国的 50.7%。近三年来,江苏省首次出现在岸合同额、执行额增速低于离岸合同额、执行额增速的情况,说明江苏省离岸业务发展迅速,在岸业务稳步扩大。

江苏省离岸发包市场的 79.7% 被美国、欧洲、中国香港、中国台湾、韩国和日本这六个国家和地区占据,其中美国、欧洲和中国香港所占的比重高达 50.2%。与此同时,江苏省对美国和中国香港的服务外包执行额增幅较快,分别同比增长 20.6% 和 13.6%。此外,2015 年江苏省承接"一带一路"国家外包业务 33.5 亿美元,占全省离岸外包市场的 15.6%,"一带一路"国家成为江苏省重要的离岸市场发包地,市场重要性显著。

七、服务贸易在全国位次下降

江苏省服务贸易规模在全国排名第六。2015 年江苏服务贸易进出口总额达到 319.21 亿美元,同比增长 7.27%。全国服务贸易规模前五位的分别是上海、北京、广东、浙江、山东,其服务贸易总额分别为 1966.72、1302.8、1281、442.16 和 341.6 亿美元。2015 年江苏省服务贸易进出口总额被山东超过,仅列全国第六,且与前三名差距较大。这一位置与江苏位居全国第二的经济总量不相协调。

服务贸易与货物贸易发展不协调。2015 年江苏省货物贸易额与服务贸易额之比为 17.09:1,远高于北京的 2.45:1、上海的 4.15:1、山东的 7.08:1、广东的 7.99:1 以及浙江的 10.17:1。江苏的服务贸易远远滞后于货物贸易,会严重牵制货物贸易的发展。

八、高端服务贸易发展水平低

2015 年江苏服务贸易结构中,运输、旅游这些传统服务贸易占 46.5%,同比增长 2.9%。而高端服务贸易中的金融、保险、计算机和信息服务、文化和娱乐服务这 4 项仅占 4.7%,同比增长 1%,但仍不及 2013 年的 5.2%。传统服务贸易附加值较低,对经济增长的贡献度逐渐下降,高端服务贸易比如知识产权使用费类虽然增长较快,2015 年同比增长 117.3%,但出口总额仅为 0.8 亿美元,占江苏省服务贸易出口总额的比重仅有 0.54%,逆差高达 29.6 亿美元,发展水平依然较低。

江苏服务业仍缺乏国际高端人才:一是设计、研发等价值链高端环节缺乏创新人才,特别缺乏企业家能力出众的创新人才;二是培养的人才流失现象严重,一些服务外包企业年跳槽率仍在 10%—20% 左右;三是融资约束制约具有企业家能力的创新型人才充分发挥作用。

江苏服务贸易领域品牌少、名气小,其贸易增加值不高,也在一定程度上制约着江苏服务贸易的发展。江苏是经济大省和人才大省,但流向服务贸易领域的资源依然偏少,服务创新不足成为影响江苏服务贸易发展的重要障碍。

第五章　江苏对外贸易发展的影响因素

从宏观层面来看,2015 年江苏对外贸易面临的环境整体而言比较严峻,我国及江苏积极应对,以更多的制度和政策创新为企业对外贸易保驾护航。

一、江苏对外贸易面临的不利因素

从不利因素来看,既有较多的外部因素,也有国内自身因素,从而对江苏企业对外贸易造成较大障碍。

(一)外部不利因素

1. 经济不振使得国外市场收缩

2015 年多数国家经济增长依然比较乏力。美国、欧元区和日本三大主要发达经济体增速有所上升,其他发达经济体增速显著下降。2015 年三大发达经济体 GDP 增长分别是 2.6%、1.5%、0.6%,比 2014 年分别提高 0.2%、0.6%和 0.7%;美欧日以外的其他发达经济体 GDP 增长 2.2%,比 2014 年下降 0.6 个百分点。2015 年新兴市场与发展中经济体整体增速下滑程度加大,俄罗斯、巴西等国陷入负增长。在经济增长不力的背景下,2015 年全球贸易额普遍出现负增长。从 2014 年 10 月开始,世界出口总额出现持续扩大的负增长。到 2015 年 5 月,世界货物出口总额月度同比增长率达到−13.3%的最大下降幅度。到 2015 年 9 月,月度同比增长率仍为−11.3%。分国别和地区来看,只有越南等极少数国家在 2015 年保持了出口正增长,绝大部分国家和地区出现了出口绝对额下降[①]。在这种背景下,江苏作为开放经济中的一个部分,2015 年对外贸易的下滑难以避免,并且可能还将维持一定时期。

2. 贸易保护主义不断抬头

2015 年我国继续保持全球第一出口大国和第一贸易大国地位,相应也更容易遭受贸易保护主义的影响。数据显示,中国连续 21 年成为世界上遭遇反倾销调查、连续 10 年成为遭遇反补贴调查最多的国家。仅以 2011—2015 年国外对中国发起的案件为例,每年涉案平均金额约 110 亿美元,累计涉案金额约 550 亿美元。商务部数据显示,2015 年中国出口产品共计遭遇 22 个国家(地区)发起的贸易救济调查案件 85 起,案件数量比 2014 年下降 12%,全年涉案金额 80 亿美元,比 2014 年下降 24%[②]。虽然 2015 年我国出口从总体上面对的贸易救济调查数量在下降,但贸易保护主义造成的负面影响将持续多年。中国遭受国外贸易摩擦影响的行业主要集中在钢铁、轻工等劳动密集型产业以及机电、化工等附加值较高的企业,江苏出口的主要行业如机电、光伏等高科技行业更是遭受贸易保护的重点行业。江苏面

---

①　张宇燕、姚枝仲,2015—2016 年世界经济形势分析与展望[N].《光明日报》2016 - 01 - 20,16 版
②　佚名.2015 年我国遭遇国外贸易救济调查的涉案数量和金额均出现下降[N].《财经新报》2016 - 01 - 21,12 版

临的贸易摩擦数量较大,据南京海关统计,江苏省全年应对贸易摩擦案件 154 起,涉案金额 83.5 亿美元。同时在江苏的主要出口市场中,不仅有来自发达国家的反倾销、反补贴调查,来自新兴经济体主要贸易伙伴的贸易摩擦也在不断增多。

3. 地缘政治震荡加剧

2015 年中东地区依然是地缘政治形势最为复杂的地区。除此以外,欧洲地区形势严峻,由于中东局势恶化带来的难民潮以及 IS 等极端势力蔓延,欧洲在接受难民和遭受恐怖袭击压力大增。同时,乌克兰危机也不断发酵。2015 年 11 月土耳其以入侵领空为由击落一架俄罗斯战机,两国紧张局势再度升高。国际股市汇市及石油黄金市场担心国际地缘政治动荡加剧。英国"脱欧"也极大影响了欧洲经济恢复的信心。亚洲地区地缘政治的风险主要来自美国执意推进"亚太再平衡"战略,直接介入南海等区域国家之间的领土和海洋权益争端。扑朔迷离的地缘政治形势直接影响了世界经济恢复的速度,更会极大影响各经济体之间的贸易。江苏的主要出口市场中,欧洲和亚洲地处政治危机的严峻形势之下,相应仍将对江苏外贸的增长形成较大压力。

(二) 内部不利因素

1. 成本上升造成订单转移

江苏作为中国沿海发达省份,劳动力成本上升过快,对江苏外贸尤其是劳动密集型产业的出口造成极大的负面影响。据统计,江苏 2010 年职工平均工资为 40505 元,2015 年已经上升到 67200 元,增长高达 65.91%。苏南从业人员平均工资更是高达 73792 元,对于外贸主要集中地苏南来说更是造成重大压力。江苏省内一类地区最低工资标准由 2010 年的 960 元逐年上涨至 2014 年的 1630 元,涨幅达 69.8%。在此背景下,江苏多地外贸生产企业尤其是外资企业出现向东南亚转移、向中西部转移的趋势,比如红豆集团到柬埔寨设厂就是看中了当地廉价的劳动成本。东南亚地区成为江苏的主要贸易对象,同时也是纺织服装等劳动密集型产业主要的竞争对手。服装生产因为生产门槛较低,更使得东南亚成为欧美各国的主要服装进口地。东南亚从我国进口纱线和面料,向其他国家大量出口服装。目前,东盟是中国第一大纱线出口市场和第一大面料出口市场,按单个国别算,越南是中国第一大面料出口目的国。劳动成本的居高不下严重削弱了江苏传统行业的出口优势。

2. 产能过剩依然严重

我国传统制造业产能普遍过剩,特别是钢铁、水泥、电解铝等高消耗、高排放行业尤为突出。江苏在钢铁、水泥、平板玻璃、船舶等行业同样存在产能过剩问题。过剩产业多年来存在设备落后、竞争无序、产品积压、亏损严重的局面,而去产能化则并不容易。产能过剩对出口的负面影响不可避免,比如江苏省内钢铁行业面临较为突出的产能过剩问题,钢材企业甚至不惜"以价换量"抢占国外市场,贸易摩擦风险大大增加,而钢铁价格跌幅加深也压缩了企业的利润空间。类似的,光伏产业也因产能过剩、压价出口频繁遭遇发达国家的"双反"调查。除了上述资本密集型行业,江苏大量的劳动密集型产业也存在产品积压严重、出口不了又难以内销的局面。2014 年 5 月,江苏省经信委根据国务院《关于进一步加强淘汰落后产能工作的通知》、《关于化解产能严重过剩矛盾的指导意见》和江苏省政府《关于加快淘汰落后产能工作的实施意见》、《关于化解产能过剩矛盾的实施意见》精神,确定了 2014 年全省化解过剩产能和淘汰落后产能目标任务由 121 家企业承担。压缩过剩产能对江苏来说仍将是较长时期的艰巨任务。

3. 融资难成为中小外贸企业发展的障碍

中小企业尤其是民营企业是江苏外贸发展的中坚力量。近年来,中小企业在出口中面临订单萎缩、成本上升的同时,融资问题也始终伴随,企业利润不断压低的情况下现金缺口更为严重,缺少现金流成为压倒部分中小企业的最后一根稻草。企业走向国际市场除了要有外部拉力,还要有内部的各种制度保障,更需要坚实的资金保障。银行贷款对象一般是大中型企业,小微企业不容易申请到贷款。许多民营企业在无法获得银行资金的情况下,只好转向其他风险高、利率高的民间借贷平台,借贷成本是银行融资成本的 5—10 倍,造成了更大的运营风险。2015 年以来江苏南京、苏州等地房价飙升,使得资金更多流向房地产,造成实体经济"缺血"更为严重,进一步加剧了实体经济发展的困境。

二、江苏对外贸易面临的有利因素

虽然从国内外来看,江苏对外贸易面临诸多不利因素,但我国政府和江苏省也不断进行制度创新,同时国际市场变动中也依然带来了不少新的机会,从而为江苏对外贸易创造了许多的有利条件。

(一)外部有利因素

1. 大宗商品价格下跌

近年来国际大宗商品价格跌跌不休,推动了我国成为大宗商品交易增速全球第一的国家。2015 年初到 2015 年 12 月 18 日,在各类商品跌幅中,金属类商品跌幅居前,白银期货以 52.71% 的跌幅居首,铂金期货和黄金期货跌幅分别为 43.35% 和 33.51%,铜期货跌幅较小但也达到了 11.83%。大豆期货以 36.91% 的跌幅位居跌幅榜第三,农产品期货中,小麦期货跌幅较小,为 1.28%。咖啡、可可豆、棉花、民用燃料油、轻质原油等以约 20%—30% 的跌幅居中[①]。据 World Federation of Exchanges (简称 WFE,世界交易所联合会)统计,大连商品交易所和上海期货交易所 2015 年的大宗商品合约成交量飙升到逾 10 亿份。大连的成交量 2015 年攀升了 45%,上海增长了 25%[②]。大宗商品价格下跌极大地推动了我国的进口,同时也因为降低了出口成本在一定程度上提高了出口竞争力。同时,这种下跌还将在一定时期内继续存在,对江苏进口量提升起到较大的推动作用。

2. 人民币对主要货币大幅贬值

国家统计局公布,2015 年全年人民币平均汇率为 1 美元兑 6.2284 元人民币,比上年贬值 1.4%。而如果按照银行间外汇市场人民币汇率中间价进行测度,2015 年人民币兑美元中间价累计下调 3746 个基点,全年人民币对美元贬值幅度高达 6%,创有记录以来最大跌幅。另外,人民币对日元和欧元也呈现出不同幅度的贬值。贬值将提高江苏对美欧日这些发达国家的出口竞争力,刺激江苏出口的回升。当然值得一提的是,2015 年到 2016 年 1 月

---

① 佚名.2015 年大宗商品"狠跌"大比拼[EB/OL]. http://news.fx678.com/C/20151230/201512300718261904.shtml

② 冷静.2015 年大宗商品暴跌背后:中国成交量增速全球第一[EB/OL]. http://finance.ifeng.com/a/20160420/14334114_0.shtml

27 日期间拉美新兴经济体包括巴西、阿根廷等国家货币平均贬值幅度高达 32％①，俄罗斯、土耳其货币平均贬值幅度也达到了 26％①，贬值幅度远超中国，但这些国家目前不是江苏的主要贸易对象，对江苏的外贸影响还较为有限。

3. 自贸区建设提速

改革开放以来，我国在推动经济全球化的同时，也在不断参与区域经济一体化组织。目前我们已经与新加坡、智利、新西兰、中国香港等多个国家和地区签署了自由贸易协定，中韩、中澳自贸区协定也于 2015 年 12 月 20 日正式生效。我国与韩国分别根据中韩自贸协定的降税安排，在 12 月 20 日生效当天实施第一次降税，然后 2016 年 1 月 1 日实施第二次降税。第一次降税后，韩方对 50％的产品取消关税，覆盖自我国进口额的 52％；中方对 20％的产品取消关税，覆盖自韩国进口额的 44％。双方其他产品也将相应削减部分关税。中澳自贸协定生效后，中澳两国同样在 11 天内实施两次降税②。另外，中日韩自贸区协定谈判于 2012 年 11 月启动，三年来已经举行了八轮谈判，目前各方也在积极推动，希望协定能够早日达成。日韩作为我国的主要贸易伙伴，这些贸易协定的达成或推进，意味着双方经贸关系将进一步深化。

江苏省企业进口的中韩协定项下韩国货物主要是一些化工原料、汽车零配件，受惠进口货值前三位的具体商品是甲苯、润滑油基础油和苯。进口中澳自贸协定项下货物主要包括大麦、煤、牛羊皮、葡萄酒、乳制品。受贸易协定签署的影响，江苏对韩国和澳大利亚贸易增长迅速。2016 年上半年，南京海关（江苏口岸）进口中韩自贸协定项下货物货值 7.35 亿美元，列全国关区第二位，享受关税优惠 7794.32 万元人民币。协定实施半年，南京关区进口货值稳步增长，平均每月增长幅度超过 20％，目前已超过 ECFA 成为关区进口货值第三位的优惠贸易协定。江苏省企业自中韩自贸协定项下进口货物涉及税目近四百个，总体受惠率（受惠进口数量占相同税目货物从韩国以应税方式进口数量之比）近 50％。进口货值前十位货物中，硫磺和合金钢板材的受惠率超过 90％，其他多数货物受惠率超过 50％。中澳自贸协定项下进口货物总体受惠率（受惠进口数量占相同税目货物从澳大利亚以应税方式进口数量之比）达到 80％，炼焦煤和两项乳制品的受惠率近 100％③。自贸协定的签署给江苏外贸已经带来了实质性的利好。

（二）内部有利因素

1. 六大战略助推外贸增长

近年来国家制定实施长江经济带、新丝绸之路经济带、21 世纪海上丝绸之路"两带一路"的国家新的经济开发建设战略，连同已经实施的长三角一体化战略、江苏沿海开发战略和苏南现代化建设示范区战略，构成六大国家经济开发建设战略。六大战略对江苏经济增长形成共同合力，尤其是"一带一路"战略对江苏外贸产生深远影响。2013 年 9 月和 10 月由

---

① 佚名.2015 全球货币贬值榜单出炉:人民币排位第九[EB/OL]. http://renrencaopan.baijia.baidu.com/article/309909

② 佚名.中韩中澳自贸区协定 20 日生效 将两次实施降税[N].《中国证券报》2015 年 12 月 18 日

③ 南京海关,中韩、中澳自贸协定的实施及通关政策介绍在线访谈[EB/OL]. http://nanjing.customs.gov.cn/nanjing/tabid/71159/Default.aspx

国家主席习近平分别提出建设"新丝绸之路经济带"和"21世纪海上丝绸之路"的战略构想。2015年3月,为推进实施"一带一路",让古丝绸之路焕发新的生机活力,以新的形式使亚欧非各国联系更加紧密,互利合作迈向新的历史高度,中国政府制定并发布了《推动共建丝绸之路经济带和21世纪海上丝绸之路的愿景与行动》。"一带一路"这条世界上跨度最长的经济大走廊,发端于中国,贯通中亚、东南亚、南亚、西亚乃至欧洲部分区域,东牵亚太经济圈,西系欧洲经济圈,是世界上最具发展潜力的经济带。该经济带跨境贸易和投资增长明显快于全球平均水平。根据世界银行数据计算,1990—2013年期间,全球贸易、跨境直接投资年均增长速度为7.8%和9.7%,而"一带一路"相关65个国家同期的年均增长速度分别达到13.1%和16.5%[1]。

这一战略提出以来,我国与上述国家经贸往来日益频繁。据商务部统计,2015年,中国与"一带一路"相关国家双边贸易总额达9955亿美元,占全国贸易总额的25.1%。中国也与相关国家合作建设了50多个境外经贸合作区。江苏在其中受益匪浅,2013年,江苏与"一带一路"国家的贸易总额为1081亿美元,占全省比重约1/5,在全国处于领先地位[2]。参与"一带一路"国家战略以来,从2014年到2016年7月江苏省与"一带一路"沿线国家进出口总额达到2890.8亿美元,占全省的20.8%,其中出口1986.4亿美元,占全省的23.2%;进口904.4亿美元,占全省的16.9%。2016年1—7月份,对沿线国家出口达433.7亿美元,高于全省5.4个百分点,占比24.5%[3]。江苏也将依托沿江沿海沿东陇海线优势,着力构建全方位对外开放新格局;发挥沿江港口特色优势,建设高水平江海联动港区[4]。同时由于长江航运量75%集中在江苏段,这是建立"承上启下"的进出口仓储、交易中心的良好基础,依托长江航道也有利于进一步促进江苏对外贸易的发展。

2. 贸易便利化深入推进

近年来我国为实现外贸稳增长目标,积极推动贸易便利化。2015年7月国务院办公厅印发《关于促进进出口稳定增长的若干意见》,部署进一步推动对外贸易便利化,改善营商环境,为外贸企业减负助力,促进进出口稳定增长,培育国际竞争新优势。2015年9月4日,我国向世贸组织递交了《贸易便利化协定》议定书的接受书,标志着我国成为第16个接受《贸易便利化协定》议定书的成员。《贸易便利化协定》的生效和实施将便利各国贸易,降低交易成本,推动世界贸易增长。我国作为全球第一货物贸易大国,该协定的生效和实施将有利于营造便利的通关环境,进一步促进我国的外贸发展[5]。为了促进外贸增长,中国海关在深化改革、促进贸易便利等方面做了大量的工作,如口岸管理部门"信息互换、监管互认、执法互助"继续推进;全面推广汇总征税等。2015年11月海关总署出台了《海关总署进一步促进外

---

① 赵晋平."一带一路"建设,投资合作是关键[EB/OL]. http://www.cet.com.cn/ycpd/sdyd/1389395.shtml

② 曹晓蕾等. 江苏主动融入"一带一路"战略的对策研究[J].群众 2015.7

③ 江苏省商务厅. 我省"一带一路"建设取得积极成效[EB/OL]. http://www.jiangsudoc.gov.cn/NewsDetail.asp?NewsID=73287

④ 佚名. 江苏落实"一带一路"国家战略 进出口贸易攀升[EB/OL].人民网 http://js.people.com.cn/n/2015/0510/c360301-24801015.html

⑤ 商务部:我国成为第16个接受贸易便利化协定成员[EB/OL].证券时报网 http://finance.sina.com.cn/china/20150916/130723262987.shtml

贸稳定增长若干措施》。加快推动国际贸易"单一窗口"建设，即各项申报和监管手续只需找一个"窗口"，执法部门就可以在后台完成申报信息审核、查验等手续，放行信息也通过一个"窗口"进行反馈。据测算，通过"单一窗口"企业申报效率提高50％以上，录入人工成本减少约三分之一。

江苏也积极呼应海关总署关于贸易便利化的工作，以贸易便利化为目标牵引通关便利化改革。"三个一"即"一次申报，一次查验，一次放行"的联合通关改革已在全省14个一类口岸全面推广。江苏还积极实施长江经济带海关区域通关一体化改革，启动沪苏检验检疫区域一体化出口直放工作模式。推进江苏省电子口岸建设，"国际航行船舶进出口岸申报系统"、"船港货综合信息服务平台"等项目建设完成，船舶项目"单一窗口"在省电子口岸平台运行①。这些举措将极大降低江苏对外贸易的交易成本。

3. 跨境电商等外贸新业态蓬勃发展

近年来，跨境电商等新型贸易方式发展较为迅速，为推动我国以及江苏贸易提供了新通道。2015年6月20日国务院办公厅印发了《关于促进跨境电子商务健康快速发展的指导意见》，积极推进我国跨境电商健康发展，提出要培育一批公共平台、外贸综合服务企业和自建平台，并鼓励国内企业与境外电子商务企业强强联合。随着海淘、跨境电商的不断发展，江苏验放的进出境快递物品的数量快速增加，2015年一年多达5826.3万件，同比增长94.6％，"互联网＋外贸"成为江苏外贸发展的新亮点。江苏大力支持中国（苏州）跨境电商综合试验区建设，鼓励南京、无锡等市争创试点。认定一批省级跨境电商产业园、公共海外仓及产品展示中心，完善跨境电商配套产业链、境外营销售后服务网络和物流体系。还有部分依托创新监管方式的新型贸易业态也在迅速成长起来，如以南通叠石桥为代表的"市场采购"贸易方式试点工作，昆山周边县区如花桥等，在设立台湾消费品进口保税仓库，并通过多种形式的展销会来建立和完善自台湾进口贸易的商务平台。

在以互联网促进出口的同时，进口消费中的"全球购"等模式在江苏也发展较快，"金鹰购"、苏宁"海外购"等江苏知名企业已经在进口品零售上取得了不凡的业绩。与此同时，进口商品展示销售中心也四处开花。以南京为例，近两年江宁保税区直营店、南京综保区进口商品展示直销中心（龙潭店、新百店）、全球号免税店、D.I.G进口商品直营超市、进口精品超市G-Super、南京综保区进口商品保税交易中心等不断问世，在制造业发展尚未形成新的增长动力的时期，以新型贸易业态作为突破口，或将成为外贸增长的突破口。

4. 外贸企业加快创新与升级

在江苏外贸进出口双降的同时，企业也在不断探索，试图以技术创新、创品牌等方式推进外贸出口。在传统出口产业方面，汇鸿集团畜产公司创新羽绒服款式、提升品质，赢得美最大航空公司LAM青睐，已接该公司制服系列订单30万件，金额300多万美元。再以苏豪控股为例，苏豪控股丝绸公司与富安茧丝绸加强合作，主攻高端丝绸市场。弘业永润渔具业务中科锐等自主品牌业务占比超过70％，其中RIVE休闲竞技钓具拥有9项专利，拥有较高市场话语权。纺织集团玩具类自主研发率达到100％，与国际知名采购商达成2000万美元

---

① 佚名.江苏外贸从"大进大出"转向"优进优出"[N]国际商报 2015－10－14

合作意向。SOHO、ARTALL、SUTEX 等品牌再获江苏省重点培育和发展的国际知名品牌[①]。汇鸿、苏豪等江苏重点外贸企业在创新与发展方面率先走出了自己的道路。

高科技产业方面创新升级也较为迅速。江苏企业尤其是民营企业创新积极性较高,江苏目前拥有 3 万家民营科技企业,形成创新企业集群。依托行业龙头企业,先后建成了江苏(沙钢)钢铁研究院、联创软件研究院等一批重大创新载体。2015 年全省出口高新技术产品8142.9 亿元,增长 2.5%,高于全省出口增速 2.4 个百分点,其中计算机与通信技术、电子技术、材料技术和航天航空技术分别增长 3.4%、3%、7.4% 和 4.2%[②]。许多工业园区也以创新为引领,提高国际竞争力,比如昆山综保区在现有的代工领域承接了大量手机及电子阅读器的订单的同时,更注重打造以液晶为核心的上下游完备产业链。创新与升级成为江苏未来出口增速提质的重要支撑。

【参考文献】

[1] 江苏统计年鉴 2013,2014,2015,2016 [EB/OL]. http://www.jssb.gov.cn/

[2] 江苏省统计局,国家统计局江苏调查总队,2015 年江苏省国民经济和社会发展统计公报 [EB/OL]. http://www.jssb.gov.cn/tjxxgk/xwyfb/tjgbfb/sjgb/201602/t20160229_277995.html

[3] 去年江苏进出口总值达到 33870.6 亿元,正增长来之不易 [EB/OL]. http://www.js.chinanews.com/news/2016/0120/147321.html

[4] 江苏省发展和改革委员会,2015 年全省外贸进出口情况[EB/OL]. http://www.jsdpc.gov.cn/gongkai/jjfz_1/201602/t20160205_415940.html

[5] 江苏省发展和改革委员会,2015 年全省外贸进出口情况[EB/OL]. http://www.jsdpc.gov.cn/gongkai/jjfz_1/201602/t20160205_415940.html

[6] 江苏省科学技术厅、江苏省统计局,2015 年江苏省高新技术产业主要数据统计公报 [EB/OL]. http://www.jssts.com/Item/572.aspx

[7] 杜颖梅,江苏机电产品出口逆势增长[EB/OL]. 新华报业网—江苏经济报,http://js.xhby.net/system/2015/12/23/027433921.shtml

[8] 南京海关,2015 年江苏口岸劳动密集型产品出口稳定增长[EB/OL]. http://nanjing.customs.gov.cn/publish/portal119/tab62017/info785213.htm

[9] 南京海关,2015 年前三季度外贸形势在线访谈[EB/OL]. http://www.customs.gov.cn/nanjing/tabid/70578/Default.aspx

[10] 江苏省发展和改革委员会,2015 年全省外贸进出口情况[EB/OL]. http://www.jsdpc.gov.cn/gongkai/jjfz_1/201602/t20160205_415940.html

[11] 佚名.江苏 11 市入围中国外贸百强 苏州位列第二位[EB/OL].新华报业 http://xh.xhby.net/mp2/html/2016—07/22/content_1443871.htm

---

① 佚名.苏豪控股,新常态下迈出发展新步伐[N]新华日报 2016 - 01 - 25

② 佚名.2015 年江苏进出口总值达到 33870.6 亿元[EB/OL].新华报业网—新华日报,http://xh.xhby.net/mp2/html/2016 - 01/20/content_1365632.htm

［12］财经网，国家发改委发布《长江三角洲城市群发展规划》［EB/OL］．http://economy.caijing.com.cn/20160603/4128701.shtml

［13］南京市人民政府，江苏省沿江开发总体规划（序言）［EB/OL］．http://www.jiangsu.gov.cn/jsgov/sx/shengxs/nanjings/201212/t20121218_309179.html

［14］徐琪.江苏沿海地带产业发展的条件和方向［J］.商场现代化 2009（12）：240.

［15］江苏沿海地区发展办公室，2015 年沿海地区经济运行情况［EB/OL］.http://www.jscado.gov.cn/yhkfsjk/zhsjk/201603/t20160301_2728.html

［16］南京市人民政府，江苏省沿江开发总体规划（序言）［EB/OL］．http://www.jiangsu.gov.cn/jsgov/sx/shengxs/nanjings/201212/t20121218_309179.html

［17］南京港官网，集团简介［EB/OL］．http://www.njp.com.cn/into/introduction.html

［18］张宇燕，姚枝仲.2015—2016 年世界经济形势分析与展望［N］.光明日报，2016 - 01 - 20（16）.

［19］佚名.2015 年我国遭遇国外贸易救济调查的涉案数量和金额均出现下降［N］.财经新报，2016 - 01 - 21（12）.

［20］佚名.2015 年大宗商品"狠跌"大比拼［EB/OL］．http://news.fx678.com/C/20151230/201512300718261904.shtml

［21］冷静.2015 年大宗商品暴跌背后：中国成交量增速全球第一［EB/OL］．http://finance.ifeng.com/a/20160420/14334114_0.shtml

［22］佚名.2015 全球货币贬值榜单出炉：人民币排位第九［EB/OL］．http://renrencaopan.baijia.baidu.com/article/309909

［23］佚名.中韩中澳自贸区协定 20 日生效 将两次实施降税［EB/OL］．http://money.163.com/15/1218/07/BB3PD8P200253B0H.html

［24］南京海关，中韩、中澳自贸协定的实施及通关政策介绍在线访谈［EB/OL］．http://nanjing.customs.gov.cn/nanjing/tabid/71159/Default.aspx

［25］赵晋平."一带一路"建设，投资合作是关键［EB/OL］．http://www.cet.com.cn/ycpd/sdyd/1389395.shtml

［26］江苏省商务厅.我省"一带一路"建设取得积极成效［EB/OL］．http://www.jiangsudoc.gov.cn/NewsDetail.asp？NewsID＝73287

［27］佚名.江苏落实"一带一路"国家战略 进出口贸易攀升［EB/OL］.人民网 http://js.people.com.cn/n/2015/0510/c360301 - 24801015.html

［28］商务部：我国成为第 16 个接受贸易便利化协定成员［EB/OL］.证券时报网 http://finance.sina.com.cn/china/20150916/130723262987.shtml

［29］佚名.2015 年江苏进出口总值达到 33870.6 亿元［EB/OL］.http://xh.xhby.net/mp2/html/2016 - 01/20/content_1365632.htm

外商直接投资篇

第一章　江苏外商直接投资发展概况

一、江苏外商直接投资趋势分析

2015 年,江苏吸引外商直接投资主要受到省内环境变化以及全国和世界经济走势的影响。

(一)影响江苏吸引外商直接投资的省内因素

1. 地理位置

2015 年江苏省投资环境相对优越,但是省内投资环境差别明显。苏州、南京、无锡等苏南五个城市的投资环境明显优于省内其他城市。如南京作为国内经济最发达省份之一的省会城市,在人才引进、资源整合各方面都具有较大优势,在重工业、旅游业、互联网等各方面都有较厚的积累。苏州自古以来就是富庶之地,现在也是江苏省 GDP 最高的城市。而苏北地区宿迁、淮安等城市远远落后于苏南五市,这也就解释了为什么这些城市在吸引外资进入,促进当地经济发展方面明显不如苏南五市。而苏中三个城市:南通、扬州、泰州,处于苏中沿江地区,加上交通更加便捷,对外商的吸引力也越来越大。

2. 经济基础

江苏整体而言经济基础良好,特别是苏南地区,经济基础在全国都很优越,所以这一优势有利于外资的引入,从而带动整个江苏的发展。

3. 基础设施

随着交通业的不断发展,江苏交通业在全国发展都很优越,由于交通的便捷,也为江苏吸引了大量的外商投资。同时随着外资企业的增加,江苏省的环境压力不断增加,特别是外资企业较多的城市(比如南京、苏州等)环境不断恶化,这一因素在一定程度了使得 2015 年的外商投资比 2014 年略有降低。

4. 人力资源

江苏省一直以劳动力的低成本为优势,吸引了大量的制造业外资。同时江苏的高校众多,人才辈出,这也为吸引大量的服务业外资提供了人才基础。

(二)影响江苏吸引外商直接投资的省外因素

1. 中国整体经济依然处在转型升级带来的下行压力下,降低 FDI 的盈利预期

2015 年,全国的经济增速放缓、产业地区结构调整不平衡,房地产及其相关投资增速放缓,这些都使得全国面临经济下行的压力。整个国家的经济结构转型及经济增速放缓也使得江苏面临一定程度的压力,从而降低了 FDI 的盈利预期,制约了江苏的外资流入。这就表现为 2015 年江苏吸引外资相较 2014 年有所减缓。

2. 成本的增加,制约了外资的利润增长

由于中国是世界制造中心,对能源、原材料、矿产品等需求越来越大,从而导致资源类产

品的价格不断提高,制造业产品的成本出现上涨趋势,成本投入的增加抑制了外资企业的利润,从而使得利润都相对减少。

3. 新一轮的改革开放,释放了巨大的制度红利

这在一定程度上,可以有效改善外资投资环境,降低外商投资的成本和交易费用,扩充了外商投资的市场准入空间,给外商投资带来新的市场机遇,从而有利于推动外资的扩张和发展。

4. 世界经济的企稳回升,亚洲开发银行逐渐成立,增加了投资者的信心

2015 年是世界经济宏观政策常态化、结构调整全面深化的一年。2015 年 4 月开始,陆续有 57 个国家意向加入亚投行,中国在世界的经济影响力进一步加大。经济形势逐渐稳定,投资者信心逐步恢复,国际直接投资额也将有所上升。

(三)2015 年江苏省吸引外资的趋势

综合考虑省内外因素,2015 年江苏吸引外资的规模应该会继续回升,吸收的外资量会继续回升,产业结构会得到进一步优化,虽然第一和第二产业外资比重相较 2014 年略有降低,但是第三产业的外商投资比重有所上升。2015 年江苏省外商投资在各地区虽然仍不平衡,但是苏中的外资比重已经在逐步增加,因而地区间吸引外资的差距应该会相应缩小。

2015 年全省新批外商投资企业 2580 家,新批协议外资 393.6 亿美元;实际使用外资 242.7 亿美元,比上年下降 13.8%。新批及净增资 9000 万美元以上的外商投资大项目 235 个。

二、江苏外商直接投资规模分析

从规模方面看,2015 年江苏外商直接投资呈现出合同利用外商直接投资和实际利用外商直接投资有所下降、外资企业单体规模增长快等几个方面的特点。

(一)江苏省外商直接投资的总体规模

2006—2015 年的统计数据显示:一是江苏实际利用外商直接投资占全国实际利用外商直接投资的比重较大,但是最近两年比重略有降低,并且延续 2014 年的下降趋势,由 2006 年的 27.7% 上升到 2012 年的 32%,但是到 2014 年明显降低到 23.6%,2015 年占全国比重为 19.2%。说明江苏利用外商直接投资在我国有比较重要的地位,但是比重却呈现下降的趋势。二是 2006—2015 年江苏利用外商直接投资年均增长率要低于全国年均增长率。具体情况如表 1.1 所示。[①]

表 1.1　2006—2015 年江苏实际利用外商直接投资规模情况　　单位:亿美元

年份＼指标	江苏省实际利用外商直接投资金额	全国实际利用外商直接投资金额	比重
2006	174.3	630.21	27.7%
2007	218.92	747.68	29.3%
2008	251.2	923.95	27.2%
2009	253.23	900.33	28.1%

---

① 在本文中,如无特别标注,江苏省相关数据均来自于历年《江苏统计年鉴》。

续　表

指标 年份	江苏省实际利用外商直接投资金额	全国实际利用外商直接投资金额	比重
2010	284.98	1057.35	27.0%
2011	321.32	1160.11	27.7%
2012	357.6	1117.16	32.0%
2013	332.59	1175.86	28.3%
2014	281.74	1195.62	23.6%
2015	242.75	1263.00	19.2%
年均增长率	3.75%	8.03%	

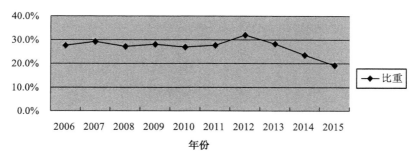

图 1.1　2006—2015 年江苏实际利用外资占全国实际利用外资比重走势图

（二）江苏外商直接投资的规模变动

2010—2015 年,合同外商直接投资项目数年年均增长率为—11.2%,合同外商直接投资金额年均增长率为—7.1%,实际外商直接投资金额年均增长率为—3.2%,这说明江苏吸引外商直接投资的规模逐渐降低。

江苏引进外资项目数近年来连续下降,2010—2015 年合同外资项目分别为 4661、4496、4156、3453、3031 和 2580 个,但单体规模亦有回落趋势,从 2010 年的平均投资额 1219.3 万美元快速攀升至 2014 年的 1424.9 万美元,2015 年的平均投资额继续上升到 1525.6 万美元。

其中,2015 年合同外商直接投资项目数为 2580 个,与 2014 年相比,同比降低 14.88%;合同外商直接投资金额为 393.6 亿美元,与 2014 年相比,同比降低 8.9%;实际利用外商直接投资金额为 242.7 亿美元,与 2014 年相比,同比降低 13.86%(见表 1.2)。

表 1.2　2000 年—2015 年江苏外商直接投资变动情况表　　　　　　　单位:亿美元

指标	各年利用外资(亿美元)						速度指标					
							2015 年相对各年增长(%)				年均增长(%)	
	2000年	2010年	2012年	2013年	2014年	2015年	2000 年	2010 年	2013 年	2014 年	2000— 2015 年	2010— 2015 年
合同外商投资项目数	2645	4661	4156	3453	3031	2580	—2.5%	—44.6%	—25.3%	—14.9%	—0.17%	—11.2%

指　标	各年利用外资（亿美元）						速度指标					
							2015 年相对各年增长（%）				年均增长（%）	
	2000年	2010年	2012年	2013年	2014年	2015年	2000 年	2010 年	2013 年	2014 年	2000—2015 年	2010—2015 年
合同外商直接投资金额	106.1	568.3	571.4	472.7	431.9	393.6	271.0%	−30.7%	−16.7%	−8.9%	9.1%	−7.1%
实际外商直接投资额	64.2	285.0	357.6	332.6	281.7	242.7	277.8%	−14.8%	−27.0%	−13.9%	9.3%	−3.2%

三、江苏外商直接投资结构分析

（一）江苏省外商直接投资的产业结构

截至 2015 年底,江苏省外商直接投资进入第一产业的企业数为 824 个,投资金额为 80.82 亿美元,仅占投资总额的 1.03%,注册资本为 57.19 亿美元,仅占注册资本总额的 1.35%,与 2014 年底相比,企业数、投资总额和注册资本的比重有所上升。

截至 2015 年底,江苏外商直接投资主要投入第二产业,设立企业数为 29649 个,投资金额为 5029.86 亿美元,占投资总额的 68.01%,注册资本为 2646.34 亿美元,占注册资本总额的 62.58%,与 2014 年底相比,投资总额和注册资本总量变化与 2014 年趋势一致,仍然呈现小幅增加,但相对比重都呈现了下降趋势。

截至 2015 年底,江苏省外商直接投资投入第三产业投资金额为 2421.18 亿美元,占投资总额的 30.96%,注册资本为 1525.48 亿美元,占注册资本总额的 36.07%。与 2014 年底相比,投资总额和注册资本总量上呈现大幅增加,同时相对比重也呈现了上升趋势。见表 1.3。

表 1.3　2015 年底江苏省外商直接投资产业结构表　　　　　　　　单位:亿美元

	企业数	比重	投资总额	比重	注册资本	比重
全部	53551	100.00%	7821.54	100.00%	4229.01	100.00%
第一产业	824	1.54%	80.82	1.03%	57.19	1.35%
第二产业	29649	55.37%	5319.54	68.01%	2646.34	62.58%
第三产业	23078	43.10%	2421.18	30.96%	1525.48	36.07%

（二）江苏省外商直接投资的行业分布

截至 2015 年底,江苏省外商投资企业注册数为 53551 个,注册资本 4229.01 亿美元,投资总额 7821.54 亿美元。外商投资企业中,以制造业为主,注册企业达 28463 家,占注册外商投资企业总数的 53.15%;注册资本为 2481.62 亿美元,占外商投资企业注册总资本的 58.68%;投资金额为 4983.64 亿美元,占外商投资企业投资总额的 63.72%,2015 年,江苏外商投资总额和注册资本虽然绝对量上涨,但相对比重延续了 2014 下降趋势。其次是房地产业,注册企业 1796 个,占注册外商投资企业总数的 3.35%,相比 2014 年的绝对数以及比重略有下降;注册资本为 527.18 亿美元,占外商投资企业注册总资本的 12.23%,相比 2014 年,绝对值上升,比重下降;投资金额为 779.61 亿美元,占外商投资企业投资总额的 9.97%,比重与 2014 年基本持平。两者投资总额合计占比重达 73.69%。具体情况见表1.4。

表 1.4　2015 年底江苏省外商投资行业分布情况表　　　　　　单位:亿美元

行　　业	企业数 (个)	比重	投资总额 (万美元)	比重	注册资本 (万美元)	比重
总　　计	53551	100.00%	78215363	100.00%	42290126	100.00%
农、林、牧、渔业	824	1.54%	808206	1.03%	571908	1.35%
采矿业	18	0.03%	144504	0.18%	70145	0.17%
制造业	28463	53.15%	49836360	63.72%	24816200	58.68%
电力、燃气及水的生产和供应业	525	0.98%	1854180	2.37%	714862	1.69%
建筑业	643	1.20%	1360333	1.74%	862164	2.04%
批发和零售业	2737	5.11%	416409	0.53%	263240	0.62%
交通运输、仓储和邮政业	7915	14.78%	3421762	4.37%	2018125	4.77%
住宿和餐饮业	1919	3.58%	589682	0.75%	356718	0.84%
信息传输、软件和信息技术服务业	929	1.73%	2138817	2.73%	1011727	2.39%
金融业	958	1.79%	667519	0.85%	506280	1.20%
房地产业	1796	3.35%	7796088	9.97%	5171809	12.23%
租赁和商务服务业	2823	5.27%	3046993	3.90%	2527365	5.98%
科学研究、技术服务业	3167	5.91%	5111704	6.54%	2789220	6.60%
水利、环境和公共设施管理业	129	0.24%	427235	0.55%	261859	0.62%
居民服务和其他服务业	398	0.74%	288740	0.37%	166769	0.39%
教育	36	0.07%	12665	0.02%	7921	0.02%
卫生和社会工作	26	0.05%	120055	0.15%	61237	0.14%
文化、体育和娱乐业	234	0.44%	166800	0.21%	108698	0.26%
其他	11	0.02%	7309	0.01%	3879	0.01%

（三）江苏外商直接投资的企业类型分布

从外商直接投资的四种企业类型来看,独资经营企业远超合资经营企业、合作经营企业以及外商投资股份制企业的总和。其中,2015 年,独资经营企业合同外商直接投资项目数为 1963 个,占总项目数的 76.09%;独资经营企业合同外商直接投资金额为 322.28 亿美元,占合同金额的 81.88%;独资经营企业实际外商直接投资金额为 185.62 亿美元,占投资总金额的 76.47%。见表1.5 至表1.7。

这种趋势与在华投资的总体趋势一致。由于对外资企业的股份比例限制逐步取消,国内市场日益规范,外资企业逐渐改变过去主要以合资方式进入中国市场的做法,主要采取独资方式获取最大的市场利益。

表 1.5　2015 年底江苏合同外商直接投资项目企业类型分布　　　单位:个

指　标	2015 年止累计	2010 年	2011 年	2012 年	2013 年	2014 年	2015 年
合　计	115431	4661	4496	4156	3453	3031	2580
合资经营企业	50003	934	932	721	632	709	606
合作经营企业	3051	26	29	15	14	2	3
独资经营企业	62320	3696	3531	3414	2806	2316	1963
外商投资股份制企业	57	5	4	6	1	4	8

表 1.6　2015 年底江苏合同外商直接投资金额企业类型分布　　　单位:亿美元

指　标	2015 年止累计	2010 年	2011 年	2012 年	2013 年	2014 年	2015 年
合　计	7379.32	568.33	595.54	571.41	472.68	431.87	393.61
合资经营企业	1368.37	80.20	98.09	74.30	56.15	66.19	61.00
合作经营企业	151.23	6.58	3.41	3.21	2.63	0.98	1.91
独资经营企业	5802.66	476.46	488.92	486.96	412.81	351.25	322.28
外商投资股份制企业	57.02	5.09	5.11	6.94	1.09	13.45	8.42

表 1.7　2015 年底江苏实际外商直接投资金额企业类型分布　　　单位:亿美元

指　标	1985—2015 年	2005 年	2010 年	2011 年	2012 年	2013 年	2014 年	2015 年
合　计	3748.28	131.83	284.98	321.32	357.60	332.59	281.74	242.75
合资经营企业	805.28	24.87	47.44	59.74	57.72	59.01	42.93	46.04
合作经营企业	67.02	1.91	2.47	2.60	1.91	2.01	0.95	1.44
独资经营企业	2627.53	104.11	228.38	255.43	288.71	269.21	232.27	185.62
外商投资股份制企业	39.36	0.95	6.70	3.55	9.25	2.36	5.59	9.65

四、江苏外商直接投资来源地结构分析

(一)江苏外商直接投资的来源地分布情况

2015 年外商投资主要来源于亚洲、拉丁美洲、欧洲和北美洲等国家和地区,其中亚洲地区为最大的外商投资来源地。统计数据显示,2015 年,亚洲地区(中国香港、中国台湾、中国澳门、印度尼西亚、日本、马来西亚、菲律宾、新加坡、韩国、泰国)对华投资新设立企业 1815 家,占当年新设立外商投资企业总数的 70.35%;签订投资合同 299.43 亿美元,占外商签订投资合同总额的 76.07%;实际投资 176.29 亿美元,占外商实际投资总额的 72.62%。

2015 年欧洲对华投资新设立企业 258 家,占当年新设立外商投资企业总数的 10%;签订投资合同 17.53 亿美元,占外商签订投资合同的 4.45%;实际投资 19.00 亿美元,占外商实

际投资总额的7.83%。南美洲对华投资新设立企业60家,占当年新设立外商投资企业总数的2.33%;签订投资合同10.39亿美元,占外商签订投资合同的2.64%;实际投资16.53亿美元,占外商实际投资总额的6.81%。具体情况见表1.8。

表1.8　2015年江苏外商直接投资主要来源地分布情况　　　　　　单位:亿美元

国家(地区)	项目(个)	比重	协议注册	比重	实际使用	比重
合计	2580	100.00%	3936089	100.00%	2427469	100.00%
亚洲	1815	70.35%	2994322	76.07%	1762865	72.62%
♯中国香港	905	35.08%	2412862	61.30%	1428006	58.83%
中国澳门	7	0.27%	8761	0.22%	1856	0.08%
中国台湾	364	14.11%	136043	3.46%	41550	1.71%
印度尼西亚	9	0.35%	17654	0.45%	9202	0.38%
日本	109	4.22%	126151	3.20%	104383	4.30%
马来西亚	24	0.93%	22782	0.58%	35988	1.48%
菲律宾	4	0.16%	325	0.01%	315	0.01%
新加坡	88	3.41%	144803	3.68%	70418	2.90%
韩国	245	9.50%	113349	2.88%	64183	2.64%
泰国	4	0.16%	2186	0.06%	1020	0.04%
非洲	62	2.40%	28167	0.72%	15811	0.65%
欧洲	258	10.00%	175276	4.45%	190022	7.83%
♯比利时	3	0.12%	400	0.01%	309	0.01%
丹麦	4	0.16%	−1498	−0.04%	1551	0.06%
英国	48	1.86%	33974	0.86%	27572	1.14%
德国	77	2.98%	32050	0.81%	31489	1.30%
法国	20	0.78%	45500	1.16%	76909	3.17%
爱尔兰	1	0.04%	1026	0.03%	1215	0.05%
意大利	27	1.05%	1223	0.03%	3824	0.16%
卢森堡	1	0.04%	7682	0.20%	4327	0.18%
荷兰	15	0.58%	11311	0.29%	9310	0.38%
希腊	0	0.00%	0	0.00%	5	0.00%
葡萄牙	0	0.00%	0	0.00%	201	0.01%
西班牙	10	0.39%	2170	0.06%	2098	0.09%
芬兰	3	0.12%	686	0.02%	3164	0.13%
瑞士	14	0.54%	11812	0.30%	7254	0.30%
北美洲	236	9.15%	159393	4.05%	67116	2.76%

国家(地区)	项目(个)	比重	协议注册	比重	实际使用	比重
♯加拿大	54	2.09%	17070	0.43%	4728	0.19%
美国	181	7.02%	125628	3.19%	43829	1.81%
大洋洲	142	5.50%	124389	3.16%	73061	3.01%
♯澳大利亚	54	2.09%	47469	1.21%	9540	0.39%
南美洲	60	2.33%	103891	2.64%	165307	6.81%

（二）江苏实际外商直接投资的来源地变化情况

2015 年与 2014 年相比,江苏实际外商直接投资金额呈现负增长现象,负增长率为 13.84%。2015 年呈现负增长的国家或地区分别为:中国香港、中国澳门、中国台湾、日本、菲律宾、新加坡、韩国、非洲、英国、德国、爱尔兰、意大利、荷兰、希腊、西班牙、瑞士、加拿大、美国、南美洲,负增长率的绝对值分别为 15.09%、80.93%、63.04%、8.16%、94.50%、40.91%、30.39%、44.84%、34.95%、20.22%、14.57%、42.17%、44/73%、35.88%、61.54%、74.62%、55.16%、24.13%、66.28%、26.61%、1.57%。2015 年呈现增长的国家或地区为印度尼西亚、马来西亚、泰国、丹麦、法国、卢森堡、葡萄牙、芬兰、大洋洲、澳大利亚,增长率分别为:387.14%、576.72%、70.85%、2.31%、525.84%、45.74%、91.43%、22.73%、20.85%、5.67%。

表 1.9　2014 年与 2015 年江苏外商直接投资主要来源地比较　　单位:亿美元

国家(地区)	2014 年实际投资	2015 年实际投资	增长率(%)
合计	332.59	281.74	−15.29%
亚洲	255.00	215.24	−15.59%
♯中国香港	185.30	168.18	−9.24%
中国澳门	0.81	0.97	20.85%
中国台湾	8.78	11.24	28.10%
印度尼西亚	0.31	0.19	−39.99%
日本	24.75	11.37	−54.08%
马来西亚	1.45	0.53	−63.44%
菲律宾	0.28	0.57	106.01%
新加坡	23.92	11.92	−50.17%
韩国	7.22	9.22	27.76%
泰国	0.05	0.06	12.43%
非洲	3.73	2.87	−23.09%
欧洲	18.01	15.92	−11.61%
♯比利时	0.03	0.05	71.48%

国家（地区）	2014 年实际投资	2015 年实际投资	增长率（%）
丹麦	0.40	0.15	−62.23％
英国	1.68	3.46	105.63％
德国	5.82	3.69	−36.65％
法国	2.31	1.23	−46.86％
爱尔兰	0.11	0.21	84.46％
意大利	1.00	0.69	−30.78％
卢森堡	0.89	0.30	−66.60％
荷兰	2.86	1.45	−49.30％
希腊	0.00	0.00	116.67％
葡萄牙	0.02	0.01	−57.49％
西班牙	0.72	0.83	15.30％
芬兰	0.17	0.26	53.54％
瑞士	0.86	1.62	87.17％
北美洲	11.42	8.85	−22.51％
♯加拿大	2.74	1.40	−48.78％
美国	7.83	5.97	−23.72％
大洋洲	7.74	6.05	−21.91％
♯澳大利亚	1.59	0.90	−43.06％
南美洲	22.31	16.80	−24.71％

第二章　江苏外商直接投资的区域间比较

本章从区域比较的角度对江苏引进外商直接投资活动进行分析,通过江苏与其他外商直接投资发达省市的对比,总结江苏外商直接投资的相对规模和相对增长速度,进而评价江苏外商直接投资的绩效水平。

一、外商直接投资规模比较

2011 年江苏实际利用外商直接投资为 321.32 亿美元,基数较大,山东、浙江和上海基础较差,2011 年实际利用外商直接投资仅为 111.60、116.66 和 126.01 亿美元。江苏是山东、浙江和上海的 2.88、2.75 和 2.55 倍。但是这三省的发展速度都很快,2011 年至 2015 年年均增长率分别为 9.94%、9.81% 和 10.01%,远远高于全国实际利用外商直接投资的年均增长率 2.15%。2015 年江苏实际利用外商直接投资为 242.7 亿美元,相比前几年实际利用外商直接投资金额明显下降,导致 2011 年至 2014 年年均增长率为 −6.77%,呈现负增长状态。具体情况见表 2.1。[①]

表 2.1　2011—2015 年实际利用外商直接投资的区域间比较　　　　单位:亿美元

	2011 年	2012 年	2013 年	2014 年	2015 年	年均增长率
江苏	321.32	357.60	332.59	281.74	242.70	−6.77%
上海	126.01	151.85	167.80	181.66	184.59	10.01%
浙江	116.66	130.69	141.60	157.97	169.60	9.81%
广东	217.98	235.49	249.52	268.71	268.75	5.37%
山东	111.60	123.53	140.50	151.95	163.01	9.94%
全国	1160.11	1117.16	1175.86	1195.62	1263.00	2.15%

2011 年江苏签订合同外商直接投资项目数为 4496 个,基数较大,山东和浙江基础较差,2011 年签订合同外商直接投资项目数分别为 1433 个和 1691 个。江苏是山东和浙江的 3.14 倍和 2.66 倍。2011—2015 年,全国签订合同外商直接投资项目呈现负增长,增长率为 −1.04%。2015 年江苏签订合同外商直接投资项目数仅为 2580 个,2011—2015 年年均增长率为 −12.96%,减少速度高于全国平均水平。2011—2015 年江苏、上海、浙江、广东和山

[①]　在本章数据中,如有特别标注,均来自于历年资料来源:2015 年《江苏统计年鉴》、《上海统计年鉴》、《浙江统计年鉴》、《广东统计年鉴》、《山东统计年鉴》。

东五省中,上海的合同外商直接投资项目数增速强劲,增长率为 8.53%,山东和浙江也由
2014 年的负增长转变为增长,增长率分别为 1.30% 和 1.26%。具体情况见表 2.2。

表 2.2　2011—2015 年签订合同外商直接投资项目数的区域间比较　　　　单位:个

	2011 年	2012 年	2013 年	2014 年	2015 年	年均增长率
全国	27712	24925	22773	23778	26575	−1.04%
江苏	4496	4156	3453	3031	2580	−12.96%
上海	4329	4043	3842	4697	6007	8.53%
浙江	1691	1597	1572	1550	1778	1.26%
广东	7035	6043	5520	6016	7027	−0.03%
山东	1433	1333	1405	1352	1509	1.30%

2011 年江苏合同利用外商直接投资为 595.54 亿美元,山东、上海和浙江基础较差,2011
年合同利用外商直接投资仅为 157.91、201.03 和 205.84 亿美元。江苏分别是山东、上海和
浙江的 3.77、2.96 和 2.89 倍。上海和广东两省的发展速度很快,2011—2015 年年均增长率
分别为 30.86% 和 12.77%。山东与浙江亦呈现上升趋势,增长率分别为 6.14% 和 7.81%。
2015 年江苏合同利用外商直接投资为 393.6 亿美元且呈现下降的趋势,年增长率为
−9.84%。2015 年山东和浙江合同利用外商直接投资为 200.4 亿美元和 278.1 亿美元,江苏
分别是山东和浙江的 1.96 倍和 1.42 倍。具体情况见表 2.3。

表 2.3　2011—2015 年合同利用外商直接投资的区域间比较　　　　单位:亿美元

	2011 年	2012 年	2013 年	2014 年	2015 年	年均增长率
江苏	595.54	571.41	472.68	431.87	393.6	−9.84%
上海	201.03	223.38	249.3	316.09	589.43	30.86%
浙江	205.84	210.72	243.8	244.12	278.1	7.81%
广东	346.92	349.94	363.13	430.59	561.1	12.77%
山东	157.91	165.57	177.1	159.53	200.4	6.14%

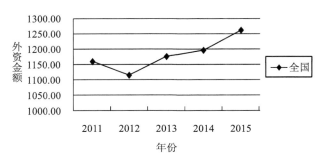

图 2.1　2011—2015 年全国实际利用外商直接投资走势图

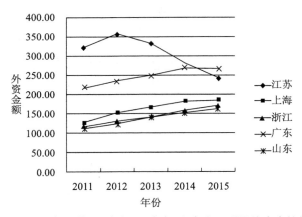

图 2.2　2011—2015 年江苏、上海浙江、广东、山东实际利用外商直接投资走势图

二、外商直接投资行业分布比较

2015 年,山东、江苏实际利用外商直接投资仍以第一和第二产业为主,占实际利用外商直接投资总额的 64.28％、53.38％。但是第三产业利用外资也占有一席之地,占实际利用外资的 37.24％、46.62％。然而,2015 年上海和浙江以及广东实际利用外商直接投资以第三产业为主,占实际利用外资总额的 90.20％、62.03％和 47.64％。具体情况见表 2.4。

表 2.4　2015 年江苏实际利用外商直接投资产业结构的区域间比较　　单位:亿美元

	江苏		上海		浙江		广东		山东	
	实际利用外资	比重	实际利用外资	比重	实际利用外资	比重	实际利用外资	比重	实际利用外资	比重
第一、第二产业	129.59	53.38％	17.81	9.80％	60.00	37.97％	140.7	52.36％	97.7	64.28％
第三产业	113.16	46.62％	163.85	90.20％	98.00	62.03％	128.01	47.64％	54.3	35.72％
总计	242.75	100.00％	181.66	100.00％	158.00	100.00％	268.71	100.00％	152	100.00％

三、外商直接投资绩效指数比较

在一国范围内,地区利用外商直接投资的绩效指数是指一定时期内该地区外商直接投资流入量占全国外商直接投资流入量的比例除以该地区国内生产总值占全国国内生产总值的比例。如果绩效指数等于 1,表明该地区占全国外商直接投资流入的份额与占全国国内生产总值的份额相等。如果指数大于 1,表明该地区引进的外商直接投资相对于该地区的国内生产总值规模要大。如果指数小于 1,则表明该地区引进外商直接投资的竞争力较弱。

表 2.5 为实际利用外资情况,表 2.6 为国内生产总值情况,外资金额和国内生产总值采用的单位不同,前者使用金额单位为亿美元,后者使用金额单位为亿元,运算外商直接投资绩效指数时,我们把外商直接投资金额按照 2015 年平均汇率 1 美元兑换 6.2284 元人民币进行换算,计算结果见表 2.7。

由表 2.7 可以看出:北京市外商直接投资绩效指数上升趋势最快,2015 年达到 3.03;江苏 2015 年与 2014 年相比,外商直接投资绩效指数呈现了下降趋势,由 2.30 下降为 1.85。山东绩效指数最低,但呈现出上升趋势,说明山东的引进外商直接投资规模有进一步提升的潜力。

表 2.5　2011—2015 年江苏、上海、浙江、广东、山东、北京实际利用外商直接投资　单位:亿美元

地区	2011 年	2012 年	2013 年	2014 年	2015 年
全国	1160.11	1117.16	1175.86	1195.62	1263.00
江苏	321.32	357.60	332.59	281.74	242.70
北京	68.71	80.30	85.20	90.41	130.00
上海	126.01	151.85	167.80	181.66	184.78
浙江	116.66	130.69	141.60	157.97	169.60
广东	217.98	235.49	249.52	268.71	268.75
山东	111.60	123.53	140.50	151.95	163.01

表 2.6　2011—2015 年江苏、北京、上海、浙江、广东、山东、北京国内生产总值　单位:亿元

地区	2011 年	2012 年	2013 年	2014 年	2015 年
全国	473104.05	518942.11	568845.00	636138.70	676708
江苏	49110.27	54058.22	59161.75	65088.32	70116.4
北京	16251.90	17879.40	19500.60	21330.83	22968.6
上海	19195.69	20181.72	21602.12	23560.94	24964.99
浙江	32318.85	34665.33	37568.00	40153.50	42886.00
广东	53210.28	57067.92	62163.97	67792.24	72812.55
山东	45361.85	50013.24	54684.30	59426.59	63002.30

表 2.7　2011—2015 年江苏、北京、上海、浙江、广东、山东、北京利用外商直接投资绩效指数比较

地区	2011 年	2012 年	2013 年	2014 年	2015 年
江苏	2.67	1.71	2.72	2.30	1.85
北京	1.72	2.09	2.11	2.26	3.03
上海	2.68	3.50	3.76	4.10	3.97
浙江	1.47	1.75	1.82	2.09	2.12
广东	1.67	1.92	1.94	2.11	1.98
山东	1.00	1.15	1.24	1.36	1.39

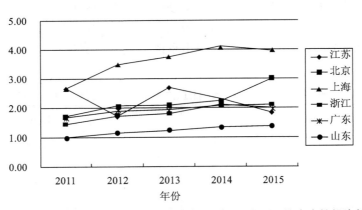

图 2.4　2011—2015 年江苏、北京、上海、浙江、广东、山东、北京利用外商直接投资绩效指数走势

第三章　江苏外商直接投资的省内区域比较

一、江苏省内区域的经济关系及经济差异

虽然江苏省的经济发展步伐较快,成绩突出,但是却存在着苏南、苏中、苏北间明显的地域差异,而且这种差异制约着全省经济持续、快速的发展。区域经济协调发展符合社会综合利益原则。改革开放以来,江苏省经济保持了持续快速增长,而在快速增长的背景下,苏南、苏中、苏北三区域经济发展水平由南往北逐渐走低,区域梯度层次分明,区域经济差距化特征明显,虽然省政府提出"积极提高苏南,加快发展苏北"的战略,政策上向苏中苏北倾斜,但三个地区之间的不平衡仍在加速。

在吸引外资方面,苏南、苏中和苏北区域差别明显。苏州、南京、无锡等苏南五个城市的投资环境明显优于省内其他城市。在苏州的新加坡工业园区聚集了世界500强很多企业,而宿迁、淮安等城市远远落后于苏南五市,而苏中三个城市:南通、扬州、泰州,处于苏中沿江地区,加上交通更加便捷,对外商的吸引力也越来越大。

因而,在实施区域协调发展战略中,江苏大力推进产业、财政、科技、劳动力"四项转移"和南北共建开发园区等多项举措,逐步形成了苏南提升、苏中崛起、苏北振兴的区域共同发展新格局。近年来,苏北加快了承接苏南产业转移的速度,这既为苏南产业升级腾出了空间,也促进苏北提高工业化水平。稳住苏南,为苏中、苏北承接先进技术、产业辐射,拉动经济增长创造了优良条件,此举更对稳定全国经济发展大局,促进东中西部协调发展,具有积极的启示作用。

二、苏南、苏中、苏北引进外商直接投资比较

表3.1和表3.2的统计数据显示:2008年以来的上升态势产生明显波动。江苏省引进外资从2008年的251.2亿美元增加到2014年的281.74亿美元,年均增长率为1.93%[①]。受全球经济增长整体下行的影响,2015年江苏省吸引外资出现下行波动。且自2012年开始,江苏实际利用外商直接投资出现连续三年下跌,由2012年的357.6亿美元下降到2013年的332.59亿美元,由2013年的332.59亿美元下降到2014年的281.74亿美元,而2015年的外商直接投资额为242.8亿美元。江苏省苏南、苏中和苏北三个区域在利用外商直接投资方面发展并不均衡。这主要体现在以下几个方面:

[①] 在本章数据中,如有特别标注,数据均来源于历年《南京统计年鉴》、《苏州统计年鉴》、《无锡统计年鉴》、《常州统计年鉴》、《镇江统计年鉴》、《扬州统计年鉴》、《泰州统计年鉴》、《南通统计年鉴》《徐州统计年鉴》《连云港统计年鉴》、《盐城统计年鉴》、《淮安统计年鉴》、《宿迁统计年鉴》。

　　苏南地区为江苏省外商投资重点区域，2008—2015 年外商实际投资金额 1532.01 亿美元，占全省外商实际投资总额的比重平均为 65.88%。从图 3.1 可以看出，苏南这七年一直是江苏省引进外商直接投资的主要区域。苏南地区 2008 年利用外商直接投资为 168.02 亿美元，到 2013 年上升到 189.37 亿美元，年均增长率为 2.01%。

　　苏中地区 2008—2015 年外商实际投资金额 410.66 亿美元，占全省外商投资总额的比重平均为 17.66%。苏中地区利用外商投资额增幅很小，2008—2009 年出现了大幅度下降，由 2008 年的 54.01 亿美元降为 44.69 亿美元，降幅为 17.26%，2010—2012 年虽然出现上涨趋势，但涨幅很小，由 2010 年 52.79 亿美元上涨到 57.62 亿美元，2012—2014 年呈现下降趋势，由 57.62 亿美元下降到 47.41 亿美元，2014 年到 2015 年继续下降到 42.30 亿美元。2008—2015 年八年间年均增长率为 −3.4%，远远低于全省年均增长率，因而苏中在全省所占的比例呈现连年下降趋势，由 2008 年 21.50% 下降到 2015 年 17.42%。

　　苏北地区 2008—2015 年外商实际投资金额 382.79 亿美元，占全省外商投资总额的比重平均为 16.46%。2008 年以来，苏北地区外商实际投资金额和在全省的比重上升较大，其中 2012 年，外商实际投资金额为 71.18 亿美元，比苏中地区高 13.56 亿美元，首次超越苏中地区。2014 年实际利用外商直接投资仅为 50.97 亿美元，比 2014 年增加了 6.01 亿美元。整体来看，苏南与苏中利用外资相对平稳，苏北利用外资呈逐步上升趋势。具体情况见表 3.1、表 3.2、图 3.1。

表 3.1　2008—2015 年苏南、苏中和苏北实际利用外商直接投资情况比较　　　　单位：亿美元

	2008 年	2009 年	2010 年	2011 年	2012 年	2013 年	2014 年	2015 年
总　计	251.2	253.23	284.98	321.32	357.6	332.59	281.74	242.8
苏　南	168.02	174.14	185.69	209.47	228.8	226.99	189.37	149.53
苏　中	54.01	44.69	52.79	56.12	57.62	55.72	47.41	42.30
苏　北	29.17	34.4	46.5	55.73	71.18	49.88	44.96	50.97

表 3.2　2008—2015 年苏南、苏中和苏北实际利用外商直接投资占总额比重比较

	2008 年	2009 年	2010 年	2011 年	2012 年	2013 年	2014 年	2015 年
总　计	100%	100%	100%	100%	100%	100%	100%	100%
苏　南	66.89%	68.77%	65.16%	65.19%	63.98%	68.25%	67.21%	61.59%
苏　中	21.50%	17.65%	18.52%	17.47%	16.11%	16.75%	16.83%	17.42%
苏　北	11.61%	13.58%	16.32%	17.34%	19.90%	15.00%	15.96%	20.99%

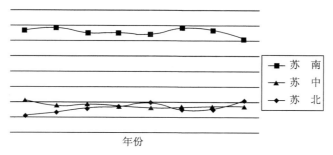

图 3.1　2008—2015 年苏南、苏中和苏北利用外商直接投资占总额比重走势图

从以上数据可以看出,苏南、苏中和苏北吸引外商直接投资不平衡趋势并没有得到缓解。因而,必须采取合理的措施使得苏南、苏中和苏北趋于均衡发展。因此,苏中、苏北政府应采用有效合理的政策吸引外商直接投资,充分利用劳动力相对廉价的优点吸引外资。同时,应充分考虑地区的特色产业吸引外资。比如,江苏省盐城市射阳县是江苏省纺织基地,射阳县政府应创建纺织工业园,积极吸引外商直接投资。

第四章　江苏典型地级市外商直接投资比较

本章对苏州、南京、无锡三市外商直接投资的规模、来源地、行业分布以及绩效指数进行比较研究。

一、外商直接投资规模比较

表 4.1 和表 4.2 的统计数据显示①:2007—2015 年这九年苏州、南京、无锡引进外商直接投资总量上呈现波动性上升趋势,但苏州、南京和无锡三个城市在利用外商直接投资方面发展并不均衡。这主要体现在以下几个方面:

苏州为苏南外商投资重点区域,2007—2015 年外商实际投资金额 739.74 亿美元,占全省外商实际投资总额的比重平均为 29.07%。这说明苏州这八年一直是江苏省引进外商直接投资的主要区域。苏州由 2013 年利用外商直接投资 87 亿美元,下降到 2015 年的 70.20 亿美元,比去年下降了 15.67%,利用外资总量减少速度最快。

南京 2007—2015 年外商实际投资金额 279.94 亿美元,占全省外商投资总额的比重平均为 11.00%。南京利用外商直接投资基础较差,2007 年利用外商直接投资金额仅为 20.61 亿美元,但南京的发展速度很快。2015 年,南京引进外商直接投资 33.35 亿美元,比 2014 年上升 1.32%。

无锡 2007—2015 年外商实际投资金额 296.43 亿美元,占全省外商投资总额的比重平均为 11.64%。2007 年,无锡外商实际投资金额在全省的比重较大,为 12.66%,虽然无锡这八年期间年均增长率较低,发展速度较慢,远低于苏州和江苏省平均水平,但是到 2014 年实际投资金额占全省实际投资总额的比重上升到 13.23%(见表 4.1 和表 4.2)。

表 4.1　2007—2015 年苏州、南京、无锡实际利用外商直接投资情况　金额单位:亿美元

	2007 年	2008 年	2009 年	2010 年	2011 年	2012 年	2013 年	2014 年	2015 年	比去年增长率
江苏	218.92	251.2	253.23	284.98	321.32	357.6	332.59	281.74	242.70	−16.09%
苏州	71.65	81.3	82.27	85.35	89.12	91.65	87	81.2	70.20	−15.67%
南京	20.61	23.72	23.92	28.16	35.64	41.3	40.33	32.91	33.35	1.32%
无锡	27.72	31.67	32.03	33	35.05	40.1	33.39	31.16	32.11	2.96%

---

① 在本章数据中,如无特别标注,数据均来源于历年《南京统计年鉴》、《苏州统计年鉴》、《无锡统计年鉴》。

表 4.2　2007—2015 年苏州、南京、无锡实际利用外商直接投资规模比较

	2007 年	2008 年	2009 年	2010 年	2011 年	2012 年	2013 年	2014 年	2015 年	2007—2015
苏州	32.73%	32.36%	32.49%	29.95%	27.74%	25.63%	26.16%	28.82%	28.92%	29.07%
南京	9.41%	9.44%	9.45%	9.88%	11.09%	11.55%	12.13%	11.68%	13.74%	11.00%
无锡	12.66%	12.61%	12.65%	11.58%	10.91%	11.21%	10.04%	11.06%	13.23%	11.64%

二、外商直接投资行业分布比较

统计数据显示:2015 年苏州利用外资层次提升。全年实际利用外资 70.2 亿美元,比上年下降 15.7%。其中服务业利用外资 26.7 亿美元,占实际利用外资 38.1%;战略性新兴产业和高技术项目实际使用外资 33.8 亿美元,占实际使用外资的 48.2%。

2015 年南京全年新批外商投资企业 250 个,比上年下降 25.6%。新批注册合同外资金额 61.72 亿美元,增长 25.4%。实际使用外资 33.35 亿美元,增长 1.3%。分产业看,第一产业实际使用外资 0.04 亿美元,下降 38.1%,第二产业实际使用外资 7.77 亿美元,下降 15.7%;第三产业实际使用外资 25.54 亿美元,增长 8.1%。

2015 年无锡市利用外资结构进一步优化。全年新批外资项目 358 个,协议注册外资 55.33 亿美元,到位注册外资 32.11 亿美元,增长 3.0%。制造业利用外资占到位注册外资比重达到 58.7%,全年完成协议注册外资超 3000 万美元的重大外资项目 65 个。至 2015 年底全球财富 500 强企业中有 96 家在无锡市投资兴办了 182 家外资企业。

表 4.3 统计数据表明:2015 年苏州和无锡利用外商直接投资的结构进一步优化,但是苏州和无锡仍以第二产业为主,占实际利用外资总额的一半以上。与之相比,2015 年南京利用外商直接投资投入第三产业的比重超过三分之二,占实际利用外资总额的 76.58%,远高于苏州和无锡第三产业的比重。从图 4.2 可以看出,南京外商直接投资的利用结构更为合理。

表 4.3　2015 年苏州、南京、无锡实际利用外资行业分布比较　　单位:亿美元

类别	苏州		南京		无锡	
	实际利用外资	比重	实际利用外资	比重	实际利用外资	比重
第一、二产业	19.41	42.09%	9.71	29.12%	13.26	41.30%
第三产业	26.7	57.91%	23.64	70.88%	18.85	58.70%
总计	46.11	100.00%	33.35	100.00%	32.11	100.00%

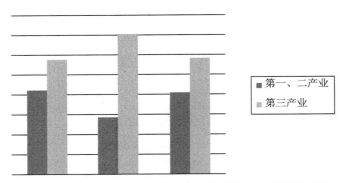

图 4.2　2015 年苏州、南京、无锡实际利用外商直接投资行业分布

三、外商直接投资绩效指数比较

第二章已对地区利用外商直接投资的绩效指数进行了说明。表 4.4 为各地区实际利用外商直接投资情况，表 4.5 为各地区国内生产总值情况，外资金额和国内生产总值采用的单位不同，前者使用金额单位为亿美元，后者使用金额单位为亿元，运算外商直接投资绩效指数时，我们把外商直接投资金额按照 2015 年 1 美元兑换 6.2284 元人民币进行换算，计算结果见表 4.6。

表 4.4　2008—2015 年苏州、南京、无锡实际利用外商直接投资情况　　单位：亿美元

地区＼年份	2008	2009	2010	2011	2012	2013	2014	2015
全国	923.95	900.33	1057.35	1160.11	1117.16	1175.86	1195.62	1263.00
江苏	251.20	253.23	284.98	321.32	357.60	332.59	281.74	242.70
苏州	81.30	82.27	85.35	89.12	91.65	87.00	81.20	70.19
南京	23.72	23.92	28.16	35.64	41.30	40.33	32.91	33.35
无锡	31.67	32.03	33.00	35.05	40.10	33.39	31.16	32.11

表 4.5　2008—2015 年江苏、苏州、南京、无锡地区生产总值情况　　单位：亿元

地区＼年份	2011	2012	2013	2014	2015
全国	473104.05	518942.11	568845.00	636138.70	676708.00
江苏	49110.27	54058.22	59161.75	65088.32	70116.40
苏州	10716.99	12011.65	13015.70	13761.00	14504.07
南京	6145.52	7201.57	8011.78	8820.75	9720.77
无锡	6880.15	7568.15	8070.18	8205.31	8518.26

表 4.6　2008—2015 年苏州、南京、无锡利用外资绩效指数比较

年份 地区	2008	2009	2010	2011	2012	2013	2014	2015
苏州	3.90	4.02	3.51	3.39	3.54	3.23	3.14	2.59
南京	2.11	2.14	2.13	2.37	2.66	2.44	1.99	1.84
无锡	2.41	2.43	2.16	2.08	2.46	2.00	2.02	2.02
江苏	2.76	2.78	2.61	2.67	3.07	2.72	2.30	1.85

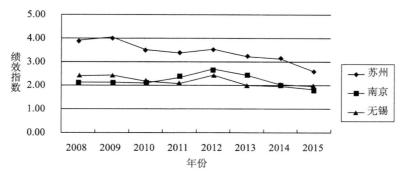

图 4.3　2008—2015 苏州、南京、无锡与江苏利用外商直接投资绩效指数比较

　　由表 4.6 和图 4.3 可以看出:苏州的绩效指数最大,远高于江苏省平均水平,近七年均超过 2.5,最高达到 4.02,2008—2015 年这七年间呈现了波动下降趋势;南京的绩效指数在 1.8—2.7 之间,呈现出波浪式变化,但在最近两年也出现了下降现象;无锡绩效指数在 2.0—2.5 之间,呈现出围绕 2.1 上下波动趋势。这说明苏州引进外商直接投资处于潜力不足状态,而南京和无锡引进外商直接投资规模有进一步提升的潜力。

第五章 江苏服务业外商直接投资发展概况

一、江苏服务业外商直接投资概况

2015 年江苏省服务业增加值 34084.8 亿元,比上年增长 9.3%。占 GDP 比重达 48.6%,同比提高 1.6 个百分点。从总体上看,传统服务业不断深入扩展,新兴现代服务业不断涌现并取得显著地发展,服务业的影响力和对经济发展的推动作用越来越重要,已经成为经济发展的主要助推器。

(一)江苏省服务业利用外商直接投资规模情况

统计数据显示:一是江苏服务业实际利用外商直接投资占全国服务业实际利用外商直接投资比重的上升趋势发生改变,由 2007 年的 16.84% 上升到 2014 年的 18.53%,2015 年比重下降降为 14.68%(见图 5.1)。尽管如此,相比 2007 年,2015 年江苏省服务业利用外商直接投资总体规模仍然较大,年均的增长率降为 10.16%,略低于全国年均增长率 12.07%,说明江苏直接使用外商投资得增速放缓。二是 2015 年江苏省服务业利用外商直接投资规模相较 2014 年仍然有所下降,从 2014 年的 122.7 亿美元下降到 123.16 亿美元(见表 5.1)[①]。

表 5.1　2007—2015 年江苏服务业实际利用外商直接投资规模情况 单位:亿美元

	江苏省服务业实际利用外资	全国服务业实际利用外资	比重
2007 年	52.17	309.83	16.84%
2008 年	61.81	379.48	16.29%
2009 年	66.35	385.28	17.22%
2010 年	81.45	499.63	16.30%
2011 年	117.34	582.53	20.14%
2012 年	111.77	571.96	19.54%
2013 年	139.63	584.30	23.90%
2014 年	122.70	662.30	18.53%
2015 年	113.16	770.94	14.68%

---

① 在本章数据来源中,如无特别标注,均来源于历年《江苏统计年鉴》。

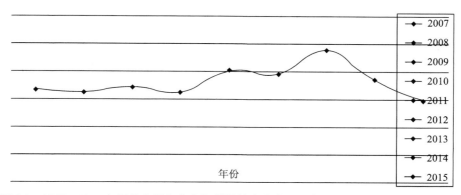

图 5.1　2007—2015 年江苏省服务业实际利用外资占全国服务业实际利用外资比重走势图

（二）江苏服务业利用外商直接投资规模变动情况

自从我国加入 WTO 以来,江苏服务业领域利用外资呈现高速增长势头。2006 年服务业全面开放之后,江苏省服务业外商实际投资发展较快,近九年来的变化如图 5.2 所示。

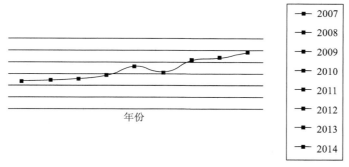

图 5.2　2007—2015 年江苏省服务业外资占全省全部外资比重走势图

2007—2015 年江苏省服务业签订外商投资项目绝对数量呈现上升趋势,由 1297 个上升到 1539 个。同时,江苏省服务业外商投资项目占总外商投资项目的比重呈现了大幅度地增加,由 22.20% 上升到 59.65%(见表 5.2)。2007—2015 年江苏省服务业外商直接投资占全省外商直接投资总额的比重也呈现了大幅度的增加,由 23.83% 上升到 46.61%(见表 5.2)。

表 5.2　2007—2015 年江苏省服务业利用外商直接投资情况　　单位:亿美元

年份	服务业外商直接投资	外商直接投资总额	服务业外资占全部外资比重	服务业外商投资项目(个)	外商投资项目总数(个)	占总外商投资项目比重
2007	52.17	218.92	23.83%	1297	5842	22.20%
2008	61.81	251.20	24.61%	1174	4236	27.71%
2009	66.35	253.23	26.20%	1352	4219	32.05%
2010	81.45	284.98	28.58%	1748	4661	37.50%
2011	117.34	321.32	36.52%	1439	4496	32.01%

续　表

年份	服务业外商直接投资	外商直接投资总额	服务业外资占全部外资比重	服务业外商投资项目（个）	外商投资项目总数（个）	占总外商投资项目比重
2012	111.77	357.60	31.26%	1554	4156	37.39%
2013	139.63	332.59	41.98%	1527	3453	44.22%
2014	122.70	281.74	43.55%	1643	3031	54.21%
2015	113.16	242.75	46.61%	1539	2580	59.65%

（三）行业结构分布情况

从服务业实际利用外商直接投资的增幅来看,2007—2015年江苏省服务业实际利用外商直接投资增幅最快的有:卫生与社会保障、批发和零售业、科研技术服务和地质勘查业、交通运输仓储和邮政业、租赁和商务服务业、信息传输计算机服务和软件业。它们实际利用外商直接投资金额分别由2007年的666、27097、7483、25713、57398、7686万美元增加到2015年的5352、213520、49781、88463、225326、33792万美元。金融行业2007年数据空缺,从2008年的11947万美元上升到2015年的100797万美元。2007—2015年也有一些服务业行业在利用外商直接投资方面出现了不同程度的负增长。住宿和餐饮、教育和文化娱乐实际利用外商直接投资金额由2007年的25667、130和16700万美元下降到2015年的10084、5和2710万美元,它们这八年年均增长率分别为−11.02%、−33.45%和−20.33%。

表5.3　2007—2015年江苏省服务业实际利用外资行业分布情况　　单位:万美元①

行　　业	2007年	2008年	2009年	2010年	2011年	2012年	2013年	2014年	2015年	年均增长率
交通运输、仓储和邮政业	25713	38092	61215	54152	63208	67549	110862	108700	88463	16.70%
信息传输计算机软件业	7686	22531	19651	15563	22128	27212	22169	19734	33792	20.33%
批发和零售业	27097	96770	80685	131287	129989	174639	253547	215032	213520	29.44%
住宿和餐饮业	25667	25827	16687	20981	16190	16215	9685	10697	10084	−11.02%
金融业	空缺	11947	5250	5837	37058	41749	43848	90036	100797	空缺
房地产业	336432	334671	378416	437418	710111	587029	689593	506025	378331	1.48%
租赁和商务服务业	57398	42436	51949	97799	107790	111921	157833	194591	225326	18.64%
科研技术服务和地质勘查业	7483	13389	19244	33011	58763	37013	60608	53205	49781	26.73%

---

① 服务业各行业实际利用外商直接投资的金额较小,此处金额单位采用亿美元不合适,因而改为金额单位万美元,更能准确地说明服务业各行业实际利用外商直接投资情况。

行　业	2007 年	2008 年	2009 年	2010 年	2011 年	2012 年	2013 年	2014 年	2015 年	年均增长率
水利、环境和公共设施管理业	12549	8654	16219	8148	16296	41606	34433	18996	16134	3.19%
居民服务和其他服务业	4163	13157	4528	7797	4925	9459	4551	4813	7296	7.27%
教育	130	0	16	162	101	8	660	297	5	−33.45%
卫生、社会保及福利业	666	2740	3150	1047	4712	113	1211	600	5352	29.76%
文化、体育娱乐业	16700	7899	6514	1332	2168	3138	7322	3792	2710	−20.33%
总计	521684	618113	663524	814534	1173439	1117651	1396322	1226518	1131591	10.16%

从服务业投资结构来看,2015 年服务业利用外商直接投资仍主要集中在房地产业,其次是租赁和商务服务业、批发和零售业、交通运输及仓储和邮政业。房地产业 2015 年外商实际投资 378331 万美元,占服务业外商实际投资的 33.43%;租赁和商业服务业 2015 年外商实际投资 225326 万美元,占总的 19.91%;批发和零售业外 2015 年外商实际投资 213520 万美元,占服务业外商实际投资的 18.87%;交通运输、仓储和邮政业 2015 年外商实际投资 88463 万美元,占服务业外商实际投资的 7.82%;这几个行业合计占服务业外商实际投资的 80.03%(见表 5.3 和 5.4)。

表 5.4　2007—2015 年江苏服务业实际利用外资行业分布情况

行　业	2007 年	2008 年	2009 年	2010 年	2011 年	2012 年	2013 年	2014 年	2015 年
交通运输、仓储和邮政业	4.93%	6.16%	9.23%	6.65%	5.39%	6.04%	7.94%	8.86%	7.82%
信息传输计算机服务和软件业	1.47%	3.65%	2.96%	1.91%	1.89%	2.43%	1.59%	1.61%	2.99%
批发和零售业	5.19%	15.66%	12.16%	16.12%	11.08%	15.63%	18.16%	17.53%	18.87%
住宿和餐饮业	4.92%	4.18%	2.51%	2.58%	1.38%	1.45%	0.69%	0.87%	0.89%
金融业	0.00%	1.93%	0.79%	0.72%	3.16%	3.74%	3.14%	7.34%	8.91%
房地产业	64.49%	54.14%	57.03%	53.70%	60.52%	52.52%	49.39%	41.26%	33.43%
租赁和商务服务业	11.00%	6.87%	7.83%	12.01%	9.19%	10.01%	11.30%	15.87%	19.91%
科研技术服务和地质勘查业	1.43%	2.17%	2.90%	4.05%	5.01%	3.31%	4.34%	4.34%	4.40%
水利、环境和公共设施管理业	2.41%	1.40%	2.44%	1.00%	1.39%	3.72%	2.47%	1.55%	1.43%
居民服务和其他服务业	0.80%	2.13%	0.68%	0.96%	0.42%	0.85%	0.33%	0.39%	0.64%

续　表

行　业	2007 年	2008 年	2009 年	2010 年	2011 年	2012 年	2013 年	2014 年	2015 年
教育	0.02%	0.00%	0.00%	0.02%	0.01%	0.00%	0.05%	0.02%	0.00%
卫生、社会保障和社会福利业	0.13%	0.44%	0.47%	0.13%	0.40%	0.01%	0.09%	0.05%	0.47%
文化、体育和娱乐业	3.20%	1.28%	0.98%	0.16%	0.18%	0.28%	0.52%	0.31%	0.24%

二、江苏服务业外商直接投资的区域间比较

从各地区服务业实际利用外商直接投资的增幅来看,2011—2015 年北京省服务业实际利用外商直接投资增幅最快,年均增长率为 18.53%,广东与浙江分别位居第二、三位,年均增长率分别为 15.88% 和 15.70%,这三个省在 2011—2015 年间服务业实际利用外商直接投资增幅均高于全国年均增长率为 7.26%。江苏年均增长率最低,出现负增长,为−0.90%,低于全国年均增长率。

从各地区服务业实际利用外商直接投资的规模来看,2011—2015 年间江苏服务业利用外商直接投资分别为 117.34、111.77、139.63、122.70 和 113.16 亿美元,占全国服务业利用外商直接投资总额的 20.14%、19.54%、21.09%、18.53% 和 14.68%,这表明江苏服务业利用外商直接投资的比重在 2015 年呈现下降的趋势。上海这五年服务业利用外商直接投资分别为 104.30、126.79、135.67、163.85 和 159.38 亿美元,占全国服务业利用外商直接投资总额的 17.9%、22.17%、20.49%、24.74% 和 20.67%。浙江和山东两省由于基数较低,服务业利用外商直接投资方面一直低于江苏、上海和广东。2011—2015 年间浙江服务业利用外商直接投资分别为 54、64.64、78.8、97.92 和 96.77 亿美元,占全国服务业利用外商直接投资总额的 9.27%、11.30%、11.90%、14.78% 和 12.55%,这表明浙江服务业实际利用外商直接投资的比重呈现出持续上升的态势,逐渐缩小与江苏的差距。但是,2011—2015 年间山东服务业利用外商直接投资分别为 38.28、44.69、67.9、54.30 和 60.67 亿美元,占全国服务业利用外商直接投资总额的 6.57%、7.81%、10.25%、8.20% 和 7.87%,这表明浙江服务业实际利用外商直接投资的比重较为平稳。

表 5.5　2011—2015 年各地区直接利用外资占全国比重　　　　单位:亿美元

地区	2011 年		2012 年		2013 年		2014 年		2015 年		年均增长率
	外资金额	比重	外资金额	比重	外资金额	比重	外资金额	比重	外资金额	比重	
全国	582.53	100.00%	571.96	100.00%	584.3	100.00%	662.3	100.00%	770.94	100.00%	7.26%
江苏	117.34	20.14%	111.77	19.54%	139.63	21.09%	122.7	18.53%	113.16	14.68%	−0.90%
北京	62.44	10.72%	69.11	12.08%	70.1	10.59%	90.41	13.65%	123.25	15.99%	18.53%
上海	104.3	17.90%	126.79	22.17%	135.67	20.49%	163.85	24.74%	159.38	20.67%	11.18%
浙江	54	9.27%	64.64	11.30%	78.8	11.90%	97.92	14.78%	96.77	12.55%	15.70%

续　表

地区	2011 年		2012 年		2013 年		2014 年		2015 年		年均增长率
	外资金额	比重	外资金额	比重	外资金额	比重	外资金额	比重	外资金额	比重	
广东	84.83	14.56%	94.56	16.53%	112.56	17.00%	128.02	19.33%	152.97	19.84%	15.88%
山东	38.28	6.57%	44.69	7.81%	67.9	10.25%	54.3	8.20%	60.67	7.87%	12.20%

三、江苏省服务业外商直接投资存在的主要问题及原因

统计数据显示：服务业利用外商直接投资行业结构不尽合理，即外商直接投资在各服务业之间分布不均。2007—2015 年外商直接投资流入量最多的服务行业是：房地产业、批发和零售业、租赁和商务服务业以及交通运输、仓储和邮政业。这四个服务行业实际利用外资的比重都在 80% 以上，体现出江苏服务业外商直接投资行业流向高度集中的状况。

与服务业外商直接投资行业流向集中相应的是，江苏省外商投资企业工商注册登记企业数也显现聚集态势。2007—2015 年，江苏外商投资企业注册登记企业数集中度最高的几个服务行业是：批发和零售业、科学研究、技术服务和地质勘查业、租赁和商务服务业、住宿和餐饮业、信息传输、计算机服务和软件业以及房地产业。其中科学研究、技术服务和地质勘查业、租赁和商务服务业、信息传输、计算机服务和软件业等资本和技术密集型服务行业外商投资企业数目比重位居前列，体现了在中国加入世界贸易组织、亚投行成立等有力的宏观环境。江苏省扩大服务业对外开放的范围和广度后，服务业跨国公司逐渐向江苏高科技、高技术领域进行投资设厂的趋势，这将有利于江苏服务业技术升级，促进服务业结构由传统服务业为主向现在服务业为主转变。尤其在近两年，国家积极倡导经济结构转型，鼓励"万众创新、大众创业"，在互联网与信息技术方面的服务型企业吸收外资增长迅速。

服务业外商直接投资在江苏各服务行业分布不均、高度聚集的原因是：一方面，各服务行业的市场准入不同；另一方面，各服务行业存在异质性，它们的市场形态和市场结构截然不同，外商投资根据各服务业的特点选择性进入适合自身优势发挥的行业。可以预见的是，随着中国入世效应的进一步显现以及江苏服务业的进一步扩大，各服务业的市场准入将逐步降低，服务业会向内外资共同竞争的市场结构路径演进，服务业外商直接投资在各服务行业分布不均的格局有望在一定程度上得以缓解。

四、江苏省服务业外商直接投资的前景

在经济规模已经达到一定阶段的情况下，江苏的经济结构正在进行积极的转变。从最近几年的江苏外商投资的情况可以看出，江苏省服务业外资比重逐步增加，不断缩小与第二产业利用外资的差距，并极有可能实现超越，形成以服务业为主体的引资结构。各细分服务行业利用外资的前景又受其自身的行业经济发展的状况和市场饱和度的影响。对于五个传统具有代表性的服务行业：金融业、房地产业、交通运输、仓储和邮政业、批发和零售业、租赁和商务服务业以及逐步发展起来的信息传输计算机服务和软件业而言，它们的发展前景是不同的。

（1）金融业。金融是关乎整个国民经济命脉的行业。近年来金融业全面对外开放，相比国内金融机构，外资金融机构大多具有悠久的历史、先进的技术水平等优势。江苏省具备沿江的区位优势，加上省内金融活动频繁，金融行业发展前景不可估量，对国外金融资本具有足够的吸引力。

（2）房地产业。房地产业在江苏省服务业中吸引外资的比重一直最大，但是随着房地产业引进的外资企业越来越多，市场不断饱和，从2012年开始，房地产业引进外资的比重就在逐年降低，2014年已经下降到41.3%。虽然相对于其他服务行业而言，比重还是最大，但是发展前景不容乐观，可能还会继续减少。

（3）交通运输业。江苏的铁路发展在全国都有很大的优势，但是相对于国内企业，外资在交通运输、仓储和邮政业并没有绝对的优势，国内企业在运营成本等方面更具优势，随着中国在线零售市场的兴起，物流仓储成为中国地产投资的热点之一，国内投资旺盛，一定程度上会挤出外资。预计将来外商对江苏的交通运输、仓储和邮政业的投资将小幅回落。

（4）批发和零售业。批发和零售业2008年在江苏服务业中的外资比重迅速上升，而且近几年逐年增加，它是倍受外商关注的消费性服务业。由于其准入门槛较低，市场竞争又非常激烈，预计未来的外商对批发和零售业的投资将在目前的基础上保持稳定。但随着城市化进程的加快，将有新的外资投入批发和零售业。

（5）租赁和商务服务业。租赁和商务服务业在江苏服务业吸引外资的比重都相对稳定，但是2015年增加到19.91%，相比前几年增幅明显。预计将来租赁和商务服务业将成为江苏省最受外资关注的服务行业之一，其利用外资的水平仍将持续创新高，其原因与创业风潮的兴起有一定联系。

随着经济进入"新常态"，高附加值的信息产业逐步成为拉动经济增长实现经济成功转型的新兴力量，与互联网相关的服务业正在逐步兴起。在新的产业革命到来之前，全新的信息技术及"互联网＋"的发展与经济、生活的关系会越来越密切，并极有可能成为国家乃至世界经济发展新的增长点。

【参考文献】

[1] 石卫星.外商直接投资对江苏省产业结构的影响[J].华东经济管理,2015(5):28—33.

[2] 陈相芬,陈广宇.江苏省外商直接投资现状与对策[J].北方经贸,2010(11):96—98.

[3] 贾名清.江苏省利用外商直接投资的现状与对策研究[J].现代商业,2010(30):53—54.

[4] 钟晓君.服务业外商直接投资的影响因素:理论与实证研究[J].国际经贸探索,2015(4):52—66.

[5] 宋晓亮.用工成本是制造业最大负担[N].中国经济时报,2013-12-18(1).

[6] 泰州市经济和信息化委员会.江苏省电子商务"十二五"发展规划[EB/OL].http://www.tzeic.gov.cn/tzjxw/info.php? infos_id=1929.

[7] 江苏省人民政府.2013年全省服务业运行情况[EB/OL].http://www.jiangsu.gov.cn/jszfxxgk/tjxx/tjsj/ndsj/201402/t20140225_421348.html.

[8] 中华人民共和国国家统计局.上半年国民经济运行缓中趋稳[EB/OL].http://www.stats.gov.cn/tjsj/zxfb/201407/t20140716_581947.htm.

[9] 中华人民共和国国家统计局.中华人民共和国 2013 年国民经济和社会发展统计公报[J].中国统计,2014(3):6—14.

[10] 桑百川,滕柳.2014 年中国吸收外商直接投资走势分析[J].国际贸易,2014(5):13—17.

[11] 刘李娜.我国服务业利用外资的现状与影响因素[J].中外企业家.2013(22):39.

[12] 钟晓君,夏励嘉.广东服务业利用外资的现状、问题与前景[J].广东开放大学学报,2015(1):27—34.

[13] 孙早,宋炜,孙亚政.母国特征与投资动机——新时期的中国需要怎样的外商直接投资[J].中国工业经济,2014(2):71—83.

[14] 史定华.网络科学中的花联网加——理念、评述和展望[J].电子科技大学学报,2016(7):45—48.

[15] 刘卫东."一带一路"战略的科学内涵与科学问题[J]地理科学进展,2015(5):34—36.

[16] 刘冲,滕小飞,刘玉娇.基于动态 DEA 模型中的中国各省外商投资环境分析[J].东北财经大学学报,2015(5):98—100.

对外直接投资篇

第一章　江苏对外直接投资的国内外环境

自 2000 年"走出去"战略正式提出以来,中国对外直接投资增长迅速。根据商务部发布的《2015 年度中国对外直接投资统计公告》,2015 年,中国对外直接投资流量创下 1456.7 亿美元的历史新高,同比增长 18.3％,超过日本成为全球第二大对外投资国。在此背景下,江苏省的对外直接投资也在不断加大。那么,2015 年,江苏省又面临什么样的国内外投资环境?

一、江苏对外直接投资的国际环境

金融危机后,世界经济复苏缓慢,但新兴市场国家经济依然保持繁荣,从长远及整体角度来看,世界经济依然处于增长阶段,带动了国际投资的增长。以美欧日为代表的主要发达经济体为获得竞争优势,纷纷抢占科技和产业发展的制高点,积极进行政策调整和战略部署。比如美国,采取了"再工业化"战略,以期达到重造本土企业的竞争优势的目的。这为江苏省对其进行直接投资提供了契机。另外,全球外资政策总体上走向开放和便利化,各国出台的外资政策继续朝着投资开放、投资促进及便利化方向发展。2014 年,超过 80％的外资政策,涉及放宽外资准入条件或减少对外资的限制。

亚洲国家具有丰富的自然及能源资源,但许多发展中国家却面临资金、技术瓶颈,而中国在信息技术、新材料及其他高科技含量较高的制造业领域具有相对优势。因此,江苏省在与这些国家进行合作勘察开发、能源管道及电力设施建设等领域具有广阔发展前景。特别是东亚和东南亚基础设施以及商业活动的互联互通进一步加强,区内、区外商品、服务、信息及人员流动更加便利,交易成本继续降低,为江苏省加大对亚洲地区的对外直接投资提供了夯实的基础。

当然,随着经济全球化的进一步加深,国际社会安全问题也成为江苏省企业加大对东道国投资的一大关注点。近些年来,恐怖主义时常发生,2015 年 4 月,索马里"青年党"制造肯尼亚加里萨大学屠杀案,导致 148 人丧生;2015 年 1 月,"博科圣地"袭击尼日利亚东北部巴加镇,5 天内残忍杀害 2500 余人。这些恐怖袭击的发生,严重干扰了国际社会的安全,阻碍了江苏省对相关国家及地区的直接投资。

二、江苏对外直接投资的国内环境

1979 年 8 月,国务院提出"出国办企业",第一次把发展对外投资作为国家政策。由此开始尝试性的对外直接投资。1997 年亚洲金融危机后,为了扩大出口,国家实行了鼓励企业开展境外加工装配业务的战略,《关于鼓励企业开展境外带料加工装配业务的意见》出台,提出了支持我国企业以境外加工贸易方式"走出去"的具体政策措施。2000 年 3 月的全国人大九届三次会议期间,"走出去"战略正式提出。党的十五届五中全会上,"走出去"战略的最终明确,首次明确提出"走出去"战略,并把它作为四大新战略(西部大开发战略、城镇化战略、人才战略和"走出去"战略)之一。

自"走出去"战略实施以来,越来越多的中国企业实现了从全球制造者到全球投资者角色的转变。2015年,江苏省对外直接投资面临了一系列的国内经济形势和制度环境变化的影响。首先,"走出去"战略的政策力度前所未有的加大。境外投资由"核准制"改为"备案制",政府仅对重大项目和限制类项目从维护社会公共利益角度进行核准,其他项目无论规模大小,均改为"备案制"。这一政策的实施落实了企业投资的自主权,加大了企业开展对外直接投资热情。其次,2015年初,"丝绸之路经济带"和"21世纪海上丝绸之路"的规划正式获批,有望带动中国与"一带一路"相关国家的经济贸易往来和区域基础设施互联互通,显著拉动基建等行业投资,相关政策红利的释放,将掀起新一轮对外直接投资的热潮。另外,2014年10月,中国倡导成立亚洲基础设施投资银行,并于2014年11月出资400亿美元成立丝绸基金。

近年来,国内制造业对外投资比重急剧下滑,对外协议投资额占全部境外协议投资总额的比重不断下降,取而代之的是,服务业对外投资的迅速发展。随着服务业的对外投资规模的不断扩大,势必会形成投资地区域布局的多元化发展,进而也为江苏形成优势型投资与学习型投资并存的格局提供了契机。第一,江苏省境外投资的主力军是民营企业,在国际分工层次中处于中游地位,有利于多元化形式的发展。第二,随着国内劳动力成本不断地上升和创新全球化的快速发展,江苏也有将一些具有国际竞争力的产业寻求在全球布局的成本节约和技术学习动机。因此,新时期的江苏对外投资活动,有逐渐形成优势型对外投资和学习型对外投资共存局面的趋势。

第二章　江苏对外直接投资概况

近年来,受经济环境不景气的影响,江苏省商贸活动受到了一些阻碍。但是,在中国转变成为由"大力引进来"到"阔步走出去"的对外投资大国背景下,江苏省的境外投资始终保持增长态势。2015 年,江苏对外直接投资新批项目数、中方协议金额均有明显增长。

一、江苏对外直接投资总体规模

(一)新批对外投资项目数量继续增加,但增长速度放缓

2015 年,江苏对外直接投资继续保持着较高的增长速度。首先,在新项目达成数量方面,继 2011—2014 年分别达到 505、572、605 和 736 个之后,2015 年新项目数为 880 个,较上年增长了 19.57%;从增长速度来看,2011—2015 年,江苏省对外直接投资的增速依次为,23.77%、13.27%、5.77%、21.65% 和 19.57%。可以看出,2015 年的增速和 2014 年相比有所放缓,也低于 2011 年的增速。对外投资增速出现下滑的原因主要在于,近年来,江苏省进行产业结构的升级转型,传统的对外投资行业竞争力开始下降,新型的行业正在发展之中,无法形成有效的竞争力。但是,在新增项目的年绝对增长量方面,2011—2015 年分别是 97、67、33、131 和 144 个,和 2011 年相比,增幅达到 48.45%,在保持 2014 年三位数的年绝对增长量基础上,创下了近年来的新高。整体来看,江苏省的对外直接投资是呈现不断增长的趋势的。

(二)协议投资额增幅回升

在中方协议投资额方面,2011—2015 年,江苏省对外直接投资中方协议金额分别为 360154、504547、614272、721571 和 1030460 万美元,2011—2015 年的增幅依次为 65.50%、40.09%、21.75%、17.47%、42.81%。与 2013 年、2014 年出现的下滑相比,2015 年已经出现了大幅度回升,并且创下了 2012 年以来的新高。增速回升的原因主要是,各国经济正在从经济危机中复苏,对中国等对外投资大国的资金需求有所增长,同时,外部投资环境得到改善,也给了江苏省企业加快实施"走出去"战略的信心。

(三)对外投资平均规模稳步上升

从年绝对增长量来看,2015 年,江苏省的该指标为 308889 万美元,首次突破 30 亿美元,其体量超过 2011 年的两倍。在新项目平均投资额方面,2011—2015 年,江苏省该指标依次为 713.17、882.08、1015.33、980.40 和 1170.98 万美元,增长速度依次为,23.68%、15.11%、−3.44% 和 19.44%。虽然 2015 年的增速仍然达不到 2012 年的增长水平,但是 2014 年负增长的趋势已经得到了有效缓解,这也反映了,江苏省对外投资质量不断提高,实施"走出去"战略的企业,越来越注重对外投资的规模经济效应,而不是单纯的看重对外投资的总项目数量或者总金额。2015 年江苏对外投资战略出现突破性进展,江苏省"走出去"步伐明显加

快，质量不断提高，对外直接投资合作继续保持稳定增长。

表 2.1　2011—2015 年江苏对外直接投资

指　标 ＼ 年　度	2011	2012	2013	2014	2015
新批项目数（个）	505	572	605	736	880
年增长率（%）	23.77	13.27	5.77	21.65	19.57
中方协议金额（万美元）	360154	504547	614272	721571	1030460
年增长率（%）	65.50	40.09	21.75	17.47	42.81

资料来源：2016 年江苏省统计年鉴。

二、按项目类型划分的江苏对外直接投资发展情况

从项目类型角度划分，对外直接投资主要分为企业和机构两大类。企业又可进一步划分为子公司和联营公司。子公司主要以独立子公司和合资子公司的形式存在。

（一）企业型新增项目持续增长，子公司形式占据主要位置

在江苏对外直接投资中，企业一直长期占据主体地位。首先，从年度新批项目个数方面来看，以企业类型开展的新批项目个数一直稳步增长，且长期占总项目数的最大比例。2013—2015 年，江苏企业型对外投资项目分别占据同年新批项目数的 90.91%、94.84% 和 96.70%，2015 年占比超过 2013 年占比约 7 个百分点，超过 2014 年占比接近两个百分点。在企业型新批项目上，2013—2015 年的年增长率分别为 4.17%、26.91% 和 21.92%，虽然 2015 年的增长幅度较 2014 年有所下降，但整体上仍呈现增长态势，同 2013 年相比，增长速度提高了近 17 个百分点。江苏企业型项目能够保持稳步增长的原因在于：和其他类型项目相比，企业型对外投资更具有灵活性，可以快捷迅速地找到投资项目和投资市场，能够即时制定投资战略。子公司化可以帮助企业实现投资多元化，可以将企业的触角延伸到不同的领域中，这种柔性化的企业组织架构，使得江苏省企业能够加大在国外投资的项目数。在江苏企业型投资项目中，以子公司形式存在的对外直接投资新批项目数又占据主要位置：2013—2015 年，子公司新批项目个数分别为 522、685 和 806 个，占同年项目的比重分别为 86.28%、93.07% 和 91.59%（其中新批独资子公司项目数占同年项目的 70.57%，新批合资子公司项目占同年项目的 20.91%）。与 2014 年相比，2015 年江苏省的上述两项指标虽然有所下降，但是总体来看，增长的趋势没有发生较大变化。相比较而言，在以联营公司形式的新批项目数上，2013—2015 年江苏该项指标分别为 28、13 和 45 个，占同年项目比重分别为 3.70%、1.77% 和 5.11%。总体来看，联营公司形式的新批项目数所占比重都不大。在中方协议金额方面，2013—2015 年，以企业形式达成的中方协议金额分别为 611917、721152 和 1030123 万美元，增速依次为 21.39%、17.85% 和 42.84%，占比依次为 99.62%、99.94% 和 99.97%。由此可以看出，近三年来，江苏对外直接投资金额几乎全部投入到以企业为形式的项目中，且江苏省企业形式达成的中方协议金额一直呈现递增的趋势，尤其是在 2015 年，增长速度大幅提升。

（二）独资公司投资金额仍占据最重要位置

与新批项目数相同，企业中仍主要以独资子公司形式存在的项目类型聚集的协议金额

占最重要位置。2013—2015 年占比依次为 79.50％、75.27％和 77.50％。从年增长率来看，2013—2015 年分别为 24.23％、11.22％和 47.03％,总体上呈现出上升趋势。如表 2.2 和表 2.3 所示,2015 年企业的新批项目数与中方协议金额虽都增长迅速,但新批项目数年增长率却从 2014 年的 26.91％下降至 21.92％,而中方协议金额由 2014 年的 17.85％上升至 42.84％。其原因主要在于独资子公司的项目投资的变化:2015 年独资子公司的新批项目数年增长率由 2014 年的 24.88％下降至 20.12％,2015 年中方协议金额年增长率由 2014 年的 11.22％上升至 47.03％。独资公司的表现如此抢眼,说明江苏省"走出去"的企业,凭借资金实力雄厚,技术上处于领先地位,能够在和东道国当地企业的较量中占据主导权。此外,从表 2.2 和表 2.3 中还可以发现,2015 年联营公司的新批项目数和中方协议金额分别为 45 个和 33230 万美元,与上年相比,其年增长率分别为 246.15％和 283.19％。出现这种高速增长情况的原因既可能是由于投资者的选择偏好出现了变化,也可能是由于 2014 年联营公司的新批项目数和投资额较 2013 年反常下降,2015 年的上升趋势仅仅是正常的反弹补涨。

表 2.2　对外直接投资各项目类型的新批项目数情况

项目类型	2013 年			2014 年			2015 年		
	项目数（个）	占比（％）	年增长率（％）	项目数（个）	占比（％）	年增长率（％）	项目数（个）	占比（％）	年增长率（％）
企业	550	90.91	4.17	698	94.84	26.91	851	96.70	21.92
子公司	522	86.28	4.19	685	93.07	31.23	806	91.59	17.66
独资子公司	414	68.43	6.15	517	70.24	24.88	621	70.57	20.12
合资子公司	108	17.85	17.85	168	22.83	22.83	184	20.91	20.91
联营公司	28	4.63	3.70	13	1.77	−53.57	45	5.11	246.15
机构	55	9.10	25.00	38	5.16	30.91	29	3.30	−23.68

资料来源:2016 年江苏省统计年鉴。

表 2.3　对外直接投资各项目类型的中方投资协议额情况

项目类型	2013 年			2014 年			2015 年		
	协议额（万美元）	占比（％）	年增长率（％）	协议额（万美元）	占比（％）	年增长率（％）	协议额（万美元）	占比（％）	年增长率（％）
企业	611917	99.62	21.39	721154	99.94	17.85	1030123	99.97	42.84
子公司	579871	94.40	18.01	712482	98.74	22.87	996893	96.74	39.92
独资子公司	488365	79.50	24.23	543147	75.27	11.22	798599	77.50	47.03
合资子公司	91506	14.90	−6.89	169335	23.47	85.05	198294	19.24	17.10
联营公司	32046	5.22	152.2	8672	1.20	−72.94	33230	3.22	283.19
机构	2356	0.38	414.4	417	0.06	−82.30	337	0.03	−19.18

资料来源:2016 年江苏省统计年鉴。

三、按境内主体划分的江苏对外直接投资发展情况

从境内主体角度来看,对外直接投资企业主要包括四大类,分别为:国有及国有控股企

业、集体企业、民营企业和外资企业。在江苏省对外投资企业中,民营企业长期占据主体地
位,外资企业和国有及国有控股企业分别位列二三位。

首先,从新批项目个数方面来看(如表 2.4 所示),江苏省民营项目的一直呈现递增的趋势,
反映了民营企业的经济活力。2013—2015 年民营企业新批项目个数分别为 426 个、554 个和
693 个,分别占同年项目数的 70.41%、75.27%和 78.75%。除民营企业,外资企业在新批项目数
上也呈现上升趋势,由 2013 年的 118 个上升至 2014 年的 123 个,并进一步增至 2015 年的 132
个。但是,国有及国有控股企业新批项目数仍呈现下降趋势。2013—2015 年,新增项目个数分
别为 58 个、58 个和 52 个,而且仅占同年项目数比重的 9.58%、7.88%和 5.91%。此外,集体企
业在对外直接投资中一直处于最薄弱地位,其项目量仅为个位数,占比不足 0.5 个百分点。

其次,从中方协议投资额部分来看(如表 2.5 所示),民营企业仍占据最重要位置。
2013—2015 年投资金额分别为 434218、547679 和 795137 万美元,占同年总协议额的比重高
达 70.69%、75.90%和 77.16%。不论是投资金额还是所占比重,均呈现出递增趋势。同样,
外资企业的协议额也有所上升。2015 年,外资企业协议额为 137254 万美元,占同年总协议
额的 13.32%,增长速度高达 39.12%。国有及国有控股企业协议金额较上年相比,下降了
8.17%,其协议金额下降至 59895 万美元,占比也降至 5.81%。而近几年的集体企业协议金
额却有所上升,从 2013 年的 974 万美元增至 2015 年的 38164 万美元,增长了 281.71%。由
上述可知,近年来江苏省对外直接投资仍保持主体多样化。

此外,从增长率来看(如表 2.6 所示),2013—2015 年的民营企业新增项目增长率分别为
11.23%、30.05%和 25.09%,协议金额增长率分别为 35.39%、26.13%和 45.18%,这说明民
营企业对外直接投资项目的平均规模较好。

表 2.4 江苏对外直接投资境内主体构成情况(新批项目数)

主　　体	2013 年		2014 年		2015 年	
	项目数 (个)	比例 (%)	项目数 (个)	比例 (%)	项目数 (个)	比例 (%)
国有及国有控股企业	58	9.58	58	7.88	52	5.91
集体企业	3	0.50	1	0.14	3	0.34
民营企业	426	70.41	554	75.27	693	78.75
外资企业	118	19.50	123	16.71	132	15.00

资料来源:2016 年江苏省统计年鉴。

表 2.5 江苏对外直接投资境内主体构成情况(中方协议投资额)

主　　体	2013 年		2014 年		2015 年	
	协议额 (万美元)	比例 (%)	协议额 (万美元)	比例 (%)	协议额 (万美元)	比例 (%)
国有及国有控股企业	46418	7.56	65224	9.04	59895	5.81
集体企业	974	0.16	9998	1.39	38164	3.70
民营企业	434218	70.69	547679	75.90	795137	77.16
外资企业	132663	21.60	98669	13.67	137264	13.32

资料来源:2016 年江苏省统计年鉴。

表 2.6   江苏对外直接投资境内主体构成变化情况 单位：%

主　体	新批项目数年增长率			协议金额年增长率		
	2013 年	2014 年	2015 年	2013 年	2014 年	2015 年
国有及国有控股企业	−3.33	0	−10.34	−45.06	40.51	−8.17
集体企业	−25.00	−66.67	200	−55.42	926.49	281.71
民营企业	11.23	30.05	25.09	35.39	26.13	45.18
外资企业	−5.60	4.24	7.32	36.56	−25.62	39.12

资料来源：2016 年江苏省统计年鉴。

根据表 2.7 显示，2015 年民营企业平均规模达到了 1147.38 万美元，较 2013 年的 1019.29 万美元上升了 128.09 万美元，较 2014 年的 988.59 万美元上升了 158.79 万美元，说明江苏省民营企业的对外直接投资规模不断扩大，实力不断增强。相比民营企业，国有及国有控股企业平均规模较高。比如，2015 年国有及国有控股企业投资项目的平均规模达到 1151.83 万美元，虽在项目投资数及协议额方面，其增长率为负，但在平均规模方面，相较上年有所增长。另外，集体企业投资项目的平均规模是最高的，2015 年达到 12721.33 万美元。但这主要是由于集体企业新批项目数极少，因而不能完全反映出其对外投资项目的投资质量。

为什么近年来民营企业能够成长为江苏省对外投资的主力军？从内因来看，第一，江苏省经济结构调整较早，大量民营企业已经率先度过转型"阵痛期"。第二，江苏省的基础设施建设已经进入尾声，因此国有企业的介入空间受限。民营企业对细微市场更具敏感性，因而加紧了"弯道超车"。第三，江苏的民营企业经济历史基础良好，开放程度高，全省经济呈现"国企强，民企更强"的局面。从外因来看，一方面，民营企业在海外投资中的阻力要小得多，其项目投资即便在美国、欧洲等监管门槛极高的地区也较为畅通；另一方面，民营企业具有更加灵敏的市场嗅觉和更加灵活的应变能力，在为市场竞争提供活力的同时，也必然带动江苏对外直接投资潜力的开发，推动江苏对外直接投资在数量和质量上的升级。

表 2.7   江苏对外直接投资项目平均规模 单位：万美元

年　份	2013 年	2014 年	2015 年
国有及国有控股企业	800.31	1124.55	1151.83
集体企业	324.67	9998	12721.33
民营企业	1019.29	988.59	1147.38
外资企业	1124.26	802.19	1039.88

资料来源：2016 年江苏省统计年鉴。

四、按业务类型划分的江苏对外直接投资发展情况

从业务类型来看，江苏对外直接投资企业主要包括六种类型，分别为：参股并购类、风险投资类、贸易型、非贸易型、境外加工贸易、境外资源开发。

首先，从参股并购类和风险投资类来看，根据表 2.8，在参股并购类项目数方面，2013—

2015 年分别为 80、110 和 170 个,所占比重分别为 13.22％、14.95％和 19.32％,参股并购类项目数不断增加,且所占总项目比例也不断上升。在风险投资类新批项目方面,2013—2015 年分别为 10、7 和 7 个,占同年项目的比重分别为 1.65％、0.95％和 0.80％,呈现出下降趋势。

根据表 2.9 所示,在 2013—2015 年的中方协议投资额当中,参股并购类项目协议金额分别为 126803、110347 和 199902 万美元,占同年总协议金额的比重分别为 20.64％、15.29％和 19.40％。虽然 2015 年所占比重仍低于 2013 年的水平,但与 2014 年相比,2015 年投资金额的年增长率达到 81.16％,进入了高速增长期。2015 年的风险投资类项目协议金额只有 7753 万美元,仅占同年总协议金额 0.75％,且相比 2014 年下降了－56.86％。这说明在江苏对外直接投资中,虽新型投资方式不断发展,参股并购类投资高速增长,但风险投资类项目比重在逐渐下滑。造成这种局面的原因在于该类投资风险较大,对企业的战略眼光要求很高,稍有不慎,就容易出现负收益的情况,因此大部分企业开始规避这种类型的投资。

其次,从贸易型和非贸易型来看,根据表 2.8,2013—2015 年的贸易型投资新批项目数为分别为 210、277 和 315 个,项目数逐步增加,但增速趋缓。2013—2015 年的非贸易型投资新批项目数分别为 395、459、565 个,所占比重分别为 65.29％、62.36％和 64.20％。

根据表 2.9,贸易型和非贸易型项目协议投资额分别为 225716 万美元和 804744 万美元,分别占据总金额的 21.90％和 78.10％,虽然两者之间相差悬殊,但年增长率分别高达 35.15％和 45.11％。由此可见,当前江苏对外投资的特点为:贸易型和非贸易型投资呈现均衡快速发展趋势。

最后,从境外加工贸易和境外资源开发来看:无论是从新批项目数还是从协议金额角度来说,二者均有所增长。其中,二者新批项目数分别为 65 个和 18 个,但所占同项目数仅为 7.39％和 2.05％。二者的协议金额分别为 112433 万美元和 73734 万美元,占据同年金额的 10.91％和 7.16％。因此,境外加工贸易和境外资源开发项目发展规模较小,但却在持续发展。事实上,近年来由于受到劳动力成本上升的影响,江苏省企业也积极主动地开始布局实施产业转移,将部分传统产业转移至其他国家,形成对境外国家的产业外包,从而带动了境外加工贸易和境外资源开发的稳步上升。

表 2.8 江苏对外直接投资各业务类型新批项目数情况

业务类型	2013 年		2014 年		2015 年	
	项目数（个）	比例（％）	项目数（个）	比例（％）	项目数（个）	比例（％）
参股并购类	80	13.22	110	14.95	170	19.32
风险投资类	10	1.65	7	0.95	7	0.80
贸易型	210	34.71	277	37.64	315	35.80
非贸易型	395	65.29	459	62.36	565	64.20
境外加工贸易	38	6.28	61	8.29	65	7.39
境外资源开发	9	1.49	10	1.36	18	2.05

资料来源:2016 年江苏省统计年鉴。

表 2.9　江苏对外直接投资各业务类型中方协议投资额情况

业务类型	2013 年		2014 年		2015 年	
	协议金额（万美元）	比例（%）	协议金额（万美元）	比例（%）	协议金额（万美元）	比例（%）
参股并购类	126803	20.64	110347	15.29	199902	19.40
风险投资类	28342	4.61	17973	2.49	7753	0.75
贸易型	128831	20.97	167014	23.15	225716	21.90
非贸易型	485441	79.03	554557	76.85	804744	78.10
境外加工贸易	34307	5.58	57923	8.03	112433	10.91
境外资源开发	24100	3.92	22658	3.14	73734	7.16

资料来源：2016 年江苏省统计年鉴。

表 2.10　江苏对外直接投资各业务类型年增长情况　　　　　　　　单位：%

业务类型	新批项目数年增长率			中方协议金额年增长率		
	2013 年	2014 年	2015 年	2013 年	2014 年	2015 年
参股并购类	−3.61	37.50	54.55	27.70	−12.98	81.16
风险投资类	−23.08	−30.00	0	109.60	−36.59	−56.86
贸易型	−13.58	31.90	13.72	−16.53	29.64	35.15
非贸易型	20.06	16.20	23.09	38.61	14.24	45.11
境外加工贸易	15.15	60.53	6.56	−1.95	68.84	94.11
境外资源开发	−72.73	11.11	80.00	60.98	5.98	225.42

资料来源：2016 年江苏省统计年鉴。

当然，江苏对外投资也出现了一些问题，如长期形成的贸易优势对对外投资产生挤出效应、企业对外投资的自发性导致整体投资布局纷乱无序、企业缺乏国际化经营经验、对海外风险认识不足、促进对外直接投资的政策和信息支持体系尚不完善。

第三章　江苏对外直接投资的目的地分布

作为沿海经济发达省份,江苏省积极响应国家的政策号召,不断提高江苏省企业国际化水平,鼓励企业加快走出去步伐。在江苏省加速发展成中国对外投资大省的背景下,当前对外直接投资分布于六大洲的极大多数国家,呈现出多元化的特点。

一、江苏对外直接投资地区分布的总体概况

首先,从整体上看,江苏省对外直接投资仍然主要集中于亚洲地区。2015 年亚洲地区新批项目数为 469 个,占同年项目数的 53.30%,同比上涨了 19.57%(详见表 3.1)。同样,亚洲地区项目协议额也呈现上升趋势,2015 年的议额达到 594900 万美元,占据同年协议额的 57.73%,同比上涨了 42.81%(详见表 3.2)。中方协议投资额年增长率远大于新批项目数年增长率的事实说明,江苏对外直接投资对于亚洲地区投资的平均投资规模上升。其次,江苏对外直接投资对于北美洲的投资规模排六大洲中的第二位。根据表 3.1 和表 3.2,2015 年的新批项目数和中方协议投资额分别为 200 个和 127332 万美元,分别占据同年项目数和金额的 22.73% 和 12.36%,同比年增长率分别为 39.86% 和 53.01%,且平均投资规模上升。再次,无论是从新批项目数还是协议额角度来看,2015 年江苏对外直接投资对于欧洲项目的投资都有所下降,其项目数与协议额分别为 78 个和 47991 万美元,同比下降了 4.88% 和 25.01%,且所占同年项目比与同年金额比也下降至 8.86% 和 4.66%(详见表 3.1 和表 3.2)。最后,在江苏省对外直接投资目的地中,拉丁美洲、大洋洲以及非洲仍然只占少数比重。

综上可见,虽然 2015 年江苏省对于六大洲的直接投资有升有降,但整体呈上升趋势。这说明江苏对外直接投资在区位选择上有所调整,以更好地推进对外直接投资进程,从而带动江苏省经济发展。

表 3.1　江苏对外直接投资中各大洲新批项目数情况

地区	2014 年		2015 年		2014—2015 年增长率(%)
	新批项目数(个)	比例(%)	新批项目数(个)	比例(%)	
全部	736	100	880	100	19.57
亚洲	384	52.17	469	53.30	22.14
非洲	46	6.25	41	4.66	−10.87
欧洲	82	11.14	78	8.86	−4.88
拉丁美洲	52	7.07	55	6.25	5.77

续　表

地区	2014 年		2015 年		2014—2015 年增长率（%）
	新批项目数（个）	比例（%）	新批项目数（个）	比例（%）	
北美洲	143	19.43	200	22.73	39.86
大洋洲	29	3.94	37	4.20	27.59

资料来源：2016 年江苏省统计年鉴。

表 3.2　江苏对外直接投资中各大洲中方协议投资额情况

地区	2014 年		2015 年		2014—2015 年增长率（%）
	协议额（万美元）	比例（%）	协议额（万美元）	比例（%）	
全部	721571	100	1030460	100	42.81
亚洲	414753	57.48	594900	57.73	43.43
非洲	65607	9.09	71453	6.93	8.91
欧洲	63994	8.87	47991	4.66	−25.01
拉丁美洲	50248	6.96	117250	11.38	133.34
北美洲	83220	11.53	127332	12.36	53.01
大洋洲	43749	6.06	71483	6.94	63.39

资料来源：2016 年江苏省统计年鉴。

二、江苏对外直接投资地区分布的具体情况

（一）江苏对外直接投资的亚洲地区分布

由于亚洲各国与中国地理距离较近的地缘优势，江苏省对亚洲的直接投资规模明显高于其他五大洲。从亚洲内部来看，由于香港是中国的特别行政区，其在地理及文化方面相较于亚洲其他国家，具有明显区位优势，且香港经济发展繁荣。因此，江苏对外直接投资大部分项目都选择开展在中国香港。2015 年，江苏对其开展直接投资的新批项目数为 240 个，同比上涨了 26.98%；协议投资额达到 335883 万美元，也同比增加了 30.03%。

而对于其他亚洲国家，虽然近些年出现或大或小的变化，但总体规模要比中国香港小得多。由表 3.3 和表 3.4 可知，在 2015 年，江苏对印度尼西亚、马来西亚、印度、泰国、巴基斯坦和哈萨克斯坦的直接投资在新批项目数及协议投资额上，均呈现增加趋势。原因在于这些国家的经济近些年来都出现较大的增长，消费需求不断提高，加强了江苏对其开展产业投资的吸引力。但也有部分国家在项目数上有所减少，但投资金额却有所增加，从而投资平均规模上升，如日本和泰国。与此相反，韩国虽在项目数上有小幅增长，但协议投资额却同比下滑，平均规模有所下降，这说明韩国企业对于江苏企业的吸引力有所下降。另外，在 2014 年度，投资规模较大的新加坡和柬埔寨 2015 年的新批项目数及协议投资额双双出现下滑。

表 3.3　江苏对亚洲地区部分国家直接投资的新批项目数情况　　　　单位:个

国　　家	2014 年	2015 年	增长率(%)
中国香港	189	240	26.98
新加坡	28	27	3.57
韩国	8	21	162.5
日本	32	21	−34.38
印度尼西亚	11	17	54.55
马来西亚	4	17	325.00
柬埔寨	21	16	23.81
印度	6	15	150.00
中国台湾	10	10	0
泰国	17	9	47.06
巴基斯坦	3	6	100
哈萨克斯坦	1	6	500

资料来源:2016 年江苏省统计年鉴。

表 3.4　江苏对亚洲地区部分国家直接投资的中方协议投资额情况　　　　单位:万美元

国　　家	2014 年	2015 年	增长率(%)
中国香港	258318	335883	30.03
新加坡	23738	2386	−89.95
韩国	3250	−452	−113.91
日本	16994	21494	26.48
印度尼西亚	38257	74627	95.07
马来西亚	688	23549	3322.82
柬埔寨	8377	4680	−44.13
印度	422	2651	528.20
中国台湾	1138	2481	118.01
泰国	6795	25179	270.55
巴基斯坦	17949	28000	56.00
哈萨克斯坦	61	16678	27240.98

资料来源:2016 年江苏省统计年鉴。

(二)江苏对外直接投资的北美洲地区分布

除亚洲之外,北美洲是江苏省对外投资的第二大投资区位选择,投资规模逐年上涨,其中对美国的投资占绝大部分比重。美国作为世界上最发达的国家,拥有高度完善的资本主义市场,为江苏对其开展直接投资提供了坚实的基础。除了其市场规模较大之外,江苏省对其进行直接投资更多地出于谋求高科技技术、金融资源以及战略资产等目的。通过在美国进行投资并购,江苏企业能够深度参与国际产业链分工,提升国际化程度。2015 年,江苏对美国的直接投资新批项目数达到 185 个,占同年新批项目数的 21.02%,占北美洲地区总项目数的 92.50%,同比增长了 45.67%。同样,江苏省 2015 年对美国的直接投资项目协议金额达到 107655 万美元,同比上涨了 62.00%。而且,由于协议金额年增长率高于新批项目数年增长率,因而江苏省对美国直接投资的平均规模在逐步优化。另外,江苏 2015 年对加拿大地区直接投资的新批项目数及协议金额分别为 12 个和 15755 万美元,同比分别上涨了 7.69% 和 98.98%;协议金额年增长率远远大于新批项目数年增长率,其平均规模达到 1312.92 万美元,是美国(581.92 万美元)的两倍以上,这说明江苏对美国地区的直接投资规模仍具有可观的潜在发展空间。

表 3.5　江苏对北美洲地区国家直接投资的新批项目数情况　　　　单位:个

地　　区	2014 年	2015 年	增长率(%)
加拿大	13	12	7.69
美国	127	185	45.67
其他	3	3	0

资料来源:2016 年江苏省统计年鉴。

表 3.6　江苏对北美洲地区国家直接投资的中方协议投资额情况　　　　单位:万美元

地　　区	2014 年	2015 年	增长率(%)
加拿大	7918	15755	98.98
美国	66452	107655	62.00
其他	8850	3922	−55.68

资料来源:2016 年江苏省统计年鉴。

(三)江苏对外直接投资的欧洲地区分布

虽然欧洲的经济高度发达,科技实力雄厚,但由于欧洲地区经济仍处于后金融危机时期的复苏阶段,经济发展缺乏活力,江苏对其开展的直接投资在近两年呈下降趋势。在众多欧洲国家中,江苏对德国开展的对外直接投资规模是最大的,但近些年的下滑趋势明显。2015 年江苏对德国直接投资新批项目数由 2014 年的 23 个下降至 16 个,减少了 30.43%;中方协议投资额也由 2014 年的 23794 万美元减至 5300 万美元,下降了 77.73%,从而平均规模锐减至 331.25 万美元。除德国以外,江苏对英国、意大利、荷兰和瑞士等国家的直接投资平均规模也出现下滑趋势。2015 年江苏对英国直接投资的新批项目数虽与 2014 年持平(均为 9 个),但协议投资额却下降了 49.00%。因此,实际的平均规模由 2014 年的 851.89 万美元下降至 2015 年的 434.44 万美元。2015 年江苏对意大利开展的直接投资新批项目数虽然较上年略微增加,但由于协议金额下降了 74.70%,因此,其平均规模也就下降至 221.8 万美元(2014 年为 1096 万美元)。荷兰、瑞士的情况也与此类似。

除上述国家,江苏对外直接投资的平均规模在部分欧洲国家存在上升趋势。比如法国,2015 年江苏对其开展的直接投资中,新批项目数达到 11 个,协议金额为 1844 万美元,分别较上年增加了 22.22% 和 64.79%,因而平均规模也由 2014 年的 124.33 万美元上升至 167.63

万美元。其余如俄罗斯联邦、卢森堡、西班牙,江苏对其直接投资也存在类似情况。

表3.7　江苏对欧洲地区部分国家直接投资的新批项目数情况　　　　单位:个

国　　家	2014 年	2015 年	增长率(%)
英国	9	9	0
德国	23	16	−30.43
法国	9	11	22.22
意大利	4	5	25.00
卢森堡	2	1	−50.00
荷兰	8	9	12.50
西班牙	2	2	0
瑞士	3	1	−66.67
俄罗斯联邦	4	8	100

资料来源:2016 年江苏省统计年鉴。

表3.8　江苏对欧洲地区部分国家直接投资的中方协议投资额情况　　　　单位:万美元

国　　家	2014 年	2015 年	增长率(%)
英国	7667	3910	−49.00
德国	23794	5300	−77.73
法国	1119	1844	64.79
意大利	4384	1109	−74.70
卢森堡	1010	4000	296.04
荷兰	9247	4410	−52.31
西班牙	660	1404	112.73
瑞士	1580	10	−99.37
俄罗斯联邦	1225	17505	1328.98

资料来源:2016 年江苏省统计年鉴。

表3.9　江苏对欧洲地区部分国家开展直接投资的平均规模情况　　　　单位:万美元

国　　家	2014 年	2015 年
英国	851.89	434.44
德国	1034.52	331.25
法国	124.33	167.63
意大利	1096	221.8
卢森堡	505	4000
荷兰	1155.875	490

续 表

国　　家	2014 年	2015 年
西班牙	330	702
瑞士	526.67	10
俄罗斯联邦	306.25	2188.125

资料来源:2016 年江苏省统计年鉴。

(四)江苏对外直接投资的拉丁美洲地区分布

由于拉丁美洲在世界各大洲中,气候条件最为优越,雨水充足,土壤肥沃,适合农作物生长;同时,其矿产资源丰富,有些矿物储量甚至位居世界前列,能够提供现代工业发展的绝大部分矿物资源所需。因此,近年来江苏省对拉丁美洲的投资一直稳步上升。2015 年,江苏对拉丁美洲直接投资规模较上年增加了 133.34%,增加至 117250 万美元。

由于开曼群岛和英属维尔京群岛是著名的离岸金融中心,是公认的两大避税地,对其进行对外直接投资可以享受所得税大幅减免等优惠政策,因此,江苏省对这两个国家的直接投资明显高于拉丁美洲其他国家。在 2015 年,江苏省对开曼群岛直接投资的新批项目数为 21 个,同比增加了 16.67%;协议投资额达到 35151 万美元,同比增加了 286.91%。由于协议额年增长率远远大于新批项目年增长率,因此平均规模不断扩大。相比于此,虽然江苏对英属维尔京群岛开展的对外直接投资新批项目数由 2014 年的 23 个减少到 2015 年的 17 个,同比下降了-26.09%,但协议金额却同比增长了 54.53%,上升至 56912 万美元,因而平均规模是扩大的。

除开曼群岛及英属维尔京群岛之外,2015 年江苏扩大了对巴西和墨西哥的直接投资。比如,江苏对巴西直接投资新批项目数较去年增加 250%,增加至 7 个(2014 年为 2 个),协议投资额增加至 12989 万美元,同比上涨了 2497.80%,其可能原因是巴西具有丰富的矿产资源,刺激了江苏对其资源开发项目的投资。

表 3.10　江苏拉丁美洲地区国家直接投资的新批项目数情况　　　　单位:个

国　　家	2014 年	2015 年	增长率(%)
巴西	2	7	250.00
开曼群岛	18	21	16.67
智利	5	3	-40.00
古巴	1		-100
厄瓜多尔	2	1	-50.005
墨西哥		1	—
秘鲁	1		-100
英属维尔京群岛	23	17	-26.09

资料来源:2016 年江苏省统计年鉴。

表 3.11　江苏对拉丁美洲地区国家直接投资的中方协议投资额情况　　单位:万美元

国　　家	2014 年	2015 年	增长率(%)
巴西	500	12989	2497.80
开曼群岛	9085	35151	286.91
智利	3130	1070	−65.81
古巴	500	—	−100
厄瓜多尔	103	50	−51.46
墨西哥	—	9950	—
秘鲁	100	—	−100
英属维尔京群岛	36830	56912	54.53

资料来源:2016 年江苏省统计年鉴。

(五)江苏对外直接投资的非洲地区分布

江苏省对非洲国家的直接投资一直比较复杂。究其原因,主要有两方面:一方面,由于中国和非洲国家同属于第三世界国家,有着共同的国际利益,所以江苏会响应国家政策,出于外交或援助的因素对非洲国家直接投资。但另一方面,由于非洲地区时局动荡、政治安全隐患高,又极大程度地制约了江苏省对其的直接投资。整体上看,2015 年江苏对非洲各国的直接投资有升有降,但对大部分国家的投资平均规模呈下降趋势。例如,2015 年江苏对安哥拉、肯尼亚和南非直接投资的新批项目数和中方协议金额,同比都有所下降,且协议金额下降率高于新批项目数下降率。而对赤道几内亚和埃塞俄比亚投资的新批项目数,较上年虽没有发生变化,但江苏对其投资协议金额较上年却分别降为 2100 万美元和 7671 万美元。另外,江苏也减少了对阿尔及利亚、莫桑比克和赞比亚的直接投资平均规模。与此同时,2015 年江苏对部分非洲国家的直接投资平均规模也存在增长情况。出现增长的原因,主要是由于这些国家大多是非洲主要的石油出口国,比如尼日利亚、塞舌尔和坦桑尼亚。2015 年江苏对尼日利亚和塞舌尔投资的新批项目数和协议金额,同比都有所增加,且协议金额年增长率高于新批项目数年增长率。对坦桑尼亚投资的新批项目数虽有所下降,但协议金额却有所上升,因而江苏对坦桑尼亚投资的平均规模仍然是扩大的。而且需要指出的是,由于部分非洲国家当中(如喀麦隆、乍得、刚果和埃及等),大宗商品价格暴跌、一连串政策失败等多种不利因素凸显,江苏省还停止了对这些国家的直接投资。

表 3.12　江苏对非洲地区国家直接投资的新批项目数情况　　单位:个

国　　家	2014 年	2015 年	增长率(%)
阿尔及利亚	1	2	100
安哥拉	4	2	−50.00
赤道几内亚	2	2	0
埃塞俄比亚	5	5	0
肯尼亚	4	3	−25.00
莫桑比克	2	5	150.00

国　　家	2014 年	2015 年	增长率(%)
尼日利亚	1	6	500
塞舌尔	3	4	33.33
南非	4	1	−75.00
坦桑尼亚	6	3	50.00
赞比亚	1	3	200

资料来源：2016 年江苏省统计年鉴。

表 3.13　江苏对非洲地区国家直接投资的中方协议投资额情况　　　　单位：万美元

国　　家	2014 年	2015 年	增长率(%)
阿尔及利亚	9800	1	−99.99
安哥拉	10110	750	−92.58
赤道几内亚	2400	2100	−12.50
埃塞俄比亚	14918	7671	−48.58
肯尼亚	2600	1100	−57.69
莫桑比克	2850	3607	26.56
尼日利亚	1600	13592	749.50
塞舌尔	1100	4330	293.64
南非	2320	1000	−56.90
坦桑尼亚	13508	20850	54.35
赞比亚	400	625	56.25

资料来源：2016 年江苏省统计年鉴。

（六）江苏对外直接投资的大洋洲地区分布

总体上看，2015 年江苏对大洋洲地区的直接投资较上年有所增长，但细分来看，江苏省只扩大了对澳大利亚和斐济的投资，对其他四国，均出现投资下滑。2015 年江苏对澳大利亚投资的新批项目数同比上涨了 65.00%，协议金额同比上涨了 73.97%，增速迅猛。这主要是由于澳大利亚具有丰富的自然资源，江苏对其进行直接投资更多的是为了获取资源；另外，2014 年底结束的中澳双方自由贸易协定谈判，也对江苏省对其开展直接投资起到了巨大的推动作用。2015 年，江苏对斐济的投资新批项目数虽不变，但协议金额上涨了 506.06%，这说明随着近年来斐济经济的快速发展，特别是当地建筑业发展速度的逐渐加快，极大地增强了江苏对其开展对外直接投资的吸引力。

表 3.14　江苏对大洋洲地区国家直接投资的新批项目数情况　　　　单位：个

国　　家	2014 年	2015 年	增长率(%)
澳大利亚	20	33	65.00
斐济	1	1	0

续　表

国　　家	2014 年	2015 年	增长率（%）
瓦努阿图	1	0	−100
新西兰	3	2	−33.33
萨摩亚	4	1	−75.00

资料来源：2016 年江苏省统计年鉴。

表 3.15　江苏对大洋洲地区国家直接投资的中方协议投资额情况　　单位:万美元

国　　家	2014 年	2015 年	增长率
澳大利亚	37169	64663	73.97％
斐济	990	6000	506.06％
瓦努阿图	20	0	−100％
新西兰	4520	810	−82.08％
萨摩亚	1050	10	−99.05％

资料来源：2016 年江苏省统计年鉴。

第四章　江苏对外直接投资的行业分布

一、江苏对外直接投资行业分布的总体特征

2015 年江苏对外直接投资囊括了三大产业的 17 个行业。其中,制造业、批发与零售业、房地产业、信息传输、软件和信息技术服务业、采矿业和建筑业 6 个行业合计投资流量 912203 万美元,占全年投资总流量的 88.52%。在这当中,重点行业波动较小,比重基本稳定,特别是制造业,流向它的直接投资达到 256947 万美元,稳居第一;批发与零售业对外投资量为 214429,位列第二;从 2015 年开始房地产业发展迅猛,并由此成为仅次于制造业、批发与零售业的重点投资行业;2015 年对外投资流向住宿和餐饮业的幅度由 2014 年的 3762 万美元下降为 2753 万美元,出现了显著的下滑;此外,部分高科技行业(科学研究、技术服务和地质勘查业)的增长动能也显现出疲态。

(一)行业分布日趋多元化

随着经济全球化时代的到来以及我国综合国力的增强,江苏对外直接投资从起初的单项业务模式逐渐向多种行业以及不同经营方式转变,整体朝着多样化趋势发展。就目前而言,江苏企业对外直接投资已经完全覆盖了三大产业的 18 个行业。

总体上,江苏对外直接投资呈现出以下特点:① 从时序上来看,随着经济水平的提高以及对外投资能力的增强,流向三大产业的流量均呈现增长趋势,而且增幅较大。② 从行业间比较来看,产业结构逐渐趋于合理,第三产业所占比重逐年上升,占有较大的比较优势。根据《2015 年度江苏统计年鉴》的相关统计,江苏省三大产业的直接投资额存在较大的差异,流向第三产业(即服务业)的流量达到 629432 万美元(占总流量的 61.08%),同比增长 36.59%;流向第二产业的流量为 388572 万美元(占总流量的 37.71%),同比增长 51.87%;流向第一产业的流量为 12406 万美元(占总流量的 1.20%),同比增长 153.91%(详见表 4.1)。

表 4.1　江苏对外直接投资行业分布情况　　　　　　　　单位:万美元

行　　业	2014 年	2015 年	年增长率(%)	占总协议投资率(%)
全部	721571	1030460	42.81	100
第一产业	4886	12406	153.91	1.21
第二产业	255860	388572	51.87	37.71
第三产业	460825	629432	36.59	61.08

资料来源:江苏统计年鉴。

表4.2 江苏对外直接投资行业分布情况 单位:万美元

行 业	2015 年
第一产业	12406
农、林、牧、渔业	12406
第二产业	388572
采矿业	72696
制造业	256947
电力、燃气及水的生产和供应业	117550
建筑业	41379
第三产业	629432
交通运输、仓储和邮政业	14920
信息传输、计算机服务和软件业	26370
批发和零售业	214429
住宿和餐饮业	2753
金融业	0
房地产业	17456
租赁和商务服务业	209296
科学研究、技术服务和地质勘查业	18987
水利、环境和公共设施管理业	2250
居民服务和其他服务业	23029
教育	1480
文化、体育和娱乐业	2462
其他	13757
总 计	1030460

资料来源:江苏统计年鉴。

(二)六大行业最为集中

江苏企业对外直接投资在协议投资额方面,虽然也存在明显的行业差异,但覆盖率达到了90%以上,而且主要集中在制造业,采矿业,电力、燃气及水的生产和供应业,批发和零售业,建筑业,租赁和商务服务业等六个行业。从2015年的投资流量来看,上述6个行业的投资额分别为256947、72696、17550、41379、214429、209296万美元,占总流量的比重分别为24.94%、7.05%、1.70%、20.81%、4.02%、20.31%,这六个行业集中了总流量的91.22%(见表4.2)。其中,属于第三产业的房地产业,科学研究、技术服务业,交通运输、仓储和邮政业,租赁和商务服务业以及信息传输、软件和信息技术服务业流量占比之和为27.51%,总体比重偏低;属于第二产业的制造业流量占比为63.72%,超过总流量的一半,说明制造业在江苏对外直接投资中仍然有着举足轻重的地位。

表 4.3 2015 年江苏省对外直接投资六大行业分布情况

行　　业	协议投资额（万美元）	占总协议投资额的比重（％）
采矿业	72696	7.05
制造业	256947	24.94
电力、燃气及水的生产和供应业	17550	1.70
建筑业	41379	4.02
批发和零售业	214429	20.81
租赁和商务服务业	209296	20.31

资料来源：江苏统计年鉴。

表 4.4 2014—2015 年江苏对外直接投资行业分布比重排名

排名	1	2	3	4	5	6
行业	制造业	批发和零售业	租赁和商务服务业	电力、燃气及水的生产和供应业	采矿业	建筑业

资料来源：江苏统计年鉴。

（三）技术密集型行业的分化趋势

近些年，信息传输、软件和信息技术服务业、科学研究与实验发展、科技交流与推广等技术密集型行业逐渐呈现快速增长的态势。2015 年，江苏对外直接投资中流向信息传输、软件和信息技术服务业的投资达到 2138817 万美元，流向科学研究、技术服务业的投资达到 5111704 万美元，分别居于第六和第三的位置（见表 4.2）。由此可见，在当今的知识经济时代，技术密集型行业未来将成为江苏对外直接投资的重点行业。

二、江苏对外直接投资行业分布的具体情况

（一）第一产业协议投资情况

2015 年，流向农业、林业、牧业、渔业以及农、林、牧、渔服务业的协议投资总额达到 12406 万美元，较上一年增长 153.91％，占该年总协议投资额的 1.2％。

其中，农业协议投资额为 1940 万美元，占总协议投资额的比例为 0.19％，较上年增长 2671.42％；农、林、牧、渔服务业协议投资额高达 6204 万美元，较上年增长 6104％；相比之下，渔业的增长率虽然没有农业以及农、林、牧、渔服务业高，但是年增长率也高达 103.92％，这说明渔业也是江苏省对外直接投资在第一产业中的重点投资对象。对于牧业的协议投资连续两年都是 0，对于林业的年增长率则是－33.36％（见表 4.5）。因此，江苏企业对农业，渔业以及农、林、牧、渔服务业协议投资的增加是第一产业中对外投资的关键所在。

表 4.5　江苏对外直接投资在第一产业内部的行业分布情况

行　　业	2014 年		2015 年		年增长率(%)
	协议投资额 (万美元)	占总协议 投资额比例 (%)	协议投资额 (万美元)	占总协议 投资额比例 (%)	
第一产业	4886	0.68	12406	1.20	153.91
农业	70	0.01	1940	0.19	2671.42
林业	3900	0.54	2599	0.25	−33.36
畜牧业	0	0.00	0	0.00	0.00
渔业	816	0.11	1664	0.16	103.92
农、林、牧、渔服务业	100	0.01	6204	0.60	6104.00

资料来源:江苏统计年鉴。

(二)第二产业协议投资情况

2015 年,流向第二产业的协议投资额达到了 388570 万美元,较上年增长了 51.87%;占总协议投资额的比重由 2014 年的 35.46%上升至 37.71%。

其中,采矿业的协议投资额为 72696 万美元,较上年增长了 180.54%;建筑业的协议投资额为 41379 万美元,较上年增长 155.27%;电力、燃气及水的生产和供应业协议投资额为 17550 万美元,较上年增长 49.81%;制造业的协议投资额为 256947 万美元,较上年增长 27.19%。从增速的比较来看,2015 年制造业,电力、燃气及水的生产和供应业的增长速度不及整个第二产业;采矿业和建筑业的增长趋势则突飞猛进,尤其是采矿业增速高达 180.54%,这都为江苏第二产业的发展奠定了重要的基础(见表 4.6)。

从制造业内部的细分行业来看,江苏对制造业的协议投资主要集中在交通运输设备制造业、纺织业、通用设备制造业、专用设备制造业、非金属矿物制品业、有色金属冶炼及压延加工业以及电气机械及器材制造业等七个细分行业。如表 4.7 所示,虽然纺织业和专用设备制造业出现下滑趋势,但交通运输设备制造业、通用设备制造业、非金属矿物制品业、有色金属冶炼及压延加工业、电气机械及器材制造业等行业均显现猛涨趋势。这说明近年来江苏对外直接投资涉及的领域较以前更加广泛,在引进外国高科技的同时,也加速了装备制造国际化合作的步伐。

表 4.6　江苏对外直接投资在第二产业内部行业分布情况

行　　业	2014 年	2015 年	年增长率(%)
	协议投资额 (万美元)	协议投资额 (万美元)	
第二产业	255860	388570	51.87
采矿业	25913	72696	180.54
制造业	202022	256947	27.19

行　　业	2014 年	2015 年	年增长率(%)
	协议投资额 （万美元）	协议投资额 （万美元）	
电力、燃气及水的生产和供应业	11715	17550	49.81
建筑业	16210	41379	155.27

资料来源：江苏统计年鉴。

表 4.7　江苏对外直接投资在制造业内部主要行业分布情况

行　　业	2014 年		2015 年		年增长率 （%）
	协议投资额 （万美元）	占总协议投资 额比例（%）	协议投资额 （万美元）	占总协议投资 额比例（%）	
制造业	202022	28.00	256947	24.93	27.19
交通运输设备制造业	8945	1.24	12411	1.20	38.75
纺织业	17485	2.42	14275	1.39	−18.36
通用设备制造业	4808	0.67	18050	1.75	275.41
专用设备制造业	60601	8.40	23429	2.27	−61.34
非金属矿物制品业	400	0.06	24016	2.33	5904
有色金属冶炼及压延加工业	4929	0.68	45273	4.39	818.50
电器机械及器材制造业	12075	1.67	49842	4.84	312.77

资料来源：江苏统计年鉴。

（三）第三产业新批项目数及协议投资情况

从 2015 年江苏对外直接投资中第三产业的中方协议投资来看，增速高达 61.99％。在第三产业内部，除金融业外，其他 11 个行业均具有对外直接投资的能力。其中，六个行业的表现更为突出，从高到低依次是：批发与零售业、租赁和商务服务业、房地产业、信息传输、计算机服务和软件业、居民服务和其他服务业、科学研究、技术服务和地质勘探业。从协议投资额的变化情况来看，除科学研究、技术服务和地质勘查业表现出负增长以外，其余行业均呈现上涨趋势。其中，租赁和商务服务业以及房地产业因为基数过大而涨幅较低，分别为 14.96％和 17.89％；信息传输、计算机服务和软件业，居民服务和其他服务业，批发和零售业均呈现可观的增长速度，增幅分别为 174.69％，143.44％和 67.89％)（见表 4.8）。需要特别指出的是，在这六个行业当中，除了批发和零售业外，均属于现代服务业的范畴，这表明江苏对外直接投资的质量逐渐提升，正在向着现代服务业发展。实际上，现代服务业是现代经济的重要特征，是产业结构调整和转型升级的重中之重。因此，江苏对外直接投资在第三产业内部呈现以现代服务业为重点投资方向也就不足为奇。

表 4.8　江苏对外直接投资在第三产业内部行业分布

行　　业	2014 年		2015 年		协议投资年增长率(%)
	新批项目数（个）	中方协议投资（万美元）	新批项目数（个）	中方协议投资（万美元）	
第三产业	469	460825	573	629432	36.59
批发和零售业	240	127719	263	214429	67.89
租赁和商务服务业	111	182067	137	209296	14.96
房地产业	30	99633	33	117456	17.89
信息传输、计算机服务和软件业	25	9600	42	26370	174.69
居民服务和其他服务业	11	9460	17	23029	143.44
科学研究、技术服务和地质勘查业	41	23639	41	18987	—19.68

第五章　江苏对外直接投资的区域内比较及投资绩效分析

一、江苏对外直接投资的省内区域比较

江苏省主要划分为苏南、苏北和苏中三个主要区域。其中,苏南地处长江三角洲核心地带,交通便捷,人口稠密,经济发展条件极其优越;苏中地区东濒黄河、南靠长江,与苏南和上海联系紧密,经济发展虽不及苏南,但长期超过苏北;苏北地区主要分布在淮河以北,虽然有较好的水上交通和一定的陆地交通条件,但交通枢纽作用不能得到充分发挥,经济发展较为滞后。就经济发展水平而言,苏南、苏中、苏北呈现出由高到低依次递减的阶梯状。

2015 年,苏北、苏中和苏南地区对外直接投资的新批项目数分别为 91、141 和 648 个,分别占据同年新批项目数的 10.34%、16.02% 和 73.64%;中方协议投资额分别为 179263、168086 和 683111 万美元,分别占据同年中方协议金额的 17.40%、16.31% 和 66.29%。无论从新批项目数还是协议额角度看,苏南地区的投资占比最大,苏中地区位居第二,苏北地区对外直接投资规模最小。这显然与地区经济的发展水平是正相关的。

如表 5.1 和表 5.2 所示,近三年以来,苏南地区的新批项目数分别为 433、525 和 648 个,协议投资额分别为 436849、527432 和 683111 万美元,均保持稳步上升趋势。实际上,苏南地区包括南京、苏州、无锡、镇江和常州五市。其中南京、苏州和无锡的对外直接投资一直处于领先位置。首先,2015 年投资额占比最大的为南京市,其中方协议投资达到 206155 万美元,占总金额的 20.01%,同比增长 40.62%,近些年来首次超过苏州市。2015 年,南京对外直接投资新批项目数为 170 个,占总项目的 19.32%,同比增长 54.55%,虽然仍低于苏州市,但南京对外直接投资的平均规模已赶超苏州,成为苏南对外直接投资规模最大的地区。其次,苏州地区对外直接投资规模逐步上升,但有相对放缓趋势。无论是从新批项目数还是协议金额角度来看,苏州在 2015 年其增长速度都远不及南京市。再次,2015 年无锡市的新批项目数达到 115 个,协议投资额为 174764 万美元。无锡市的对外直接投资也有较大规模,且逐年上升,但增速始终低于南京市和苏州市。另外,镇江市和常州市对外直接投资相对较小,2015 年新批项目数分别为 44 个和 67 个,协议金额分别为 21908 万美元和 75530 万美元。

2015 年苏中地区对外直接投资的新批项目数为 141 个,同比上涨了 7.63%,协议投资额达到 168086 万美元,同比增长 33.63%。苏中地区包括扬州、泰州和南通三市。其中南通的对外直接投资规模最大。2015 年,南通的新批项目数未发生变化(仍为 78 个),但协议投资额达到 113910 万美元,同比上涨了 23.81%。其次是扬州市,2015 年的对外直接投资协议额达到 38859 万美元,同比上涨了 80.24%,是苏中地区增速最快的城市,但扬州市的新批项目数却是苏中地区最少。最后是泰州市,2015 年的新批项目数为 38 个,同比上涨了 31.04%,

协议投资额为 15317 万美元,同比上涨了 25.33%,对外直接投资平均规模较小。

苏北地区一直是江苏省对外直接投资最薄弱的地区,但 2015 年其对外直接投资规模首次超过苏中地区(协议投资额同比增长 162.25%,新批项目数只增加 13.71%)。这主要得益于苏北地区在赶超发展中,主动对接互联网、注重从互联网经济中借力、立足自身比较优势错位发展工业。苏北主要包括徐州、连云港、宿迁、淮安和盐城五市。其中徐州、连云港、淮安和盐城,2015 年的协议投资额分别为 73526、50962、6660、46295 万美元,增长率分别达到 196.25%、111.50%、116.94% 和 212.42%。不难看出,徐州市是苏北地区对外直接投资规模最大市,其新批项目数也同比增长较快(为 40.91%)。苏北地区投资规模最小为宿迁市,2015 年新批项目数只有 6 个,较上年无增长,协议投资额也仅 1821 万美元。

表 5.1　江苏地区内对外直接投资新批项目数情况

地　　区	2013 年		2014 年		2015 年	
	项目数(个)	比例(%)	项目数(个)	比例(%)	项目数(个)	比例(%)
苏北	66	10.91	80	10.87	91	10.34
徐州	20	3.31	22	2.99	31	3.52
连云港	17	2.81	22	2.99	23	2.61
宿迁	5	0.83	6	0.82	6	0.68
淮安	4	0.66	5	0.68	6	0.68
盐城	20	3.31	25	3.40	25	2.84
苏中	106	17.52	131	17.80	141	16.02
扬州	29	4.79	24	3.26	25	2.84
泰州	24	3.97	29	3.94	38	4.32
南通	53	8.76	78	10.60	78	8.86
苏南	433	71.57	525	71.33	648	73.64
南京	90	14.88	110	14.95	170	19.32
镇江	49	8.10	35	4.76	44	5.00
常州	48	7.93	64	8.70	67	7.61
无锡	87	14.38	107	14.81	115	13.07
苏州	159	26.28	209	28.40	252	28.64

资料来源:2015 年、2016 年江苏省统计年鉴。

表 5.2　江苏地区内对外直接投资协议投资额情况

地　　区	2013 年		2014 年		2015 年	
	协议金额(万美元)	比例(%)	协议金额(万美元)	比例(%)	协议金额(万美元)	比例(%)
苏北	**69267**	**11.28**	**68355**	**9.47**	**179263**	**17.40**
徐州	20299	3.30	24819	3.44	73526	7.14

地　区	2013 年		2014 年		2015 年	
	协议金额（万美元）	比例（%）	协议金额（万美元）	比例（%）	协议金额（万美元）	比例（%）
连云港	20463	3.33	24095	3.34	50962	4.95
宿迁	725	0.12	1553	0.22	1821	0.18
淮安	385	0.06	3070	0.43	6660	0.65
盐城	27396	4.46	14818	2.05	46295	4.49
苏中	**108156**	**17.59**	**125784**	**17.43**	**168086**	**16.31**
扬州	15432	2.51	21559	2.99	38859	3.77
泰州	12590	2.05	12221	1.69	15317	1.49
南通	80135	13.05	92004	12.75	113910	11.05
苏南	**436849**	**71.11**	**527432**	**73.09**	**683111**	**66.29**
南京	100663	16.39	146605	20.32	206155	20.01
镇江	11339	1.85	18801	2.61	21908	2.13
常州	42838	6.97	46699	6.47	75530	7.33
无锡	120157	19.56	145298	20.14	174764	16.96
苏州	161851	26.35	170029	23.56	204754	19.87

资料来源：2015、2016 年江苏省统计年鉴。

表 5.3　2015 年江苏对外直接投资增长情况　　　　　　　　单位：%

地　区	项目数年增长率	协议额年增长率
苏北	13.75	162.25
徐州	40.91	196.25
连云港	4.55	111.50
宿迁	0	17.26
淮安	20.00	116.94
盐城	0%	212.42
苏中	7.63	33.63
扬州	4.17	80.24
泰州	31.04	25.33
南通	0	23.81
苏南	23.43	29.52
南京	54.55	40.62
镇江	25.71	16.53

地　　区	项目数年增长率	协议额年增长率
常州	4.69	61.74
无锡	7.48	20.28
苏州	20.57	20.42

资料来源：2016 年江苏省统计年鉴。

二、江苏对外直接投资绩效分析

由于江苏省内各地区经济发展规模差距较大，单纯地从绝对投资额角度比较各地区对外直接投资情况，可能存在局限性。因此，本节引入对外直接投资绩效指数用于排除由于各地经济规模差异所带来的影响，进而衡量各地区的对外直接投资的相对份额。某一国家对外直接投资绩效指数（OND）是指该国家对外直接投资额（$OFDI_k$）占世界总对外直接投资额（$OFDI_w$）的份额与该国家国内生产总值（GDP_k）占世界生产总值（GDP_w）的份额之比。这一指数排除了来源国经济发展规模的影响因素，能真实反映一国的对外直接投资在国际上的地位。从上述定义可以看出，如果某国的 OND 为 1，则表示该国对外直接投资的绩效达到世界平均水平，OND 的取值越大且大于 1（越小且小于 1），则意味着该国的对外直接投资绩效越高于世界平均水平（越低于世界平均水平）。

（一）从省内各地区看江苏对外直接投资绩效

首先，将对外直接投资绩效指数运用到江苏省内各区域的对外直接投资比较上，则将某一国家的对外直接投资额替换成江苏省内某一地区的对外直接投资额，世界总对外直接投资额替换成江苏对外直接投资额。同样，将某国 GDP 替换成江苏省内某地区 GDP，将世界 GDP 替换成江苏省 GDP。因此，可以认为，如果某一地区 OND 为 1，则其对外直接投资绩效达到江苏省平均水平。

从表 5.4 可以看出，苏南地区 2015 年的投资绩效仍然位居省内第一，但同比有所下降。其绩效指数为 1.16，高于江苏省对外直接投资绩效的平均水平，说明其对外直接投资规模略高于其地区经济总量发展。苏中地区的投资绩效一直位居全省第二，2015 年绩效指数为 0.85，但低于 2014 年的 0.93。苏北地区对外直接投资绩效一直处于省内落后地位，但 2015 年的绩效指数相比于 2014 年增加了 80.95％，达到了 0.76，说明苏北地区的对外直接投资规模扩张迅速，越来越接近江苏省对外直接投资绩效的平均水平。

从省内具体地市角度看，近三年 OND 一直保持大于 1 的地市均为连云港、南通、南京和无锡这四个城市。2015 年常州市的对外直接投资绩效指数在近些年中首次上升到 1，达到江苏省对外直接投资绩效平均水平。相比之下，苏州市的投资绩效有所下滑，由 2014 年的 1.14 下降到 2015 年的 0.99。而且，2013 年江苏省内对外直接投资绩效指数最大的为南通市，2014 年投资绩效最大的为无锡，而 2015 年投资绩效最大的为连云港市，这说明在摈除各地区经济规模影响因素之后，各地区对外直接投资绩效也存在一定的波动性。

总体来看，苏南和苏中地区对外直接投资绩效虽一直领先于苏北地区，但 2015 年投资绩效有所下滑，而苏北地区的对外直接投资发展较快，且越来越接近江苏省对外直接投资绩效的平均水平。

表 5.4　江苏省内各地区对外直接投资绩效指数

地　区	2013 年	2014 年	2015 年
苏北	0.51	0.42	0.76
徐州	0.45	0.46	0.96
连云港	1.32	1.14	1.65
宿迁	0.04	0.08	0.06
淮安	0.02	0.12	0.17
盐城	0.79	0.36	0.77
苏中	0.94	0.93	0.85
扬州	0.47	0.54	0.68
泰州	0.41	0.33	0.29
南通	1.56	1.51	1.29
苏南	1.21	1.24	1.16
南京	1.25	1.54	1.48
镇江	0.38	0.54	0.44
常州	0.96	0.88	1
无锡	1.55	1.64	1.43
苏州	1.25	1.14	0.99

资料来源:2016 年江苏省统计年鉴。

(二) 从全国层面看江苏对外直接投资投资绩效

由表 5.5 可知,2015 年上海、广东和浙江的对外直接投资协议投资额分别位居全国前三,分别达到 398.97、259.5 和 145.25 亿美元。江苏省 2015 年对外直接投资只达到 103.04亿美元,仅占全国对外直接投资协议额的 7.07%,但其 GDP 占比较大(达到 10.63%)。因而综合考虑,江苏对外直接投资绩效指数一般[①],只有 0.67。而全国排名前三的省市投资绩效指数全部超过 1,分别达到 7.42、1.66 和 1.58。由此可见,江苏省对外直接投资规模与其经济总体发展情况严重不符,对外直接投资规模还有待提高。

表 5.5　2014—2015 年六省市投资情况比较

省市	协议投资额(亿美元)		2015 年投资额占比(%)	2015 年 GDP占比(%)	投资绩效
	2014 年	2015 年			
北京	54.6	95.55	6.56	3.39	1.94
上海	122.9	398.97	27.39	3.69	7.42

①　将 ONP 运用到某一国地域内的对外直接投资比较中,则将某一国家的对外直接投资额替换成某一省市的对外直接投资额,世界总对外直接投资额替换该国家对外直接投资额,同样,将某国 GDP 替换成省市 GDP,将世界 GDP 替换成该国家 GDP。

省市	协议投资额(亿美元)		2015 年投资额占比(%)	2015 年 GDP 占比(%)	投资绩效
	2014 年	2015 年			
广东	124.9	259.5	17.81	10.76	1.66
山东	62.9	82.4	5.66	9.31	0.61
浙江	58.1	145.25	9.97	6.33	1.58
江苏	72.2	103.04	7.07	10.63	0.67
全国	1231.2	1456.7	100	100	—

资料来源:2016 年六省市统计局网站。

第六章　江苏对外直接投资的影响因素及政策建议

一、江苏对外直接投资的影响因素

截至 2015 年,江苏省对外直接投资取得了长足的发展,但其占全国对外直接投资流量及世界投资流量并不大。本章主要从不同角度出发,研究影响江苏省对外直接投资的主要因素。

(一) 政策因素

在对外直接投资业务开展的过程中,相关政策的出台将有力地鼓励和扶持中小型企业参与"走出去"战略中去,有利于对外直接投资规模的扩大。首先,从母国角度出发,江苏省政府为发展本省对外直接投资,制定了一系列鼓励企业"走出去"的财税政策,鼓励江苏省企业对外输出资本,参与境外基础设施建设,提高工程承包水平,稳步发展劳务合作。其次,从东道国角度来看,东道国优惠的吸引外资政策也是为其增加外来直接投资的原因之一。例如零关税政策,英属维尔京群岛和开曼群岛是著名的避税天堂。因此,政府的支持政策是江苏省企业对外直接投资的重要动力源之一。

(二) 资源及技术获取因素

江苏作为中国较早发展的省份之一,经济的长期高速发展也伴随着能源的过度消耗。经济的可持续发展与资源环境之间的矛盾成为制约江苏省经济快速增长的一大障碍。但是,对外直接投资实际上为打破这一窘境提供了一条有效途径,购买和利用海外资源和能源已经成为江苏省发展全球化经济的重要环节之一。因此,国内资源的短缺使得国外某些国家丰富的自然资源和能源成为影响江苏省对外直接投资的重要影响因素。

除了能获取国外自然资源之外,人力资源、高科技及创新技术也是影响江苏省对外直接投资开展的一大重要因素,特别是对发达国家开展的直接投资。虽然近些年来,江苏省经济快速发展得益于省内部分企业人才及产品生产核心技术的掌握,但还有很大一部分企业发展处于落后或起步阶段,与世界级的大公司相比仍有很大差距,因而极有必要通过开展对外直接投资的途径来学习和吸收外国企业发达技术。外国企业尤其是发达国家企业,其掌握的技术和拥有的人才往往具有世界一流水平,江苏企业通过对其开展直接投资能够得到一种基于知识转移的利用性学习。因此,江苏省企业要想获取到发达国家先进的技术、高素质人才要素等战略性资源,有效提升其国家的全要素生产率,在自力更生、自主创新的同时,应积极对拥有高素质人才及高科技技术的国家开展对外直接投资。

(三) 市场需求因素

随着江苏省内企业的快速发展及壮大,其国内狭小的市场需求已经无法满足某些大型企业巨大的生产力。因而实力雄厚的大公司凭借其自身所有权优势[①]，为进一步发展企业规模、实现更多盈利、稳固在国内市场中的竞争地位等目标，开始将目光投入世界。因此，对外直接投资正成为这些大公司寻求海外市场的重要手段，且相对于那些市场需求较小的国家，对该企业产品越有市场需求的国家将更加吸引江苏省对其开展直接投资。有研究显示，发展中国家在制造业或服务业上的对外直接投资，大多将东道国市场作为目标。

（四）劳动力因素

江苏省企业对外开展直接投资除了能获取到商业利润、自然及人力资源和高科技技术之外，还会产生成本，其中最主要的就是劳动力成本。劳动力成本对企业对外直接投资的影响主要反映在劳动力工资水平上。如果东道国的劳动力工资水平低于母国劳动力工资水平，为降低企业的运营成本，则江苏省有动力对其开展对外直接投资，即利用东道国的人口红利。另外，劳动力的工资水平还能影响企业产品在东道国的销售，因为劳动力工资水平能够反映出东道国居民的收入水平。一般收入水平越高，说明该国家的消费能力越强。从这个角度来看，为了有利于产品的销售，企业将选择拥有高劳动力工资水平的东道国对其进行对外直接投资。因此，劳动力工资水平是影响企业对东道国开展对外直接投资的一个重要影响因素，但劳动力工资水平的高低对对外直接投资的影响是正向促进还是反向抑制，应从不同角度综合考虑。

（五）地理因素

企业对东道国开展对外直接投资产生的经营成本，除劳动力成本之外，还存在由于空间距离产生的地理成本。从近些年来江苏省对外直接投资目的地选择来看，其投资规模最大的是亚洲地区。产生这种现象的最主要原因就是由于地理因素。一方面，身处亚洲的中国与亚洲其他国家都是近邻，与中国地理距离较近，其交通运输成本相对于其他国家较低；另一方面，江苏省企业与亚洲其他国家开展贸易时间较早，对外直接投资经验为企业与东道国之间形成了合作默契。由于企业对于东道国的了解，降低了企业对其的心理距离，因此，贸易风险较低。另外，亚洲国家之间的文化差异较小，便于交流沟通，更重要的是大部分亚洲国家拥有大量的华人聚集地区，基于这种关系优势，贸易成功的几率相比于其他国家较大。因此，江苏省企业更有动力向那些与本国地理空间距离较小的东道国开展对外直接投资。

（六）文化因素

从文化角度来看，对于影响企业对东道国开展对外直接投资的因素主要有三个方面。首先，东道国文化的异同将会影响江苏对外直接投资的开展。一般来说，东道国的文化越接近母国，则母国企业将越愿意对其开展直接投资。这是由于文化相近的两国之间进行贸易，其社会文化方面的交易成本比较低，例如语言沟通成本。其次，东道国文化的优劣也会影响江苏对外直接投资的开展。文化作为一种潜移默化的精神形式，能在无形中感染着人类的行为。一个具有文化活力的国家，更容易催生出极具活力的创新技术和人才。因此，企业更有动力对一个拥有优良文化环境的东道国开展对外直接投资。再次，东道国文化的类型也会影响江苏对外直接投资的开展。一个以进取、求新、求异和开放型为主流价值文化的国家则更容易接纳外国企业的进入，而且该东道国的人才更富有创造力，设计的产品能够满足

---

① 所有权优势是指一国企业拥有或能够获得的，而国外企业所没有或无法获得的资产及其所有权。

"个性化"需求。相反,一个以循规蹈矩、墨守成规为主流价值文化观念的国家,其设计的产品往往是成熟的、毫无新意的,同时,其对外交流的欲望不会太强烈,从而不利于贸易投资的发展。因此,企业将有动力对那些与母国文化差异较小,拥有文化活力且具有进取和开放型的东道国开展对外直接投资。

(七)政治安全因素

近些年来,以叙利亚危机为代表的国际政局事件频发,军事的频繁动荡对经济发展产生了严重的不利影响。因此,东道国的安全问题也影响了江苏省对其开展对外直接投资的规模。例如,从近些年江苏省对非洲国家的直接投资情况可以看出,江苏省对其投资比较复杂,没有一定的规律可循。究其原因,是由于其时局动荡,战争、恐怖主义事件频发。2015年以来,恐怖主义肆虐似乎已经成为常态,四大恐怖组织的恐怖活动层出不穷。"伊斯兰国"在欧洲、亚洲和非洲制造了一系列震惊全球的恐怖事件;索马里"青年党"仅袭击索马里援助机构工作人员的事件就比上年几乎增加了一倍;2015年里,"博科圣地"在尼日亚、乍得、尼日尔等地利用自杀式炸弹进行一系列的恐怖活动,造成了成千上万的平民伤亡;"基地"组织北非分支愈发激进,行动范围蔓延至整个马里及其邻国。因此,江苏省对于这些军事动荡不安、政治安全隐患高的国家开展的对外直接投资较少,甚至没有。

二、江苏对外直接投资的政策建议

面对已经存在的问题,江苏应调整原来的外向型经济发展战略,完善对外投资的体系,利用好对外投资来推动产业的升级和经济的转型。建议如下:

(一)将以往的对外开放观念更新升级,完成引进外资向引进和输出共存的形式转变

过去,江苏利用积极引进外资达到了发达国家水平,但在全球经济复苏缓慢、发达国家资本输出日益收缩的情况下,一定要改变过去那种"只进不出"的旧有观念,切实营造好良好的市场氛围和制度环境,为江苏企业"走出去"做好保障,将"走出去"和"引进来"作为同等重要的对外开放战略来抓。

(二)对外投资的规划和引导需进一步加强

面对江苏对外投资布局的无序,江苏需要借鉴发达国家的成熟做法,确定其正确的投资方向和重点,以此加强外对投资的协调和指导,充分利用好江苏优势型投资和学习型投资的协同优势。

(三)对外投资企业的金融和保险支持需进一步加强

通过建议江苏加强政府部门、融资企业、政策性银行和商业银行等金融机构的协调发展,鼓励其提供优质的金融服务,为对外投资提供良好的金融保障。同时,建立有效的海外保险制度,为江苏"走出去"的企业提供保险支持。

(四)加强海外集聚区建设,鼓励企业集体走出去

为降低经营风险,应积极鼓励企业选择携手走出去。这样可以利用产业的关联性和互补性的特征,实现在海外的集聚发展。

(五)优化对外投资信息服务,寻求更加完善的信息服务

就目前江苏对外投资的信息服务来说,还需进一步加强对外投资企业投资方式、投资额以及经营状况的具体统计,完善和优化企业对外投资的公共信息服务平台。

【参考文献】

[1] 徐莉. 中国企业对外直接投资风险影响因素及控制策略研究[D].山东大学,2012.

[2] 郑展鹏. 中国对外直接投资的地区差异、影响因素及溢出效应研究[D].华中科技大学,2013.

[3] 郑展鹏,刘海云. 体制因素对我国对外直接投资影响的实证研究——基于省际面板的分析[J]. 经济学家,2012(6):65—71.

[4] 蔡之兵,祖强. 我国对外直接投资增长的影响因素研究——基于因子分析模型[J]. 国际商务(对外经济贸易大学学报),2012(3):80—88.

[5] 宋维佳,许宏伟. 对外直接投资区位选择影响因素研究[J]. 财经问题研究,2012(10):44—50.

[6] 梁莹莹. 中国对外直接投资决定因素与战略研究[D].南开大学,2014.

[7] 欧阳艳艳. 中国对外直接投资逆向技术溢出的影响因素分析[J]. 世界经济研究,2010(4):66—71.

[8] 张慧,黄建忠. 我国对外直接投资区位分布的影响因素分析——基于新经济地理理论的探讨[J]. 国际商务(对外经济贸易大学学报),2014(5):53—65.

[9] 余官胜,杨文. 我国企业对外直接投资是促进还是挤出国内投资——影响机理与实证检验[J]. 国际商务(对外经济贸易大学学报),2014(6):88—96.

[10] 李梅,袁小艺,张易. 制度环境与对外直接投资逆向技术溢出[J]. 世界经济研究,2014(2):61—66.

[11] 张碧琼,田晓明. 中国对外直接投资环境评估:综合评分法及应用[J]. 财贸经济,2012(2):73—80.

[12] 岳咬兴,范涛. 制度环境与中国对亚洲直接投资区位分布[J]. 财贸经济,2014(6):69—78.

[13] 黄晓梅. 中国对非洲直接投资的区位选择研究[J]. 甘肃社会科学,2015(5):220—223.

电子商务篇

第一章　江苏电子商务发展现状

近年来,我国电子商务保持了持续快速增长的势头,2015 年中国电子商务交易额达18.3 万亿元,同比增长 36.5%,增幅上升 5.1 个百分点,网络零售市场规模 3.8 万亿元,同比增长 35.7%[①]。2015 年江苏省网络交易平台交易规模持续增长,总交易额达到 4939.45 亿元,同比增长 11.9%[②];网上零售额达到 3302.3 亿元,同比增长 39.7%,实物商品网上零售额达到 2749.7 亿元,同比增长 35.6%,[③]电子商务已成为江苏省战略性新兴产业,对推动江苏省产业转型升级,促进流通现代化中发挥了重要的作用。

一、基本概况

根据《江苏省互联网发展状况报告(2015 年度)》,截至 2015 年底,江苏省网民规模达到4416 万人,与 2014 年同期相比增长 142 万人,增长了 3.3 个百分点;江苏省互联网普及率为55.5%。2015 年,江苏省手机网民规模持续增长,手机网民规模达到 4067 万人,手机网民在网民中所占比例为 92.1%,比全国平均水平高出 2 个百分点[④];江苏省网上购物用户规模达到 2813 万人,占总体网民数量的 63.7%。截至 2015 年底,江苏省市场主体开办的网站共计145992 家,平台页面显示所在地区为江苏的网店共计 248508 家;全省网络交易平台交易规模持续增长,总交易额达到 4939.45 亿元,其中 B2B 平台交易规模达 3645.59 亿元,B2C 平台交易额达到 1290.05 亿元,团购平台交易额达 2.86 亿元,C2C 平台及其他交易额仅 0.95亿元。

江苏现有国家级电子商务示范城市 5 个,分别为南京、苏州、徐州、常州和无锡,国家级电子商务示范基地 7 个,南京市建邺区、苏州金枫电子商务产业园被商务部列入首批 34 个国家电子商务示范基地,南京玄武区徐庄软件园、淮安电子商务现代物流园、无锡山水城电子商务产业园、宿迁电子商务产业园区和常州创意产业基地被商务部列入第二批个国家电子商务示范基地,两者数量均居全国第一位。江苏省商务厅公布了 2015—2016 年度电子商务示范企业和示范基地名单。其中,电子商务示范企业在保留去年 15 家的基础上,又新增41 家,总量达 56 家。示范基地也从去年的 5 家增至 26 家。此外,江苏一批骨干电商企业和平台,如苏宁易购、途牛、同程网等在国内已脱颖而出。江苏一批电商企业和平台发展非常

---

①　中国电子商务研究中心;2015 年度中国电子商务市场数据监测报告.http://www.100ec.cn.

②　江苏省消费网;江苏发布《2014 网络交易发展报告》http://www.js315ccn.com/html/business/detail_2015_06/04/40105.shtml.

③　数据来源:2016 年中国统计年鉴.

④　江苏省人民政府;2015 年度江苏省互联网发展状况报告.

迅速,如苏宁易购 B2C 网络零售市场占有率居全国前列,中国制造网在国内 B2B 电子商务平台市场排名前三,途牛网、同程网也跻身国内在线旅游品牌影响力前列,惠龙易通打造了国内首个以平台作为主承运人的货物集中配送电子商务平台,使货方会员的运费支出降低 30%,车船返程顺带的运费收入增加 70%[①]。

在传统工业领域,海澜之家、红豆、海尔曼斯、圣迪奥、边城户外、科沃斯、好孩子等传统企业也将电子商务作为企业发展升级的突破口。苏州科沃斯电器今年"双十一"单日交易额达 3.15 亿元,在小家电单品销售量、扫地机行业销量、天猫预售家电类、小家电类单店最快破亿等排名中位居全网第一。

江苏电子商务的发展成果不仅仅体现在消费领域。2015 年江苏省重点打造江苏工业云平台示范应用,今年以来已经与 10 家行业龙头企业开展云平台资源开放合作,新增平台服务应用 32 项,推广 5000 余家企业在云平台开展云服务应用。2015 年江苏省 11257 家企业有电子商务交易活动,占企业总比重的 11%。目前江苏工业云平台各项功能日臻完善,现有平台门户、软件服务、云社区、数字化资源、公共服务及制造协同等模块,平台注册用户近 10 万家,月活跃用户 1.3 万家,其中已有千余家大中型企业注册。

据悉,南通叠石桥家纺、吴江盛泽丝绸、张家港化工被商务部定为中国商品指数发布中心;远东买卖宝成为全国最大的铜材料现货交易平台,占全国电缆用铜总量的 20%;无锡信用行电商平台成为全国最大的不锈钢现货交易平台,其网站报价成为全球不锈钢企业签订合同的结算价格参考。

江苏电子商务模式也不断创新,比如苏宁云商探索的 O2O 模式在互联网金融、国际快递等方面推进;五星控股打造的汇通达融合互联网技术和现代物流,专为乡镇市场提供家电供应链服务;南京众彩依托农副产品批发市场,打造了"E 鲜美"电子商务平台专供生鲜食品;全国第一家电商专业银行中信银行电商支行在无锡成立,该行开发了"创业贷、天猫贷、电商贷"等免抵押免担保融资产品,扶持电商企业创业、创新。

二、网站开办主体分析

（一）从主体类型看

截至 2015 年底,江苏省共有市场主体开办的网站 145992 家。首先,从开办主体看,以企业为主。网站开办主体为企业的达到 140695 家,比例达到 96.37%;网站开办主体为个体工商户的 5293 家,占 3.63%;开办主体为其他经济组织的 4 家。从总体上看,企业开办网站的数量远远超过个体工商户,是个体工商户数量的 26.5 倍。

（二）从注册资本看

在开办网站的企业中,以中小型企业居多。其中,注册资本在 100 万元以下的 69685 家,占总数的 49.53%;注册资本在 100—500 万元的 34485 家,占总数的 24.51%;注册资本在 500—1000 万元的 13897 家,占总数的 9.88%;注册资本在 1000—5000 万元的 16155 家,占 11.48%;注册资本在 1 亿元以上的 3026 家,占 2.15%。

---

① 江苏省人民政府:2015 年 12 月 22 日大力发展电子商务新闻发布会.http://www.jiangsu.gov.cn/szfxwfbh/xwf-bhhz/201512/t20151222_415457.html.

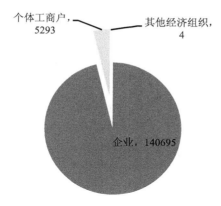

图 1.1 2015 年江苏省各主体开办网站数量（单位：家）
资料来源：2015 年度江苏省网络交易发展情况报告。

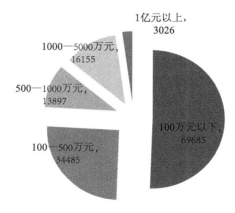

图 1.2 2015 年江苏省开办网站注册资本分类情况（单位：家）
资料来源：2015 年度江苏省网络交易发展情况报告。

（三）从行业分布看

在开办网站的企业中，以制造业和批发零售业较多。其中，制造业 71784 家，占总数的 49.17%；批发和零售业 31544 家，占总数的 21.61%；科学研究和技术服务业 10521 家，占总数的 7.21%；租赁和商务服务业 9487 家，占总数的 6.50%；建筑业 6262 家，占总数的4.29%；信息传输、软件和信息技术服务业 5107 家，占总数的 3.50%；居民服务、修理和其他服务业 2503 家，占总数的 1.71%；交通运输、仓储和邮政业 2471 家，占总数的 1.69%；房地产业 1870 家，占总数的 1.28%；农林牧渔业 1024 家，占总数的 0.70%；住宿和餐饮业 850 家，占总数的 0.58%；其他 2569 家，占总数的 1.76%。

（四）从区域分布看

由于受区域经济发展状况影响，江苏省开办网站的企业分布并不均衡。目前，苏州最多，有 41016 家，占总数的 28.09%；其次是南京、常州、无锡，其中南京 27377 家，占总数的 18.75%；常州 18243 家，占总数的 12.50%；无锡 15134 家，占总数的 10.37%。再次是扬州、泰州、南通，其中扬州 8429 家，占总数的 5.77%；泰州 8266 家，占总数的 5.66%；南通 8190

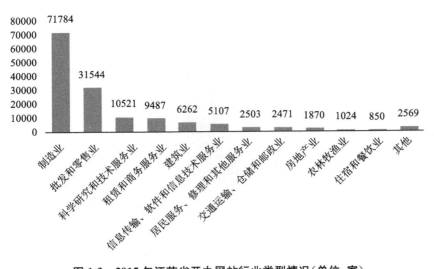

图 1.3 2015 年江苏省开办网站行业类型情况（单位：家）
资料来源：2015 年度江苏省网络交易发展情况报告。

家，占总数的 5.61％。接下来是盐城 4202 家，占总数的 2.88％；镇江 3875 家，占总数的 2.65％；徐州 3487 家，占总数的 2.39％。数量最少的三个市是淮安、宿迁、连云港，分别是 3400 家、2706 家、1667 家，分别占总数的 2.33％、1.85％、1.14％。

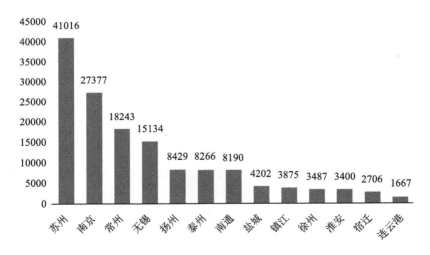

图 1.4 2015 年江苏省开办网站区域分布情况（单位：家）
资料来源：2015 年度江苏省网络交易发展情况报告。

（五）从网店分布看

从江苏省网店在全国性第三方交易平台的分布情况看，淘宝网上的店铺最多，淘宝网卖家占总数的 73.79％；其次是阿里巴巴、天猫，阿里巴巴上的店铺有 37754 家，占总数的 15.19％；天猫上的店铺有 12760，占总数的 5.13％；之后是中邮快购和京东，中邮快购上的店铺 5610 家，占总数的 2.26％；京东上的店铺有 5291 家，占总数的 2.13％。最后是苏宁易购和一号店，分别有 2175 家、1540 家，分别占总数的 0.88％、0.62％。

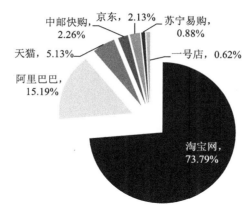

图 1.5　2015 年江苏省网店在第三方交易平台的分布情况（单位：家）
资料来源：2015 年度江苏省网络交易发展情况报告。

三、交易规模分析

（一）总体规模情况

2015 年，江苏省网络交易规模持续增长，网络交易平台总交易规模达到 4939.45 亿元，较去年增长 11.87%。其中，B2B 平台交易规模达 3645.59 亿元，占全省网络平台交易总额的 73.8%，处于平稳发展态势；B2C 平台交易额达到 1290.05 亿元，占全省网络平台交易总额 26.11%，同比增长 168.18%，增幅较快；C2C 平台及其他交易规模仅为 0.95 亿元，占江苏省网络交易总额的 0.02%；团购平台交易规模约为 2.86 亿元，占江苏省网络交易总额的 0.06%，同比增长 18.67%。江苏积极发展跨境电子商务，2015 年进出口总额增长 2.3%，其中出口增长 4%，对外贸易实现稳定增长。

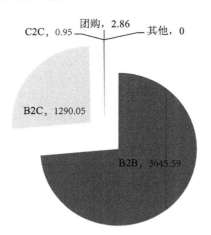

图 1.6　2015 年江苏省电子商务各类交易模式交易额情况（单位：亿元）
资料来源：2015 年度江苏省网络交易发展情况报告。

（二）从区域分布看

各地区网络交易发展水平参差不齐，交易规模存在较大差距。2015 年南京网店数量排名全省第二，苏州第一，南京去年开设网店 39682 家，占全省总数的 15.97%，但针对全省 13

个市的 120 家比较活跃的网络交易平台进行调查分析显示,南京网络交易平台交易额达到了 4338.91 亿元,占全省网络交易平台交易额的 87.84%,交易总额全省第一,其次是苏州、无锡。由此可见,江苏省的网络商品交易额主要集中于这几个城市,区域电商发展水平不平衡。

(三) 从支撑服务体系看

2015 年江苏省快递业务量完成 22.9 亿件,快递业务收入完成 290.7 亿元,分别位居全国第三和第四。这一年,江苏省人均快递业务量 28 件。2015 年,江苏省邮政业累计完成业务总量 516 亿元;完成业务收入 407.2 亿元。其中,快递业务量完成 22.9 亿件,同比增长 54.3%,快递业务收入完成 290.7 亿元,同比增长 44.6%,快递业务量和收入分别位居全国第三位和第四位。日均快递业务量达到 627.5 万件,年人均快递业务量突破 28 件。邮政普遍服务水平超过国家标准,快递服务满意度位居全省十大服务业前列。"十二五"期间,江苏省邮政业务量、收分别增长 2.4 倍和 2 倍,快递业务量收分别增长 5.8 倍和 3.9 倍。5 年新增就业岗位 10 万个以上,支撑全省网络零售交易规模 3300 亿元,同比增长超过 50%,相当于江苏省社会零售总额的 12.9%[1]。

从在线支付系统应用情况看,江苏省网络交易企业主要存在 5 种支付渠道,分别是自建支付平台、采用银行网关、货到付款、邮局汇款和通过第三方支付平台。统计显示,大部分企业都支持通过第三方支付平台和银行网关进行支付,并且一般支持两到三种支付方式的混合使用。与支付宝、财付通、快钱等第三方支付平台相比,江苏省第三方支付平台还处于发展初期,规模和影响力还有待提升。

目前,阿里、苏宁、敦煌、网盛、生意宝、京东、慧聪网等电商已获独立贷款业务牌照。目前苏宁获得的牌照与资源涵盖第三方支付平台易付宝、供应链融资、保险代理等业务及与此相关的产品服务创新。2013 年"苏宁银行"被国家工商总局核准,苏宁成为国内首家获得民营银行牌照的电商企业。

支付宝 2015 年全民账单显示,2015 年,按省级行政区划分来看,江苏省的年度支付总额达到了全国的 9.25%,位列第三。而在人均支付方面,江苏人均支付 59415 元,排名第四,上海人均支付金额排名全国首位,达到 104155 元,浙江省以 94192 元排第二,北京位列第三。从省内支付情况来看,南京市以去年人均网络支付 80146 元,成为江苏第一,而苏州以 67129 元的人均支付金额,位列第二。电子商务的发展促进了在线支付的规模[2]。

---

① 朱秀霞.2015 年江苏快递业务量 22.9 亿件人均快递 28 件[EB/OL].http://www.js.chinanews.com/news/2016/0117/147050.html.

② 蚂蚁金服:2015 年支付宝年账单.

第二章 江苏电子商务发展的特点

一、电子商务交易规模逐年攀升

《2015年度江苏省网络交易发展情况报告》显示,截至去年底,江苏网络购物用户规模达2813万人,网购使用率为63.7%,比全国平均水平高出3.7个百分点。全省共有市场主体开办的网站145992家,网络交易平台总交易额达4939.45亿元,较2014年增长11.87%。江苏有145992家购物网站、248508家网店。全省网站开办主体以企业为主,达140695家,占总量的96.37%。开网站的企业以中小企业居多。全省网站区域分布不均,苏州最多,有41016家,占总数28.09%;南京、常州、无锡紧随其后。去年,全省网络交易规模较上年增11.87%。其中,B2B平台交易规模达3645.59亿元,占网络平台交易总额73.8%,同比降7.22%;B2C平台交易额达1290.05亿元,约占总量26.11%,同比增168.18%。B2C平台数量由去年的61家增至70家。

二、一批骨干电商企业和平台迅速成长

近年来,江苏省一批骨干电子商务企业和平台脱颖而出。苏宁易购B2C网络零售市场占有率居全国前列。焦点科技开发和运营的中国制造网在国内B2B电子商务平台市场排名前三,营业收入位居全国第五。途牛网、同程网跻身国内在线旅游品牌影响力前列。惠龙易通打造了国内第一个以平台作为主承运人的货物集中配送电子商务平台,使货方会员的运费支出降低30%,车船返程顺带的运费收入增加70%,习近平总书记视察时给予了充分肯定。南通叠石桥家纺、吴江盛泽丝绸、张家港化工被商务部定为中国商品指数发布中心。远东买卖宝成为全国最大的铜材料现货交易平台,占全国电缆用铜总量的20%。无锡信用行电商平台成为全国最大的不锈钢现货交易平台,其网站报价成为全球不锈钢企业签订合同的结算价格参考。江苏省有许多传统优势企业如沙钢、波司登、海澜、徐工、红豆等,都把电子商务作为企业发展模式转型的突破口。如中国纺织材料交易中心由中国纺织工业联合会授牌,红豆集团承接建设的。围绕集团"千亿红豆"的目标,努力打造"百亿级电子商务平台",目前该交易中心2013年已吸引国内纺织业领军企业2382家注册,交易企业数468家,2013年上半年交易额达58.2亿元。另外,江苏省冶金、石化、机械、电子、轻工、纺织、内外贸易、民航、医药、烟草、公交、农业、林业等行业领先企业都有专业网站。据统计,全省行业电子商务平台306家,具备网上交易功能的网站已达52家,一部分行业平台拥有业内最权威的数据库;无锡不锈钢电子交易中心有限公司在国际定价权方面迈出了坚实的步伐。

三、电子商务应用领域不断拓展

传统工业领域,海澜之家、红豆、海尔曼斯、圣迪奥、边城户外、科沃斯、好孩子等传统企业纷纷将电子商务作为企业发展升级的突破口,强化电子商务应用,实体市场与虚拟市场齐头并进。苏州科沃斯电器 2015 年"双十一"单日交易额达 3.15 亿元。在传统流通领域,宏图三胞通过一系列并购,完善产业布局,发力商圈、团购、网络零售电子商务。农业农村领域,睢宁县沙集镇、宿迁市耿车镇、沭阳县颜集镇等一批镇村,通过电子商务销售当地特色农产品和加工品,全国闻名。在线旅游领域,同程旅游注册会员总数 5000 多万,占国内景点门票预订市场 70% 以上的份额。生活服务领域,常州的"淘常州"平台运用创新的同城 B2B2C 模式,打造集销售、物流、服务为一体的综合性消费服务平台。移动电商领域,无锡"买卖宝"掌上移动商城,是国内第一家专业从事移动互联网的 B2C 商城,销售额连续 6 年保持 300% 的高速增长,现拥有会员用户 1500 万人,年增速 30%,日均访问用户超过 500 万,客户回头率达到 40%。

四、电子商务商业模式创新不断涌现

苏宁云商探索的 O2O 模式在全国影响较大,目前在互联网金融、国际快递等方面稳步推进。五星控股打造的汇通达融合互联网技术和现代物流,专为乡镇市场提供家电供应链服务。江苏九樱整合电商企业和中国福彩一些销售门店,扎根社区提供网上购物、收寄包裹等服务,有效解决了快递"最后一百米"的问题。南京众彩物流依托农副产品批发市场,打造了"E 鲜美"电子商务平台专供生鲜食品,叠加并放大原有优势,对电子商务和专业市场起到了双向促进的作用。全国第一家电商专业银行——中信银行电商支行在无锡成立,积极探索开发"创业贷、天猫贷、电商贷"等免抵押免担保融资产品,扶持电商企业创业、创新。

五、示范带动效应日益明显

江苏现有国家级电子商务示范城市 5 个,与广东并列全国第一。全省国家级电子商务示范基地有 7 个,居全国第一位,国家级电子商务示范企业 12 家,与上海、浙江并列第二(北京第一)。睢宁县等 7 个县(市)被评为国家首批电子商务进农村综合示范县。省级层面上,在全国率先开展省级"电商县"和"电商村"创建工作,得到国家有关部门的好评。目前共创建了 13 个省级农村电子商务示范县、102 个省级农村电子商务示范村、26 家省级电子商务示范基地、56 家省级电子商务示范企业,以及 33 家省级电子商务人才培训基地。

六、涉农电子商务发展迅猛

电子商务对农业和农村经济转型升级的推动作用日益显现。宿迁市"一村一品一店"叫响全国。睢宁县沙集镇的电子商务经过几年的发展,已经迈入了"沙集模式 2.0"时代,产品包装、美工摄影、家具设计、网络营销、第三方服务等服务业迅速兴起,形成了较完整的电子商务产业链,正由原来的"草根经济"逐步向"品牌经济"转变。沭阳县颜集镇堰下村、新河镇新槐村成为远近闻名的"网上花木之乡"。宿迁市宿城区耿车镇大众村加快电子商务的普及和应用,从过去收购破烂的"破烂村"发展成为全国闻名的电商明星村。常州市武进区松陵镇北横村、扬州市邗江区西湖镇金槐村等昔日的乡镇企业"明星村",通过应用电子商务成为

当地带动产业结构调整升级的排头兵。特别是电子商务在农村的发展吸引了一批大学生回乡就业和创业,为农村电子商务的持续发展提供了人才支撑。

七、跨境电子商务试点稳步推进

2015 年我国进出口贸易交易总值 39569 亿美元,同比下降了 8%,而其中跨境电商则呈强劲上升态势,同比增长 30% 以上[1],跨境电商已成为外贸的重要支撑。江苏省南京、苏州、无锡三市开展试点工作以来,相继出台了工作意见和措施,跨境电子商务稳步推进。2013 年 12 月,苏州工业园区跨境贸易实现出口货物第一单突破;2014 年 10 月,南京龙潭跨境贸易电子商务产业园正式投入运行,南京成为全国第二家使用海关总署统一版通关服务平台实现跨境电子商务实际运营的城市。今年 9 月,经南京海关同意,张家港成为江苏首家跨境电子商务试点县级城市,可以开展跨境贸易电子商务"直购进口"、"一般出口"及"特殊区域出口"模式试点工作。连云港、宿迁、南通、常州、扬州等地也积极探索开展跨境电子商务,全省跨境电子商务海外市场加速拓展,跨境电子商务发展氛围日益浓厚[2]。同时,作为传统制造业中心的长三角,因其产业发展的先天优势和政策倾斜,而"领跑"此轮跨境电商发展。据中国跨境电子商务发展蓝皮书的数据显示,就跨境电商企业数量,江苏、上海、浙江分别位列第二、四、五;就跨境电商交易额,江苏、浙江、上海位列二至四,可见在跨境电商领域,江苏省已超过浙江和上海,位居长三角首位。

八、电商物流和配送体系快速发展

国内电商企业已进入全面竞争及成本控制的重要时期,自建物流体系对于进一步增强电商企业的综合竞争力、广泛拓展业务领域、加快促进第三方物流集聚发展具有极其重要的推动作用。江苏省电子商务物流从 2013 年进入了快速发展的阶段。近几年,江苏省政府大力支持大型物流企业在交通枢纽、物流园区和产业集中区建立现代化程度较高、适合电商发展需要的仓储物流集散中心,加强区域性仓储物流中心建设,完善城市"最后一公里"电商物流配送体系。同时,鼓励企业内部专业化物流中心加快发展、健全服务功能,提供规范化、标准化和开放化的第三方物流服务。目前,苏宁"物流云"体系全国领先,已经形成包括 8 个全国物流枢纽、57 个区域配送中心、352 个城市转配中心在内的多级配送网络。在中国物流地产供不应求,优质仓储物业平均租金已连续上涨 18 个季度的背景下,苏宁近 500 万平方米仓储规模仅次于普洛斯,抢占稀缺资源,未来有望打造为类普洛斯式现代物流设施提供商,面向第三方提供高标准仓储地产租赁业务,助力物流集团由成本中心转型为利润中心。而在终端配送方面,依托门店、苏宁易购服务站等,苏宁已在全国拥有 2700 多家兼具自提功能的快递点。一日三送、次日达、半日达、急速达、送装一体服务范围上进一步扩大。此外,完成了在广州、杭州、苏州、宁波等地保税仓建设,搭建跨境物流体系。目前这些服务已经对开放平台卖家开放,未来将会面向社会全面开放。

---

[1] 数据来源:《中国跨境电子商务发展蓝皮书(2015)》——中国江苏网 http://jsnews.jschina.com.cn/system/2016/08/25/029480336.shtml.

[2] 江苏省政府:江苏省举行大力发展电子商务新闻发布会。

第三章　江苏电子商务发展的制约瓶颈

电子商务的发展涉及到诸如商业信用、支付安全、物流配送、相关法律制度等社会经济环境的方方面面,是一项系统工程。江苏省企业在实施电子商务的进程中,存在一些共同的制约因素,它们是阻碍江苏省企业电子商务应用的主要瓶颈。

一、影响力强的电商平台、龙头企业数量少

虽然依托长三角地缘优势和发达的运输网络,江苏电子商务交易规模迅速增长,电商骨干企业逐步壮大,产业集聚效应日益明显,网络交易平台日趋完善,已经成为全国电子商务业态最完整、最丰富的省份之一。但是与浙江相比,江苏互联网平台经济规模偏小,尤其是龙头电商平台不突出。在全国排名前三十位的电子商务平台中,江苏仅苏宁易购1家,其余绝大多数分布在北京、广东、上海、浙江等省市,江苏省销售额过亿元的电商企业数量也远低于以上省市,另外,浙江、广东、上海现投入经营以及在规划建设中的电子商务产业园都明显高于江苏省的电子产业园,且江苏省电子商务产业园起步较晚,规模小功能少,尚未形成足够的发展能力。从行业上来看,江苏制造业企业电子商务应用主要集中于机械、纺织行业,电商实施效果较好的行业主要是农产品加工、医药、冶金、有色、建材等,而化工、煤炭、石化等行业电商实施效果不够理想。从注册资本规模来看,电商企业注册资金在1亿元以上只占2.15%;另外,虽然B2B平台交易规模达3645.59亿元,占全省网络平台交易总额的73.8%,但制造业电商企业数量只占总数的49.17%,还不到一半,体现出行业一流的平台和电商企业数量相对较少。

二、电子商务区域发展不平衡

全省电商发展的区域结构和行业结构还不尽合理,苏南电子商务的发展程度、应用水平和信息化水平明显优于苏中和苏北地区。江苏有145992家购物网站、248508家网店。其中,苏州网店数量最多,有64976户,占到了1/4以上。南京有39682家网店,占15.97%。从网站主体数量看,苏州、南京、无锡和常州的网站数量较多,占全省网站数量的近七成。从网店的区域分布看,苏州、南京、无锡和南通的网店数量较多,均超过2万家,数量之和占全省总量的61.49%。泰州、盐城、宿迁、镇江和淮安等地区网店数量均在1万家以下。网店数量最多的苏州市,达到64976户,是网店数量最少的淮安市的13.5倍。南京的网店数量则有39682家,排在全省第二。数据显示,去年,江苏网络交易平台总交易规模达4939.45亿元。从各地区平台交易规模来看,南京、苏州、无锡稳居前三,交易额占到全省的九成以上,其中有O2O模式的苏宁云商、专供生鲜食品等的南京众彩物流"E鲜美"、全国最大的铜材料现货交易平台远东买卖宝,等等。对于整个江苏省来说,苏南、苏中和苏北三大区域的经济发

展水平有着很大的差距,同时,网络经济的发展以互联网的应用为载体,苏南地区的互联网普及率也远远高于苏中、苏北地区,从而进一步导致了区域之间发展水平的不平衡[①]。

三、现代服务业占比偏低制约了电商的发展

电商服务产业是指为电商平台或企业上网销售服务的产业,如软件开发、公共计算机平台、第三方支付、认证、代理运营、网店设计和产品包装、电子商务研究机构等[②]。浙江、广东、上海等省市在电子商务产业化的进程中,培育和成长了一大批与电子商务相配套的产业,集聚程度逐渐提高,而江苏省在电商服务产业如网络交易平台、第三方支付、代理运营、网店设计和产品包装等方面尚未形成产业规模,分布零散,集聚程度不高,服务范围较为缺失,这也增加了传统企业进入电商领域的难度,在一定程度上制约了网络经济的发展[③]。多年来江苏更多重视实体经济发展,尤其是装备制造业,临江临海工业的发展,相比现代服务业占比偏低有关。虽然近年来江苏也重点启动了现代服务业、高新技术产业发展,但是,从整体上来看,其受重视的力度和投入的资源还很小。电商企业进入金融保险业,不仅对促进电商及电商金融保险业创新与发展具有重大意义,而且对于缓解小微企业融资难、融资贵等突出矛盾,促进中小企业发展将有着重要的价值。另外,网络增值服务不完善也制约了电商的发展。信息消费需求的快速增长,智能手机的普及、移动互联网快速发展,电商需要更多的增值电信业务需求。

四、物流基础配套设施现代化水平低

江苏省物流现代化水平低,缺乏与之配套的商业自动化、信息化、物流配送和供应链体系。首先,物流运输成本较高。在物流业急速发展的当今时代,物流运输支出要占到总成本支出的 1/3。多数情况下,江苏省的物流运输支出要达物流总成本的 50% 以上。因而,江苏省很多企业要比发达国家的先进城市企业多花费 40%—50% 的物流运输成本。其次,物流运输管理效率较低。因为江苏省物流业相对于欧美国家及先进城市而言还在低级发展水平,物流管理还在较为粗放的经营布局,多数物流运输企业管理机制仍不够先进,甚至还是较为低端的机制,服务机制依然低端化。物流设施配备整体低端化,基本凭借廉价人力资源作为劳动力来做成的各项物流活动。较为落后的物流信息系统功能,没有办法来实现现代物流所需的信息一体化的需求。目前江苏电子商务物流企业不但普遍存在经营规模小,所占市场份额少,服务项目单一,信息化程度较低,高素质管理人才大量缺失等现象,而且物流企业整体运行水平低,缺乏高科技的管理模式[④]。

除此之外,江苏跨境物流运作模式存在不足。江苏缺少本土成熟的跨国物流企业,与领先企业的合作也相对有限,具体体现在:第一,物流体系建设不合理,物流设施建设不完善;跨境电子商务需要更便捷和自动化程度更高的物流设施,因为它的仓储、计税、运输等涉及

① 李晓钟,杨丹. 江苏省网络经济发展问题及对策建议[J].经济研究导刊,2016(10):46—47.
② 王鲁宁,顾汶,王惠荣. 江苏电子商务产业发展问题与对策研究[J]. 苏商论,2014(8):20—21.
③ 李晓钟,杨丹. 江苏省网络经济发展问题及对策建议[J].经济研究导刊,2016(10):46—47.
④ 赵婕. 浅析江苏省物流运输近况、问题、对策[J]. 中国管理信息化,2016(7):155—157.

到不同国家,为使运输过程高速、低损耗、低成本,物流体系需要高效合理。而国际小包和国际快递的运输时间长、成本高,这就大大制约了跨境电子商务发展;第二,物流信息资源整合能力是物流企业核心竞争力的重要组成部分,而本土物流信息化程度较低,综合水平不高,导致物流运行效率低、客户服务水平也低,在一定程度上制约了跨境电商业务发展[①]。

五、传统企业利用电子商务进行经营模式创新发展不足

目前江苏省能够开展电子商务活动的企业占比较低,只占企业总数的11%。企业对电子商务缺乏认识,电子商务应用尚不能给广大企业带来明显的好处,企业缺乏对电子商务对企业经营模式创新的认识。江苏省中小企业的网络经济应用比例偏低。中小企业是江苏省经济发展的主体,但很多中小企业对网络经济认识还不足,概念比较模糊。因此,江苏省的中小企业目前还是过于依赖传统的营销体系,将重点放在实体市场的发展,网络经济应用比重偏低,缺乏利用电商渠道扩大市场销售的意识。而到2012年底浙江省各类电子商务平台上注册的中小企业数量达210万家,应用比重达65%。上海市近三年也已经引导和支持1.1万家中小企业与电子商务平台对接。与浙江、上海相比,江苏省政府在引导、指导和培训中小企业网电子商务的力度不够,加上服务不够完善,中小企业进入电商渠道时面临着入门和成本的双重压力。

六、缺少电子商务专业人才

产业生态化发展不断催生新的人才需求。与前几年形势不同,江苏省电子商务产业已从经济活动当中的一个流通环节发展演化成为涵盖金融、物流、营销、大数据、云计算、服务等各方面的生态系统。行业分工更为专业化,更加注重协同效应,对电商人才提出更多更高的要求。人才需求覆盖面从原先的主要以营销为主,扩展到其他更多方面,出现了诸如网络模特、网络装修师、网店文案、大数据架构师、O2O策划等众多不同层次全新的工作岗位。目前江苏省电子商务从业人员多为网上贸易、零售和客服人员,缺少熟悉电子商务前沿理论、洞察电子商务发展规律、引领电子商务产业发展的战略性人才和领军人物。高端人才的稀缺,导致江苏省电商领域不易巨无霸型企业,也不易产生高层次、科技含量高的优秀企业,这对区域创新的活力和强度必然形成掣肘。

另外,江苏省农村及跨境电商人才缺口严重。虽然江苏省淘宝村、淘宝镇数量不断增加,但现有农村电商从业者多为当地个体工商户、返乡大学生等,专业电商知识不够系统。县域中很多传统企业并没有把电子商务作为企业发展的战略增长点来培育和推进,缺乏电子商务技术和管理人才,电子商务对当地产业发展和转型升级的带动不够。在跨境电商人才方面,虽然越来越多的跨境业务企业开始把电子商务作为企业发展的战略增长点来培育和推进,但由于缺乏电子商务技术和管理人才,在网上的商务活动仍然以广告宣传、寻找供应商或代理商信息、网上询价、洽谈等初级电子商务应用为主,跨境电商平台的发展却比企业快得多,在与企业对接的成效上产生了明显差距,企业跨境电商人才缺口巨大[②]。

---

① 张琴.江苏跨境电子商务物流发展研究[J].合作经济与科技,2016(6):60—61.

② 浙江省商务厅政务网:浙江省电子商务人才发展报告.

七、电子商务发展的制度环境还不完善

虽然电子商务发展迅速,但电子商务发展的制度环境还不完善,相关法律法规建设滞后,公共服务和市场监管有待加强,网络与信息安全隐患已经成为电子商务的主要瓶颈,由于电子商务具有开放性和电子信息的可复制性,使得个人信息的保密性、安全性受到质疑,网上欺诈、网上盗窃屡有发生,网络交易纠纷处理难度较大。同时,电商无序竞争的营销手段也亟需规范,虚假、违法促销手段充斥行业,亟待建立健全电子商务竞争的体制机制。

虽然江苏省制定了较多促进网络经济发展的相关政策,但主要在省级层面上进行实施,与浙江相比,江苏省网络经济的政策倾斜有待加强,要注重省内各级政府机构对网络经济发展的扶持力度。除了政策性文件的支持,江苏省还应在财税补贴等方面给予电子商务产业帮助①。由于政府推动力度不大,政策方向不明晰,金融系统对于制造业的钟爱,造成了电商发展资金方面难以得到有效支持。创业氛围不浓导致创新创业型电商数量偏少。在创业取向方面,江苏目前的工业发展基础和发展态势氛围以及互联网产业的风险性,使得江苏创业者在创业之初,很容易将实体经济作为方向,造成了互联网经济整体发展氛围不浓厚,网络基础设施与先进地区相比也还有较大差距。

另外,江苏省电子商务的发展尚停留在对安全、支付、配送等技术手段应用和认证、法律等标准、规范制定的初级阶段。电子商务的健康成长很大程度上取决于政府如何营造一个适宜的法制环境,尤其是通过立法为电子商务发展提供良好的法律环境已关系到电子商务这项新兴事业的成败。我国迫切需要制定一些相关的电子商务法律,以解决电子商务上发生的各种纠纷,防止诈骗等案件的发生;制定相关的电子支付制度、电子商务规约,以规范贸易的顺利进行;制定相关的进出口关税的法律制度以解决电子商务的税收问题等。另外,网络知识产权保护问题成为目前社会关注的热点,地域抢注和商标侵权成为某些商人谋取不当利益的方式。网上大量无授权软件下载,使用未经授权的他人链接、他人网站、网页,网络原创作品下载和转载等侵权行为和纠纷大量存在,这些都在制约着江苏乃至全国的电子商务发展。

---

① 李晓钟,杨丹.江苏省网络经济发展问题及对策建议[J].经济研究导刊,2016(10):46—47.

第四章　江苏电子商务发展趋势

一、大型电商平台发展迅速，行业整合将日趋明显

大型电商平台发展迅速，行业整合日趋明显。2015 年，苏宁云商、中国制造网、途牛网、同程网、365 地产家居网等一批大型电商平台企业发展势头迅猛，交易额逐步提升，竞争力不断增强。大型电商企业通过收购、入股、兼并，迅速拓展新的领域，巩固行业发展地位。去年苏宁云商线上平台商品交易规模达 502.75 亿元，同比增 94.93%。去年四季度中国网络零售 B2C 市场份额中，苏宁易购的市场占有率为 2.5%，居全国第 4 位。焦点科技以中国制造网为核心，全年交易额高达 2729.91 亿，居国内 B2B 平台前列。移动购物市场的规模不断增长。江苏省电商企业中，移动端交易额占到整体交易额的 44.76%。一些在线旅游服务平台推出多款旅游金融产品，把支付、理财等金融产品与旅游消费场景相结合，以期在旅游金融、供应链金融等方面提供更全面的服务。

京东：2015 年平台 GMV 达 4627 亿元，自营业务交易额快速增长的同时，第三方平台交易额也迅猛发展，成为具有成长力的电商；关闭拍拍网，核心发展 B2C 业务有利于对产品质量的监控，增强用户体验，持续购买力增强；另外京东 新业务的拓展助推其发展可持续性；从市场份额上看，京东与天猫的差距较 2014 年有所缩小。2015 年，京东在以电商为核心的基础上，京东丰富了其产业生态 圈，打造完整的价值链，为其的高速增长布局。苏宁云商：在 2015 年内线上实体商品交易规模为 502.75 亿元，2015 年苏宁引入阿里巴巴、重金打造 PPTV、深度实践 O2O、亿元打造足球板块、修建 200 家影院、涉足影视制作；2016 年苏宁继续布局，依然是 B2C 市场的有力争夺者。

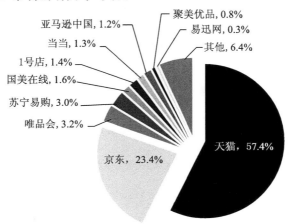

图 4.1　2015 年中国 B2C 网络购物交易市场份额占比图
资料来源：2015 年度中国电子商务市场数据。

二、B2B 仍占主导，B2C 和移动端交易快速增长

B2B 仍占主导，B2C 和移动端交易快速增长。2015 年，江苏省网络交易规模持续增长，网络交易平台总交易规模达到 4939.45 亿元，较去年增长 11.87%。其中，B2B 平台交易规模占全省网络平台交易总额的 73.8%，处于平稳发展态势，医疗器械与冶金钢材等行业 B2B 平台交易活跃，增长幅度明显；B2C 平台交易占全省网络平台交易总额 26.11%，同比增长 168.18%，增幅较快；C2C 平台及其他交易规模仅为 0.95 亿元；团购平台交易规模约为 2.86 亿元，同比增长 18.67%。随着移动用户规模的不断增加，电商巨头加快移动端发展的布局，以及消费者购物渠道的多元化，移动购物市场的规模不断增长。据不完全统计，江苏省的电子商务企业，移动端交易额占到整体交易额 44.76%。

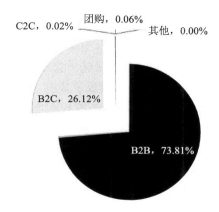

图　2015 年江苏省网络交易平台的交易额构成分析　单位：%
资料来源：2015 年度江苏省网络交易发展情况报告。

三、跨境电商将成为新增长点，带动示范效应日益明显

跨境电商成为新增长点，带动示范效应日益明显。随着国家一系列政策文件的出台，2015 年跨境电子商务进入集中爆发期，2015 年我国进出口贸易交易总值 39569 亿美元，同比下降了 8%，而其中跨境电商则呈强劲上升态势，同比增长 30% 以上。蓝皮书显示，跨境电商已成为外贸的重要支撑。同时，作为传统制造业中心的长三角，因其产业发展的先天优势和政策倾斜，而"领跑"此轮跨境电商发展。根据蓝皮书的数据显示，就跨境电商企业数量，江苏、上海、浙江分别排在第二、四、五位。就跨境电商交易额，江苏、浙江、上海排在二至四位，而江苏省位居长三角跨境电商交易额首位①。而在产业发展上，江苏、安徽、浙江也先后透露出声音，要加快产业转型升级，鼓励扩大先进技术设备和关键零部件进口，推动高新技术产品和产业走出去，以产业升级撬动跨境电商转型。目前，江苏省政府已将南京、苏州、无锡作为跨境电子商务零售出口试点城市。2015 年 6 月，苏州工业园区跨境电子商务进出

① 中国江苏网：江苏跨境电商交易额，位居长三角首位，http://news. 163. com/16/0825/08/BVA5GM9100014AED.html.

口业务全面启动,这意味着江苏唯一具备开展保税备货模式跨境电商业务的区域正式投入运营。同年 8 月,无锡跨境电商产业孵化中心正式启动,首批 13 家企业入驻,成为无锡地区规模最大的电商孵化器。

四、农村电商蓬勃发展,呈现产业集群化趋势

江苏农村电子商务发展十分迅速,目前已被认定为全国电子商务进农村示范试点省份。截至 2015 年底,江苏已有 7 个国家级电商示范县、13 个省级电商示范县、42 个省级农村电子商务示范镇、52 个省级农村电子商务示范村。宿迁市的“一村一品一店”、徐州睢宁的“沙集模式 2.0”、南通家纺销售、宿迁沭阳网上花木销售等已经成为农村电商模式的示范和亮点。

近年来,江苏省顺应电子商务发展的形势,依托地方资源优势和产业特点,通过互联网＋产业＋公司(合作社)＋农户的模式,逐渐形成了极具地方特色的电商集群。宿迁市充分利用农产品特色优势,积极推动“一村一品一店”,围绕“优质水产、花卉苗木、健康畜禽、绿色果蔬”四大板块分类实施产业标准化改造,有效促进了农业产业的转型升级。徐州沙集镇的东风村、兴国村、宿迁的大众村围绕家具产品,形成了具有 4318 家网店、年交易额达 20.3 亿元的家具产业集群;宿迁沭阳的周圈村、解桥村、新槐村和堰下村,在传统花木产业的基础上衍生出网店 2181 家、年交易额 5.7 亿元的花木产业集群。扬州、连云港和南通依托毛绒玩具、水晶和家纺产业,分别形成了年网络交易规模达 3.23 亿元、3.20 亿元和 1.36 亿元的电商集群①。2014 年度,江苏农村网民规模不断扩大,网络购物在农村日益普及,农村电子商务呈现蓬勃发展的态势。相关数据表明,2014 年底,江苏农村网民规模接近 1000 万,约占网民规模总数 24％。2014 年支付宝发布全国网购支付百强县主要集中在苏浙闽三省中,江苏位居第二,拥有 26 席。值得关注的是,江苏省现代农业建设取得新进展,农业科技进步贡献率达 64.2％,农业综合机械化水平达 80％,新型经营主体规模经营占比达 45％,家庭农场达到2.18 万家,农民专业合作社入社农户 1037 万户②,这对江苏省电子商务的发展会提供良好的组织基础。

五、电商服务业应运而生,呈现逐步发展的良好态势

电商服务业应运而生,呈现逐步发展的良好态势。随着江苏省电子商务的快速发展,电商服务业也应运而生,快速成长起来。目前,阿里、苏宁、敦煌、网盛、生意宝、京东、慧聪网等7 家电商已获独立贷款业务牌照;苏宁获得的牌照与资源涵盖第三方支付平台易付宝、供应链融资、保险代理等业务及与此相关的产品服务创新。2013 年“苏宁银行”被国家工商总局核准,苏宁将成为国内首家获得民营银行牌照的电商企业。此外,焦点科技、宏图正在积极探索,与金融机构合作开展小额贷款、保险业务。依托大型电商平台,围绕电子商务运营中的店铺装修、商品管理、网络促销、流量推广、客服外包、咨询服务、招聘培训、定制设计等业务,孕育出大量创新型的电商服务企业,逐步形成了电子商务服务业的生态圈。苏州、南京、

---

① 江苏省工商局网监处:江苏省农村电子商务发展现状及思考.
② 2015 年江苏省政府工作报告全文:http://www.gkstk.com/article/1423481334329.html.

无锡、南通、徐州、盐城、泰州、常州 8 个城市进入全国在线服务商发展城市 50 强,全省电子商务产业园数量已达 113 个。

六、政府提供强有力的电商发展政策支撑

政府扶持力度持续加大,为促进双创提供政策支撑。江苏省相继出台了关于加快电子商务发展、互联网平台经济发展、农村电子商务发展等文件,将发展电子商务和互联网经济作为促进我省经济转型升级、提振消费信心、扩大社会就业的重要途径,密集部署推出一系列政策措施,为促进大众产业、万众创新提供了有效助力。2015 年 12 月省政府印发了《关于大力发展电子商务加快培育经济新动力的实施意见》,明确提出到 2020 年基本实现电子商务对相关产业的深度渗透,全省电商交易额超过 4.5 万亿元,其中网络零售额超过 1.4 万亿元;全省大中型企业电商应用全覆盖,规模以上企业应用电商比例超过 80%,形成一批在全国有较高知名度和影响力的电商综合性平台和龙头企业。另外,为了主动适应经济发展新常态,加快新一代信息技术与工业深度融合发展,江苏省还提出了信息化和工业化(以下简称两化)深度融合的重大战略。"两化融合"战略将着力提高全省各产业企业数字化、网络化和智能化水平;以创新发展为动力,着力培育新技术、新产品、新业态、新模式;以协同发展为导向,着力构建产业链上下协同、地区间协作配套、跨领域互动合作的新机制、新工具;以共享发展为契机,着力打造符合互联网经济特征的新产业生态体系。加快推动产业迈上中高端水平,推进江苏省产业转型升级、绿色发展,提高发展质量和效益,促进江苏制造向创新智造转变。

第五章　江苏省电子商务发展的对策

当前我国电子商务正处于加速发展期,特别是随着物联网、云计算、大数据、移动互联网的推广应用,电子商务商业模式不断创新,发展前景十分广阔。江苏省是我国电子商务大省,在十三五期间要抓住电子商务发展机遇,营造电子商务蓬勃发展的内外环境,加快推进电子商务发展,带动全省实现经济提质和产业结构升级。为此,要充分发挥市场配置资源的决定性作用,以打造电子商务强省、大力发展平台经济为目标,以提升江苏省产业竞争力、转变流通发展方式为主线,以政策扶持和环境营造为支撑,以大企业大平台引领、商业模式与业态创新、电子商务服务业发展、农村电子商务推广应用为路径,支持新型电子商务企业跨越式发展,鼓励传统企业加快转型升级,以推动江苏省经济又好又快发展。

一、全面支持重要服务平台做强做优

加快培育一批信誉好、实力强的电子商务龙头企业,支持具备条件的电子商务企业向平台化转型。目前,江苏省已有一批行业和特色平台步入快速发展轨道。苏宁易购线上线下融合全国第一,焦点科技(中国制造网)跨境电子商务全国第二,慧买网(宏图三胞)专业IT网上商城全国领先,CA买卖网全国第一,同程网票务酒店旅游服务全国领先,江苏风云网络平台SAAS服务全国领先,红豆集团承接建设的中国纺织材料交易中心行业领先,中国绸都网和南通家纺城等5家发布行业指数。在十三五期间,江苏省要重点支持苏宁、途牛、好享购物、风云在线、中国纺织材料交易中心等行业内知名平台发展,利用省市的相关政策,推动综合性电子商务企业提升服务水平,鼓励专业性电子商务企业特色化、差异化发展,支持具备条件的电子商务企业通过兼并重组、战略合作等方式做大做强;吸引国内国外电子商务相关的优秀顶尖人才落户江苏,加盟江苏电商重点平台,展开电商相关的创业创新;在税收、融资、上市等方面给予政策优惠,加速重点平台壮大做强做优。

另外,由于江苏省是全国制造业大省,还要依托产业集群分布特点,在工程机械、生物医药、食品饮料、钢铁、船舶、家纺、汽车、集成电路等重点行业引导大型工业企业深化电子商务应用,提高供应链和商务协同水平,推动有条件的大型企业电子商务平台向行业电子商务平台转化。支持这些行业大型企业电子商务平台与企业内部业务和管理信息系统的集成,推进这些大型企业在网间协同研发、设计和制造的能力,鼓励这些大型企业利用电子商务平台增强与产业链下游企业的协同能力,促进产品分销和售后服务水平提升,从而发展成为集交易、支付、物流等多种服务的行业电子商务平台。

二、推动中小企业普及电子商务应用

鼓励中小企业积极应用第三方电子商务平台,开展在线销售、采购等活动,引导中小企业积极融入龙头企业的电子商务平台,鼓励有条件的中小企业积极自主发展电子商务。支持第三方电子商务平台品牌化发展,为中小企业提高信息发布、商务代理、网络支付、融资担保、仓储物流、技术支持等服务。稳健推进各类专业市场发展电子商务,促进网上市场与实体市场的互动发展,为中小企业应用电子商务提供良好条件。

中小企业电子商务业务更多涉及 B2B 业务,当前要抓紧促进和引导 B2B 电商建立和完善基本的线上订单管理系统、合同管理系统、仓库管理系统、融资担保服务系统等基本的线下成熟的服务模式。通过采用订单模式、融资服务模式,即帮助企业用户寻找订单,通过提供订单、提供备货融资服务吸引用户将交易放到线上,引导采购商逐步走向线上交易习惯。目前 B2B 支付结算难以满足客户对资金流的要求。B2B 平台上的企业客户对于在线支付结算的功能要求如支付安全、处理能力等较 C2C、B2C 平台更加复杂、精细、严格。虽然目前部分 B2B 电商平台开通了 B2B 担保支付,但是与第三方支付工具相比,其服务水平、产品易用性、操作便捷程度、工作效率等要逊色不少,因此加大力度研究建设更为严密谨慎的支付结算和资金管理系统,全面解决抑制中小企业普及电子商务的瓶颈问题。开拓电子商务产品服务创新,为中小企业迅速进入市场,形成规模提供机会,帮助企业提高综合竞争能力。促进企业电子商务智慧化应用推动信息化与工业研发设计的融合、推动信息化与生产过程控制的融合、推动信息化与经营管理的融合。

三、促进跨境电子商务快速发展

鼓励有条件的大型企业"走出去",面向全球资源市场,积极开展跨境电子商务,参与全球市场竞争,促进产品、服务质量提升和品牌建设,更紧密地融入全球产业体系。鼓励国内企业加强区域间电子商务合作,推动区域经济合作向纵深方向发展。鼓励商贸服务企业通过电子商务拓展进出口代理业务,创新服务功能,帮助中小企业提高国际竞争能力。另外,跨境电子商务面向全球市场,交易方涉及很多国家,各国物流水平参差不齐、差异较大,加上交易商品种类众多,对物流要求差异较大。应创新跨境物流服务,吸引跨境电商平台型企业设立大型或区域性运营中心或仓储和配送中心,考虑与专业供应链服务外包企业合作,建设基于第三方平台的海外仓储、分销及售后服务中心,科学建立国际物流体系,提高跨境物流效率,提升跨境网购服务质量,满足当前跨境贸易电商企业发展[①]。

四、加快物流园区及配送体系建设

集聚省内外物流资源,建设统一物流信息平台,完善物流设施,建立物流中心,充分利用省内发达的高速公路、铁路以及航空水运网络,支持大型物流企业在交通枢纽、物流园区和产业集中区建立现代化程度较高、适合电商发展需要的仓储物流集散中心,加强区域性仓储物流中心建设,完善城市"最后一公里"电商物流配送体系。支持大型物流企业在交通枢纽、物流园区和产业集中区建立现代化程度较高、适合电商发展需要的仓储物流集散中心,在土地供应、税收等方面给予一定的倾斜。鼓励企业内部专业化物流中心加快发展、健全服务功能,提供规范化、标准化和开放化的第三方物流服务。支持大型物流企业信息化水平提升,

---

① 张琴. 江苏跨境电子商务物流发展研究[J]. 合作经济与科技,2016,06:60—61.

积极推动全省统一的物流公共信息服务平台建设,不断提高物流服务效率和物流服务业现代化水平。

五、加快电子商务产品、服务和商业模式创新

一是实施面向商业应用的大数据研发龙头企业培育工程。围绕大数据获取技术、大数据管理技术、大数据分析技术、大数据安全技术等,形成大数据领域的核心竞争力,加速大数据资源的开发利用,推进行业应用,培育数据技术链、产业链、价值链。二是构建电子商务创新体系,推进产品和服务创新。围绕物联网、移动互联网、云计算、电商安全、信用管理和供应链与物流等关键技术,加快构建电子商务科技创新体系,积极推进电商相关技术创新研发及其产业化,形成一批具有自主知识产权的核心技术和创新产品。鼓励企业通过企业间电子商务开展网络众包、个性化定制和移动O2O等新业务模式,创新服务功能,强化服务能力。三是鼓励商业模式创新,促进现代信息服务业发展。深化信息应用和网络融合,多层次推进智慧应用。实施大中型企业智慧化建设工程,推进电子商务深度应用,促进研发设计、生产、销售、管理等产业链条的智慧化建设,引领企业智慧化工程;提升现代服务业电子商务应用深度,积极推进金融、物流、商贸、旅游、科技、工业设计等现代服务业电子商务应用深度,大力培育和发展各类行业技术创新中心、信息服务中心、数据中心;强化优势行业信息化深度融合,注重移动商务与金融业的融合创新,推进本地化移动支付服务和移动金融服务;大力推进生产性服务业发展,积极培育新型服务业态。

六、引导电商区域协调发展,促进发展要素集聚

电子商务发展与资金和技术有着重要的关系,江苏省苏南、苏中和苏北三大区域的经济发展水平有着很大的差距,因此各个区域的电子商务发展水平也有显著差距,所以对三大区域的电子商务发展要有区别地进行引导。对于苏南地区,要大力扶持骨干电商企业和平台,大力推进工业化和信息化融合进程,提高企业电子商务的应用比重和引导企业经营模式创新;在苏中和苏北地区,要加大传统产业的信息化改造力度,尽快调整苏中苏北地区产业结构,提升产业层次,发挥网络经济、规模效应和边际效益递增规律的作用,从而获得最大收益;在苏北优先推动企业的信息化硬件投资,重点推进信息化软件投资。

另外,江苏省要积极促进电子商务产业基地的建设,推动电子商务集聚发展,在提高规模效应的同时,促进服务竞争,降低电子商务运营成本,提高专业化程度。要根据江苏省电子商务的业态和集散规模,合理规划布局,引入社会资本,统一规划电子商务产业基地,由政府主导建设运营,市场化运作。发挥江苏省开发园区产业规模效应和发展领先优势,以电子商务为核心,通过创建示范基地,打造创客中心、孵化中心,提升公共服务能力,促进电子商务产业集聚,搭建行业生态链,推动传统企业转型发展。

七、完善电子商务服务支撑体系

一是实施软件产业重点建设工程。支持具有自主知识产权的基础软件、嵌入式软件、应用软件及中间件产业化,加快建设南京中国软件名城、苏州嵌入式软件产业基地、无锡集成电路设计产业化基地、常州动漫游戏产业化基地等,加快打造沪宁线软件产业密集带,加快

规模化发展步伐,形成一批龙头骨干企业和知名品牌;二是提升信息基础设施水平,大力推进信息基础设施建设与三网融合发展,提高网络带宽与覆盖率,加速"宽带江苏"、"智慧江苏"建设,全面提高网络应用水平;三是大力发展新一代移动通信技术,推进无线网络建设。逐步构建以 4G+3G+WIFI 为主的多层次、广覆盖、多热点的无线宽带网络,逐步将主城区以及远郊区县(市)全部纳入覆盖范围,大力推进"无线江苏"建设;四是加强网络信任体系、全省信用体系和支付平台建设,建立电子商务支付体系创新系统,结合银行、信用卡服务商、电商企业完善支付服务体系,提高支付效率,降低成本;五是大力发展大数据分析处理技术,重点支持几家大数据分析处理服务企业,为全省电子商务企业提供大数据服务,挖掘行业数据价值,全面提升电子商务信息化、智能化水平;六是随着信息通信技术、企业供应链电子商务、国际电子商务的不断发展,支持软件研发、数据分析、第三方支付、摄影美工等电子商务配套服务业发展,加强与专业咨询服务机构合作,积极开展电子商务新技术、新模式、新业态、政策环境等发展趋势的研究,促进江苏省电子商务健康、有序、快速发展。

八、加强优秀顶尖电商人才培养和引进

优秀顶尖电商人才是发展电子商务的重要保障,是提升电子商务发展水平的关键,因此,电子商务人才的培养和引进是江苏省电子商务发展的重要工作。加强人才储备,依托省内高校人才资源,培养层次较高的电商专业技术人员,利用省市的相关政策,吸引国内国外电子商务相关的优秀顶尖人才落户江苏,加盟江苏电商企业,展开电商相关的创业创新。对小微型特色电商企业在税收、人才等方面进行扶持,鼓励特色电商的发展①。加大专业人才的培养与引进力度,积极营造电子商务产业的文化氛围。建立院校与企事业单位合作进行人才培养的机制,整合国内外高端资源,建立"江苏电子商务研究院"等相关机构。加强在职人员继续教育,完善其知识结构,适应网络经济发展需要;再次,普及网络经济知识,增强民众网络经济意识及利用能力,为网络经济发展持续提供人力资源;支持大学生开展电子商务创业,江苏省大学生优秀创业项目推荐向电子商务类项目倾斜,对创业启动资金提供优惠贷款,对符合条件的创业项目给予贷款贴息。积极推行"1+X"创业培训模式,增加电子商务、网络创业等专项培训内容。

一是强化人才培养。加大对企业电商应用的扶持力度,重点支持电商平台经济发展;加大金融支持力度,推动省重点电子商务企业直接融资,鼓励电子商务企业以各种方式引入风险投资、战略投资,发行中小微企业债券,加快企业发展。二是强化安全保障。开展电子商务信用体系建设,实现社会化对接和共享;研究制定电子商务地方标准,积极开展标准化试点和应用;构建可信交易环境,推进电子商务地方性立法;加强政府引导和监管职能,保证电子商务健康发展;建立商品质量信息追溯系统,完善电子商务纠纷处理、争议调解、法律咨询等综合服务体系。

九、着力推动网络信任体系环境建设

近两年,江苏省公布实施了《江苏省社会法人失信惩戒办法(试行)》、《江苏省自然人失

---

① 李晓钟,杨丹.江苏省网络经济发展问题及对策建议[J].经济研究导刊,2016(10):46—47.

信惩戒办法(试行)》和《江苏省行政管理中实行信用报告信用承诺和信用审查办法》三份文件,也陆续出台的一系列信用管理文件,初步建立起江苏信用管理和工作的推进机制。另外,江苏已发放有效数字证书超过150万张,居全国前列,主要应用于税务、财政、安监、新闻、建设、国土、社保、招投标、教育、药监、民政、公检法、交通、卫生、电信、市政公用等领域,相关服务正向个人用户、电子支付、增值业务等领域拓展。但在互联网上,B2B最大的交易成本正是信用,企业应用电子商务进行购销活动,最大的瓶颈因素还是信用问题。因而要抓紧出台政策,引导鼓励B2B平台企业建立信用评估监管系统,提高准入门槛,保障交易平台的交易质量。另外,要想在新型B2B交易平台上进行商务合作,仅仅靠电子网照是不够的,有效的电子签名才是电子商务的核心。江苏买卖网电子商务有限公司开发的MMEC可信电子合同系统是国内唯一通过国家级验收的电子合同订立系统,符合工信部、商务部等国家标准,具有国际领先水平,可以有效解决B2B平台的诚信问题,推动B2B在线交易的实现,这些能够促进电商交易信用的举措都要不断推进,努力营造网络交易的信任体系。

十、加强电子商务快速发展的制度建设

全面贯彻《2006—2020年国家信息化发展战略》、《国民经济和社会发展第十二个五年规划纲要》和《国务院关于促进信息消费扩大内需的若干意见》,政府各相关部门要全面深入电子商务、软件业、信息安全服务及制造业企业调研,组织业内专家共同研究,提出统筹兼顾协同推进电子商务健康有序发展的规划及政策意见。在市场准入、税费政策、用地保障、人才引进,以及从业人员的社会保障等方面提出了具体可行的政策措施。同时,支持电子商务行业协会发展,采取多种形式举办和参与行业活动,并强化在新闻媒体上的宣传推广。江苏省要制定符合自身特点、遵循产业发展规律、有利于网络经济健康快速发展的政策。首先要强化规划指导,明确江苏网络经济发展的总体思路、发展目标、重点任务和保障措施,强化财税补贴方面的支持。要推动重点电商企业与银行加强融资合作,充分发挥相关政府性投资基金的引导机制,整合社会资本共同推动电子商务产业发展。支持商业银行、担保存货管理机构及电子商务企业开展无形资产、动产质押等多种形式的融资服务,扩大电子商务企业贷款抵质押品范围。要根据国务院意见的精神和要求,贯彻有关市场规范的内容,对电子商务网络安全、交易安全、综合执法、信用建设等方面明确了工作内容和责任单位,规范电子商务竞争有序的市场秩序。特别对于出现的新问题新情况,及时展开研究,保障消费者权益,坚决杜绝假冒伪劣商品,树立江苏电商品牌效应。同时,在政府采购方面率先使用电商模式,支持省内电商发展。江苏省还可以成立行业协会,搭建政府与企业之间的桥梁,通过开展各种形式的行业自律活动,促进江苏网络经济的健康发展。

【参考文献】

[1] 朱秀霞.2015年江苏快递业务量22.9亿件人均快递28件[EB/OL].http://www.js.chinanews.com/news/2016/0117/147050.html.

[2] 李晓钟,杨丹.江苏省网络经济发展问题及对策建议[J].经济研究导刊,2016(10):46—47.

[3] 王鲁宁,顾汶,王惠荣. 江苏电子商务产业发展问题与对策研究[J]. 江苏商论,2014(8)：20—21.

[4] 赵婕. 浅析江苏省物流运输近况、问题、对策[J]. 中国管理信息化,2016(7):155—157.

[5] 张琴. 江苏跨境电子商务物流发展研究[J]. 合作经济与科技,2016(6):60—61.

政策篇

商务部关于加快居民生活服务业
线上线下融合创新发展的实施意见

商服贸函〔2015〕865 号

各省、自治区、直辖市、计划单列市及新疆生产建设兵团商务主管部门：

为贯彻落实《国务院办公厅关于推进线上线下互动加快商贸流通创新发展转型升级的意见》（国办发〔2015〕72 号）文件精神，推动互联网技术在居民生活服务领域的广泛应用，加快居民生活服务业线上线下融合创新发展，现提出如下实施意见：

一、总体要求

（一）指导思想

全面贯彻党的十八大和十八届二中、三中、四中全会精神，按照党中央、国务院决策部署，加快互联网与居民生活服务业融合创新发展，优化资源配置，提升服务质量，推进政策创新、管理创新和服务创新，创造公平竞争、开放有序、优质安全的居民生活服务线上线下发展环境，进一步激发居民生活服务领域创新动力，加快推动居民生活服务业转型发展。

（二）基本原则

一是坚持市场主导与政府引导相结合。充分发挥市场配置资源的决定性作用，在政府引导和支持下，更好地发挥企业的主体作用。二是坚持网络经济与实体经济相结合。以促进实体经济发展为主线，采用互联网技术推动居民生活服务业转型升级，满足大众个性化多样性的消费需求，实现劳动力、资金、信息等资源的高效流转，加快创新成果转化。三是坚持政策落实与政策创新相结合。多措并举，优化公共服务，完善本地居民生活服务线上线下发展政策体系，加大政策集成与创新力度。四是坚持消费者体验与企业转型相结合。以用户体验为出发点再造企业业务流程和组织架构，构建以消费者为中心的、灵活动态的商业模式和营销方法。

（三）工作目标

通过加快推进居民生活服务业线上线下融合创新发展，形成一批有效满足居民生活服务需求、具有较强专业化服务能力的本地生活服务平台；培育一批创新型生活服务企业，并从中成长出引领未来居民生活服务业发展的骨干企业，形成新的业态和经济增长点；培养一支引领互联网时代发展的从业人员队伍，能为居民提供良好的用户体验，满足人民群众对多样性、便利化的生活服务需求。

二、重点任务

（一）推动模式创新

鼓励居民生活服务企业创新商业模式，采用团购式、体验式、上门式、配送式等线上到线下融合发展模式,实现企业多元化发展。整合各类公用设施和社会资源,统筹建设和改造餐饮、住宿、家政、洗染、维修、美发美容等居民生活服务网点,完善一站式便民综合服务体系。鼓励餐饮企业通过团购式、配送式、上门服务式等,实现外卖、订座、点餐、半成品配送、厨师上门等服务线上线下融合创新发展。支持住宿企业依托网点优势,利用微信、微博、客户端等建立直销体系,提供方便快捷的预订住宿服务;充分利用第三方酒店在线预订平台拓展营销渠道;加快建设民宿短租平台,开发闲置资源,扩大住宿服务供给。支持家政服务业与互联网深度融合,建立集聚家政服务人员的服务平台,方便消费者选择服务;鼓励发展集聚家政服务企业的信息平台,向会员企业提供技术支持,并对其进行规范管理;引导各类家政和养老信息平台提供面向老年人的在线咨询、法律援助、健康保险、医疗护理等服务。支持洗染、维修、美容美发等行业依托已有电商平台或自有服务平台,开展上门取送、到家服务等业务,拓展营销渠道。

（二）加强政策引导

各地商务主管部门要用好中央财政服务业发展专项资金,引导居民生活服务企业创新发展。有条件的地区要设立促进居民生活服务业创新发展资金,支持居民生活服务业线上线下融合。引导居民生活服务企业充分发挥多层次资本市场作用,通过互联网股权众筹等方式,为创新发展获取金融资源。围绕构建企业间、产业间的交互、跨界和协同体系,研究出台政策措施。依托以市场化方式发展养老服务产业试点,积极推进智能化养老服务消费。通过开展优化环境促进餐饮业转型发展试点,推动餐饮业线上线下融合。各地商务主管部门视情开展居民生活服务业线上线下融合创新试点和示范工作。

（三）破除体制障碍

各地商务主管部门要按照职权法定原则,对现有行政职权进行清理、调整,优化权力运行机制,加强事中事后监管。要坚持问题导向,以有利于居民生活服务业转型创新为出发点,把群众生活密切相关的事项放在优先位置,着力解决服务差、服务贵等社会反映强烈的突出问题,让群众切实感受到居民生活服务业创新发展带来的变化。对于不在商务主管部门职权范围内的体制机制障碍,要积极协调有关部门予以解决。

（四）规范市场秩序

按照国务院职能转变和简政放权的要求,加强对居民生活服务质量的监管,通过制定企业标准、社团标准提升服务质量。规范居民生活服务企业线上线下竞争行为,建立开放、公平、诚信的市场竞争环境,加强个人信息保护工作。加强反垄断监测,及时发现和制止垄断协议和滥用市场支配地位等不公平竞争行为。完善部门、群团、行业组织等信息共享和职能衔接机制,切实保护消费者利益。鼓励居民生活服务类平台完善点评机制和惩戒机制,通过信息公开,加强行业自律。

（五）健全信用体系

按照《商务部关于加快推进商务诚信建设工作的实施意见》(商秩函〔2014〕772号)的总体要求,加快建立居民生活服务业行政管理信息共享机制,整合政务信息资源,实现部门信息互通共享;建立市场化生活服务综合信用评价机制,保障消费者权益;建立第三方信用评价机制,客观、公正反映信用建设情况。各地商务主管部门要引导企业建立包括用户信息认证、信用等级评价、业务流程保障、惩恶扬善机制等内容的信用体系。支持第三方消费点评平台建设,打击虚假点评,让商家承担更多责任,维护消费者权益。

(六)开展典型示范

各地商务主管部门要深度挖掘居民生活服务业创新发展的先进典型,在制订科学合理的评价标准和严格规范的遴选程序前提下,推荐一批影响力大、带动性强、示范效应好的典型企业,引领行业有针对性的推进线上线下融合发展。通过现场经验交流会、新闻媒体和政府公众信息平台等渠道,推广先进典型,扩大社会影响,调动社会资本积极参与居民生活服务业发展,在全社会形成支持发展居民生活服务业的良好氛围。

三、保障措施

(一)明确工作重点

要以促进实体经济发展为主线,倡导网络化、数字化、智能化生活方式,重点发展大众化餐饮、住宿、家政、洗染、维修等居民生活服务业态的线上线下创新与转型,着力发展面向老年人的订餐、家政、咨询等上门服务。

(二)加强人才培养

各地商务主管部门要加强人才培训,培养一批掌握商业经营管理和信息化应用知识的高端紧缺人才。推动大专院校、培训机构、行业组织等开设互联网创业教育课程,培养一批符合行业发展要求的优质服务员队伍。

(三)发挥协会作用

支持生活服务领域行业组织建设,特别是鼓励民间行业社团发展。鼓励行业组织根据发展实际搭建企业协作平台,制订社团标准,开展行业自律,加强行业研究,宣传先进典型,开展人员培训。

各地商务主管部门要高度重视推进居民生活服务业线上线下融合创新发展工作,强化互联网思维和创新意识,加强与相关部门的工作协调,加强情况调研,完善政策措施,认真抓好落实工作。

商务部

2015 年 10 月 19 日

省商务厅关于印发 2016 年全省流通业
发展工作要点的通知

苏商流通〔2016〕106 号

各省辖市商务局,昆山市、泰兴市、沭阳县商务局:

现将《2016 年全省流通业发展工作要点》随文印发,请结合实际,认真贯彻落实。

江苏省商务厅

2016 年 2 月 29 日

2016 年全省流通业发展工作要点

2016 年,全省流通业发展工作的总体要求是:认真贯彻党的十八大、十八届三中、四中、五中全会和全国、全省商务工作会议精神,按照省委、省政府工作部署,坚持创新、协调、绿色、开放、共享的发展理念,适应经济发展新常态,注重供给侧结构性改革,深入推进内贸流通体制改革,促进流通业转型升级、绿色发展,推动流通信息化、标准化、集约化建设,更好地发挥流通引导生产、促进消费和保障民生的重要作用。

一、深入推进南京市内贸流通体制改革发展综合试点

按照国务院批复意见、商务部部署要求,加快推进南京市内贸流通体制改革发展综合试点。进一步完善试点方案,明确工作主线,聚焦试点工作主题。建立省市联动、定期交流的工作机制。跟踪指导重点任务时间进度,督查落实相关改革措施,力争在推动传统商业转型升级、建立促进内贸流通创新发展的体制机制等方面实现突破。加强试点成果宣传,总结提出可复制的试点经验并予以推广。鼓励有条件的市、县(市、区)结合实际先行先试,推动内贸流通体制改革发展。

二、推动传统商业转型升级

鼓励大型商贸企业加强实体店与线上平台的合作;推进购物中心、商业综合体等大企业自主经营转型,提供服务性消费、体验式消费的比重;鼓励发展无店铺经营。引入自有品牌和买手制运营模式,推进传统百货向现代百货转型。优化便利店、专业店、社区店、乡镇商贸中心等布局,培育发展奥特莱斯、定制销售、保税直销等业态,适应多样化、个性化的消费需求。引导实体商业企业推进全渠道经营、大数据应用和供应链管理,发展智慧流通,降低运营成本,提高经营效率和服务水平,提升企业竞争力。建立重点流通企业、典型示范企业联系机制,发挥引领带动作用,进一步加快传统商业企业转型升级步伐。积极争取国家"智慧

商圈"建设试点,通过网络信息技术应用、基础设施改造升级以及体制机制创新,打造若干适应"互联网＋流通"发展趋势的新型商圈。继续加强对苏州现代服务业综合试点工作指导,做好已有试点项目管理,强化专项资金使用监管,评估资金绩效目标完成情况。总结试点工作经验,由点带面,扩大试点影响力,促进现代服务业优化发展。

三、大力实施商贸物流示范引领行动计划

根据财政部、商务部、国家标准委部署,支持南京、徐州市开展国家物流标准化试点,逐步建立社会化的托盘共用体系,推广应用标准技术设备,加强物流标准化信息服务平台建设,完善相关标准和服务规范,夯实物流标准化工作基础。支持昆山开展两岸冷链物流产业合作试点。争取南京市列入国家第三批两岸冷链物流产业合作试点城市。指导推动国家商贸物流标准化专项行动重点推进企业(协会)建设。开展商贸物流企业示范创建工作,大力推进我省标准托盘循环共用体系、商贸物流综合信息服务平台、城市共同配送、智慧物流配送体系建设。推动电商物流发展。加大政策支持力度,对商贸物流标准化专项行动计划重点推进企业、智慧物流配送示范单位以及省级商贸物流示范企业等给予支持。

四、积极推进老字号传承保护和创新发展

加强流通品牌建设工作,争取商务部品牌消费集聚区建设试点,畅通品牌商品流通渠道。进一步促进老字号传承保护与创新发展,扩大优质品牌商品供应。贯彻落实商务部文件精神,出台我省促进老字号品牌创新发展实施意见,引导老字号企业加快产权改革、改进传统技艺、创新营销方式。筹备成立"江苏老字号企业协会",适时召开协会成立大会。依托协会强化老字号的行业发展、品牌宣传、展会组织等工作。开展2015年"老字号传承保护和创新发展专项资金"绩效评价,制定2016年专项资金扶持办法。出台"江苏老字号"标识使用及管理办法,实行规范化管理。

五、推进中小商贸流通企业服务体系建设

继续完善中小商贸流通企业服务体系建设,加快整合现有服务资源,围绕为中小商贸流通企业服务宗旨,积极开展信息查询、人力资源培训、企业家管理力提升、投融资服务等工作。推进中小商贸流通企业公共服务平台建设,通过多种网络渠道开展线上线下信息咨询服务,鼓励工作站、联系点和专业服务机构依托信息平台为中小企业提供服务。依托互联网发展孵化基地,推动中小企业实现线上线下融合,实现发展模式创新。根据企业需求,组织各类系列化培训活动。加强与有关部门的沟通联系,继续争取国家"两创示范"相关政策扶持。

六、着力促进绿色流通发展

开展绿色商场示范认定工作,创建一批集门店节能改造、节能产品销售、废弃物品回收于一体的绿色流通主体。实施商务部《流通领域节能环保产品技术指导目录》,大力推广绿色产品。按照《零售企业能源管理体系建设指引》要求,引导企业做好建筑、照明、空调、电梯、冷藏等耗能关键领域的技术改造,使用屋顶、墙壁光伏发电等节能设备和技术。组织开

展以"绿色产品进商场、绿色消费进社区、绿色回收进校园"为主题的绿色流通宣传，倡导绿色消费。贯彻《商务部关于推动再生资源回收行业转型升级的意见》，创新再生资源回收模式，加快再生资源回收体系建设，提供再生资源综合利用率。引导旧货市场健康发展。

七、做好商贸流通特殊行业风险防范工作

进一步完善典当、拍卖、融资租赁等行业管理制度，加强行业监管，防范经营风险。制定典当行风险防控预案，鼓励典当行品牌化、连锁化发展，研究探索典当行年审权力下放改革。完善拍卖业监管制度，落实商事登记改革，推动网络拍卖健康发展。贯彻落实国务院文件精神，出台江苏省《关于促进融资租赁业发展的实施意见》，进一步推动融资租赁业发展。加强融资租赁业事中事后监管，完善监管规则和监管制度。做好特许经营企业备案工作。

八、强化商贸流通领域安全生产工作

深入贯彻落实全国、全省安全生产工作会议精神，进一步强化安全生产红线意识和底线思维。按照省安委会、消委会的部署，根据职责分工，协助指导商场、超市、批发市场、加油站（点）、油库等商贸企业加强安全管理，贯彻《安全生产法》，落实安全防范措施。切实加强人员密集商业场所和各类大型商业活动的安全监督管理，抓好节假日安全监管和风险防范措施。加大安全生产法律法规和相关知识的宣传培训力度，提高商贸领域安全生产意识。

江苏省商务厅办公室
2016 年 2 月 29 日印发

省政府关于促进外贸回稳向好的实施意见

苏政发〔2016〕105号

各市、县(市、区)人民政府,省各委办厅局,省各直属单位:

为贯彻落实《国务院关于促进外贸回稳向好的若干意见》(国发〔2016〕27号),促进我省外贸回稳向好,加快转型升级,现提出以下意见。

一、强化出口信用保险作用

扩大出口信用保险承保规模和覆盖面,提高支持出口的精准度,中国出口信用保险公司江苏分公司全年支持出口规模超过540亿美元,支持出口企业超过8800家,其中小微企业达到6600家。进一步降低企业投保成本,有针对性地下调重点支持行业和企业的承保费率;优化小微企业平台统保方案,大幅下调承保费率,扩大承保范围。积极支持"走出去"企业投保海外投资保险,扩大"走出去"统保平台的承保规模和覆盖面,搭建"走出去"投融资平台,对"走出去"项目和大型成套设备融资项目应保尽保,确保重点项目尽早承保落地。创新承保模式,支持外贸综合服务企业、跨境电子商务和市场采购贸易方式等新业态发展。(中国出口信用保险公司江苏分公司、省商务厅、省财政厅、中国进出口银行江苏省分行、国家开发银行江苏省分行负责)

二、加大金融支持外贸力度

鼓励和支持金融机构创新产品服务,拓宽融资渠道,加大对有订单、有效益的外贸企业特别是小微企业的支持力度,提供出口贷款、内保外贷、出口应收账款质押贷款、海外资产抵押贷款、贸易融资、供应链融资、股权质押融资、金融租赁等多种融资服务。充分发挥进出口银行、国家开发银行等政策性金融机构优势,支持我省重点行业、优质企业扩大出口,优先保障信贷规模。进一步扩大出口信用保险保单融资和出口退税账户质押融资规模,提高融资便利。加快推进人民币在跨境贸易和投资中的使用,落实全口径跨境融资宏观审慎管理政策,推动更多外贸企业开展跨境融资业务,降低融资成本。(江苏银监局、人民银行南京分行、中国进出口银行江苏省分行、国家开发银行江苏省分行、中国出口信用保险公司江苏分公司负责)

三、不断提高贸易便利化水平

进一步降低海关出口平均查验率,落实"双随机"布控查验机制,继续对高级认证企业适用较低的进出口查验率。逐步加大非侵入式查验(机检)比例,扩大移动查验试点范围。进一步深化通关、检验检疫无纸化改革,推进边检自助查验和"一证通"服务,完善区域通关一体化改革。推进口岸监管部门"三互"大通关建设,加强省电子口岸建设,完善船舶"单一窗口"项目功能并全面推广应用,加快货物"单一窗口"建设,开展"一站式作业"模式试点。深入开展关检联合服务江苏外贸"百千万"活动,为企业减负增效。加大 APEC 商务旅行卡推广力度,为企业开拓国际市场提供便利。(省商务厅、南京海关、江苏检验检疫局、江苏海事局、省国税局、省公安边防总队、省口岸办、省外办、省贸促会负责)

四、加强财政税收政策支持

进一步强化省级商务发展专项资金对外贸稳增长、调结构的引导作用,重点支持开拓国际市场、外贸转型升级和发展外贸新兴业态。加强绩效评估,进一步提高资金使用效益,加快拨付进度。用足用好省级小微外贸企业融资风险专项资金。落实照相机、摄影机、内燃发动机等部分机电产品提高出口退税率政策。落实出口退税分类管理办法,将社会征信度好、税收遵从度高的企业纳入一类企业,提高一类企业比例,实施更为便利的管理服务措施。持续推进出口退税无纸化管理试点,进一步加快出口退税进度,在风险可控的前提下,确保及时足额退税,严厉打击骗取退税。做好南京禄口机场境外旅客离境退税试点,积极争取扩大试点范围。(省财政厅、省商务厅、省国税局负责)

五、减免规范部分涉企收费

清理规范列入省政府定价目录的港口、机场、铁路经营服务性收费项目,严格成本监审,科学合理制定收费标准,加大督查规范力度,确保相关收费公开、公正、透明。减免进出口环节部分涉企收费,继续实施连云港港、太仓港、南京港集装箱运输车辆免收车辆通行费优惠政策。根据国家统一部署,全面落实对进出口环节海关查验没有问题的外贸企业免除吊装移位仓储费用试点。落实对符合政策条件的电器电子产品出口免征废弃电器电子产品处理基金的政策,取消海关预录入系统客户端软件服务费,对所有出境货物、运输工具、集装箱及其他法定检验检疫物免收检验检疫费,停止报检电子平台收费,继续清理规范进出口环节中介服务收费,加大对已取消、暂停、降低的各项涉企收费的检查力度。(省物价局、省国税局、省财政厅、省交通运输厅、省商务厅、南京海关、江苏检验检疫局、江苏海事局负责)

六、推进加工贸易创新发展

深入推进苏州市加工贸易转型升级试点,引导加工贸易企业加强研发设计和创建自主品牌,发展境内外维修业务,积极争取逐步扩大全球维修业务试点范围,推动苏南地区加工贸易向价值链两端延伸。加快南北共建园区建设,支持苏南地区加工贸易产业有序向苏中、苏北地区转移,推动重大产业项目落户园区。加工贸易梯度转移腾退用地,符合相关规划的可实施低效产业用地再开发,经市、县人民政府批准用于商业、旅游、养老等用途。鼓励实行弹性出让、长期租赁、先租后让、租让结合等灵活的工业用地供应方式,降低企业成本。按照国家和省工业用地出让最低价标准实施政策的相关规定,对我省确定的优先发展产业且用地集约的工业项目,可按不低于所在地土地等别相对应《工业用地出让最低价标准》的70%确定土地出让底价。全面取消加工贸易业务审批,探索建立事中事后监管机制。落实阶段性降低社会保险费率政策,加大财政金融政策支持,促进加工贸易企业加快智能化改造和人

工替代,降低用工成本。(省商务厅、南京海关、省发展改革委、省国土资源厅、省人力资源社会保障厅、省经济和信息化委负责)

七、整合优化特殊监管区域

认真贯彻省委、省政府《关于进一步加快全省开发区转型升级创新发展的意见》,落实《江苏省经济开发区科学发展综合考核评价办法》和《江苏省高新技术产业开发区创新驱动发展综合评价办法》,充分发挥各级开发区在推进外贸发展中的主阵地、领头羊作用。优化海关特殊监管区域布局,推动连云港出口加工区整合为综合保税区,争取申报设立徐州、宿迁综合保税区。加快复制推广上海等自贸试验区海关监管、检验检疫创新制度。深入推进苏州工业园区综合保税区贸易多元化试点。积极争取选择性征收关税政策试点。在税负公平、风险可控的前提下,积极争取在昆山综合保税区开展赋予区内符合条件的企业一般纳税人资格试点。支持南通综合保税区开展仓储货物分类监管试点。(省商务厅、省科技厅、省国税局、南京海关、江苏检验检疫局负责)

八、积极促进进口发展

综合运用进口贴息、信保、信贷等措施促进进口。调整省级鼓励进口技术和产品目录,引导企业扩大先进技术设备和关键零部件进口,稳步扩大紧缺资源性产品进口,适度增加一般消费品进口。做大做专苏州工业园区国家级进口创新示范区、中国(昆山)品牌产品进口交易会以及省级进口商品交易中心等进口载体和平台,进一步拓宽进口渠道,提升进口综合效应。支持特色口岸建设,指导南京、苏州等地建设进境肉类、水果、粮食、水生动物等指定口岸。加快张家港汽车整车进口口岸建设,积极争取汽车平行进口试点。(省商务厅、省财政厅、省发展改革委、江苏检验检疫局、南京海关、省贸促会、中国进出口银行江苏省分行、国家开发银行江苏省分行、中国出口信用保险公司江苏分公司负责)

九、加速发展外贸新业态新模式

充分发挥国家级试点的示范作用,加快推进苏州工业园区开放创新综合试验及构建开放型经济新体制综合试点试验,探索建立质量效益导向型外贸促进新体系。提升海门市场采购贸易方式试点的综合成效,支持常熟服装城、吴江东方丝绸市场等争取市场采购贸易方式试点。加快中国(苏州)跨境电子商务综合试验区建设,推动其进出兼顾,业务逐步转向以B2B和出口为主,及时总结推广试点经验。开展省级跨境电子商务试点,鼓励南京、无锡、连云港、宿迁等市跨境电子商务先行先试。建设一批跨境电商产业园和出口产品公共海外仓,完善跨境电子商务配套产业链,引导传统外贸企业应用跨境电子商务开展进出口。设立跨境电子商务产品检验检疫质量安全风险监测江苏分中心,依托省电子口岸平台等建设全省跨境电子商务综合服务平台。推进跨境电子商务外汇管理试点,进一步为跨境电子商务企业和个人跨境收支和结售汇提供便利。大力培育外贸综合服务企业,扩大省级试点范围,搭建对接合作平台,将符合条件的外贸综合服务企业评为出口退税一类企业。创新符合新业态发展特点的监管模式,研究出台贸易便利化措施,对外贸综合服务企业适当提高容错率。(省商务厅、省国税局、南京海关、江苏检验检疫局、国家外汇管理局江苏省分局负责)

十、更大力度开拓国际市场

完善年度贸易促进计划,加大对企业参加国内外重点展会的支持力度,巩固传统市场份额,扩大新兴市场特别是"一带一路"沿线国家市场占比。鼓励开展市场拓展对接活动,对全省重点境外展会的团组出访计划实行单列;赴境外执行产品宣介、展览、营销、路演,以及执行"点对点"、海外拓展、挂钩对应任务等重点经贸团组,带队党政干部出访天数、次数根据需要安排。加强中澳、中韩等自贸区协定优惠政策宣讲培训,简化原产地申报手续,引导、帮助企业利用自贸区协定优惠政策扩大出口。加快国际营销网络建设,鼓励金融机构对企业建设境外展示、仓储、分拨、销售、售后服务中心等提供融资和信保支持,支持我省重点制造业企业在海外建设售后维修服务中心和备件基地。积极推动开展国际分拨、入境维修和再制造、国际保税租赁等新型业务。(省商务厅、江苏检验检疫局、省外办〔港澳办〕、省台办、省贸促会、国家开发银行江苏省分行、中国进出口银行江苏省分行、中国出口信用保险公司江苏分公司负责)

十一、加快培育国际知名品牌

强化出口品牌省、市梯队培育机制,加快培育具有国际知名度的自主品牌,引导企业扩大品牌产品出口。深入推进出口基地和特色产业园区建设,强化贸易与产业的有机结合,推动全省出口质量安全示范区提质创牌,扩大区域品牌的国际影响力。支持企业通过自主培育、境外收购等方式开展品牌建设,鼓励金融机构通过并购贷款等方式支持企业收购境外品牌和技术。加强商标国际注册与保护,深入开展企业品牌管理专业人才和品牌国际化专题培训,建立完善马德里商标国际注册数据库,加大对企业开展商标国际注册的扶持力度。促进出口农产品、食品企业实现内外销"同线同标同质",引导自主品牌企业统筹国内、国外两个市场,内外联动发展。(省商务厅、省工商局、江苏检验检疫局、省经济和信息化委负责)

十二、强化双向投资带动作用

积极参与"一带一路"建设,加快建设"走出去"综合服务平台,深入推进国际产能和装备制造合作,建立"一带一路"产业投资和国际产能合作滚动项目库,重点推动工程机械、轨道交通、新型电力、船舶海工4个重大装备制造行业和轻纺、石化、冶金、建材4个传统优势行业开展国际产能合作,积极开展境外投资,推动对外承包工程发展,带动产品、技术、标准、服务出口。鼓励支持我省有意愿、有实力的企业在境外建设国家级境外经贸合作区和省级境外产业集聚区,加快推进柬埔寨西港特区和埃塞俄比亚东方工业园区等境外经贸合作区形成规模集聚,带动出口。鼓励金融机构开发创新金融产品,探索政银企合作方式,发展各类跨境担保业务,帮助企业"走出去"规避汇率风险,提升企业海外分支机构在当地的信用度和融资能力。加大对境外投资企业产品海外销售的出口信用保险支持。更大力度招商引资,引导外资投向战略性新兴产业和先进制造业,引进一批龙头型、旗舰型企业项目,提升制造业外资质量,增强外贸发展后劲。加强跟踪服务,推进外资重点项目早落地、早出口。(省商务厅、省发展改革委、省经济和信息化委、省外办〔港澳办〕、省台办、省贸促会、江苏银监局、国家开发银行江苏省分行、中国进出口银行江苏省分行、中国出口信用保险公司江苏分公司

负责）

十三、加强外贸知识产权保护

大力推广知识产权海关保护企业联系点制度，为省内知名自主品牌企业提供海关知识产权保护服务。推进国家级和省级知识产权试点示范园区建设，加强知识产权海外布局，鼓励企业设立海外研发机构、开展境外知识产权申请注册、参与国际技术标准制定，积极融入国际知识产权创造、运用与保护体系。建立完善海外知识产权保护工作机制，加大资金支持力度，依托我省驻外机构，探索向重点市场派驻知识产权专员。面向涉外企业开展海外知识产权风险防范培训，制定发布重点国家和地区知识产权维权援助指引，引导企业积极应对海外知识产权风险，提高应对能力。完善技术性贸易措施工作机制，打造检验检疫技术性贸易措施综合服务平台。加强贸易摩擦应对和风险防范，维护公平贸易环境。（省知识产权局、省科技厅、南京海关、江苏检验检疫局、省商务厅负责）

十四、加强组织保障

各地、各部门要进一步提高认识，更加重视外贸工作，加大政策落实力度，强化"通报、督查、考核、约谈、激励"五大工作机制，确保政策落到实处、取得实效。各地要提高政策的精准度，借鉴有益经验做法，根据形势需要和本地区实际，出台有针对性的配套措施。各部门要明确责任分工，抓紧制定实施细则，发挥好外经贸发展联席会议机制的作用，加强部门协调，形成工作合力。要多措并举，综合施策，促进外贸创新发展，努力实现外贸回稳向好。

江苏省人民政府
2016 年 8 月 10 日

省商务厅关于印发《全省利用外资"八聚焦八提升"行动计划(2016—2018)》的通知

苏商资〔2016〕342 号

各省辖市商务局,昆山市、泰兴市、沭阳县商务局,各国家级经济技术开发区(苏州工业园区)管委会,各外资单列县(市、开发区、张家港保税区)商务局(管委会)、各省级经济开发区管委会:

现将《全省利用外资"八聚焦八提升"行动计划(2016—2018)》印发给你们,请认真组织实施。

江苏省商务厅

2016 年 5 月 17 日

全省利用外资"八聚焦八提升"行动计划
(2016—2018)

为深入贯彻习近平总书记关于中国利用外资的政策不会变,对外商投资企业合法权益的保障不会变,为各国企业在华投资兴业提供更好服务的方向不会变的重要讲话精神,全面落实省委、省政府关于打好外资稳增长调结构攻坚战的要求,进一步明确目标任务、突出工作重点、创新体制机制、提升服务能力,特制定全省利用外资"八聚焦八提升"行动计划。

一、聚焦现代服务业,提升利用外资空间

实施目标:通过放宽市场准入、改革管理模式、优化市场环境,进一步扩大服务业对外开放领域,提高服务业利用外资水平,努力形成以服务经济为主导,先进制造业和现代服务业协调并进的外资产业结构。到 2018 年,力争服务业吸收外资比重超过 50%,其中现代服务业外资占服务业外资比重达到 60%。

工作措施:一是加大服务业开放力度。根据国家产业对外开放总体部署,加快落实服务业扩大开放的政策措施,进一步放开服务业领域市场准入,引导外资投向高端服务业和新兴服务业领域。借鉴上海等自贸试验区和北京市服务业扩大开放综合试点经验,并结合我省实际,研究制定我省服务业扩大开放试点方案,积极向国家争取先行先试。二是推动生产性服务业利用外资。大力发展为先进制造配套的金融保险、商贸物流、电子商务、研发设计、会计审计、信息科技等服务业,鼓励发展基于网络的平台经济、文化创意、工业设计等新兴业态,积极促进检验检测、全球维修、国际航运、会展、知识产权服务、融资租赁、商业保理、人力资源服务等相关配套产业发展。引导制造业企业延伸服务链条、增加服务环节,推动制造业

由生产型向生产服务型转变。三是拓展生活性服务业吸引外资。积极鼓励和拓展健康美容、养生养老、医疗服务、教育培训、文化娱乐、休闲旅游等民生服务业利用外资,推动生活性服务业向精细化、个性化和高品质转变,促进居民消费结构升级。四是破除服务业领域"玻璃门"。各地各部门互相支持,加强配合,共同研究和完善服务业对外开放的改革措施,进一步破除服务业领域的"玻璃门"、"弹簧门"等隐形障碍,逐个梳理清除对服务业开放和准入设置的不合理限制,打破体制、机制障碍,推动形成我省服务业开放的新高地和新优势。

二、聚焦"工业 4.0",提升制造业外资质量

实施目标:深入贯彻"中国制造 2025"、"互联网+"等国家战略,推动制造业与互联网深度融合,结合国际上"工业互联网"、"工业 4.0"等发展战略和江苏制造业调整、转型、升级的需求,引导外资投向战略性新兴产业和先进制造业。到 2018 年,力争先进制造业外资占制造业外资比重达到 65% 左右。

工作措施:一是加强制造业外资产业规划和引导。按照《中国制造 2025 江苏行动纲要》、《制造业国际化工程三年实施方案》等战略规划,重点加强新一代信息技术、下一代互联网与移动互联网、高端装备、智能制造、工业机器人、海洋工程、航空航天、节能环保、生物医药、新能源和智能电网、新能源汽车、新材料、3D 打印、物联网、大数据、云计算、数字创意等新型产业和技术引资力度,注重引进一批龙头型、旗舰型企业项目。二是促进先进制造业外资集聚发展。推动苏南地区制造业"腾笼换鸟",大力吸引高端制造业项目落户,推动加工贸易企业转型升级,抢占未来发展制高点和全球产业链、价值链中高端。注重发挥苏中苏北地区土地、劳动力成本等后发优势,加大吸引制造业外资力度,同时注重调轻、调优制造业外资结构。三是加强智能制造国际合作。积极推动我省企业与国外高端制造企业开展合作,大力引进或收购国外先进制造技术,搭建智能制造国际合作平台,促进协同研发和技术扩散,推动智能制造核心关键技术、智能化装备研发及产业化,促进江苏加快朝"工业 4.0"时代迈进。四是促进制造业外资企业转型升级。加强与发改、经信、科技等部门协调,积极落实各项鼓励政策措施,推动外资企业加大技改投入,加快企业设备改造和产品升级换代,提高企业在工艺流程改造、质量性能提升、营销服务等领域的系统化整合能力,构建智能化、网络化的生产系统。五是强化要素保障和政策支持。加大对先进制造业外资项目的资源要素保障,贯彻落实国家支持转型升级的各项税收优惠政策,在国家有关部门指导下,对先进制造业外资项目的土地指标给予优先考虑和适当倾斜,进一步放宽一般制造业外资市场准入。

三、聚焦总部经济,提升外资发展层次

实施目标:加大力度吸引跨国公司在我省设立地区总部和研发、营销、采购、物流、财务管理和结算中心等功能性机构,促进传统制造业外资企业转型升级,向总部经济等产业链、价值链中高端迈进。积极推动和培育符合一定条件的跨国公司建立亚太区或全球营运总部。力争三年内新增跨国公司地区总部和功能性机构 100 家。

工作措施:一是推动外资总部经济集聚发展。充分发挥省及地方鼓励跨国公司设立地区总部和功能性机构政策作用,并不断完善和强化扶持措施,推动苏南地区利用现有产业和人才技术优势,加大外资总部经济集聚,提升质量和层次;鼓励苏中苏北地区进一步加大吸

引外资总部经济力度，推动制造业外资企业向总部经济转型升级，推动苏中苏北现有跨国公司功能性机构向地区总部升级。二是提升跨国公司地区总部功能。引导跨国公司地区总部进一步拓展职能，履行规划和运营决策管理、资本投资和资产管理、行政和人力资源管理等综合管理职能，将具备一定条件的跨国公司地区总部培育成为亚太地区乃至全球运营中心或运营总部，通过拓展贸易订单、物流分拨、资金结算等在亚太区乃至全球范围内的流动和管理，促进形成区域性和全球性订单中心、供应链管理中心和资金结算中心。三是加强对总部机构的服务。加大政策宣传力度，提高政策知晓度，加强跨部门协调，为企业及其人员的出入境、居留、健康、教育、货物通关等方面提供便利化服务。进一步简化手续，方便符合条件的跨国企业集团进行外汇和人民币资金集中运营管理。支持江苏省外资企业协会成立跨国公司地区总部和功能性机构服务中心，构建总部机构点对点联系机制，畅通沟通管道，及时为企业提供帮助。

四、聚焦高端要素，提升引资引技引智能力

实施目标：紧密跟踪新一轮科技革命和国际新产业、新技术、新业态和新模式发展前沿，推动引资引技引智相结合，有效引进境外资金和先进技术、高端人才和管理经验，进一步加强外资研发中心建设，提升江苏在全球产业链、价值链中的地位。力争3年内新增外资研发机构60家。

工作措施：一是支持引导外资企业增强研发创新能力建设。按照创新驱动发展战略要求，突出产业科技创新，更好地集聚国际先进技术、管理经验、商业模式和人才等创新要素，构建开放式创新平台。支持有条件的外资企业设立研发中心，鼓励现有外资研发机构升级为亚太区或全球研发机构，打造外资研发中心升级版。加强江苏省推进企业研发机构建设工作联席会议统筹协调功能。延续和优化外资研发机构免退税政策，进一步简化手续，适当放宽研发人员数量等认定标准。二是鼓励引进跨国公司研发中心和创新中心。实施高端外资研发机构集聚计划，大力吸引海外知名大学、研发机构、跨国公司在江苏设立全球性或区域性研发中心，鼓励省内企业与跨国公司建立技术战略联盟，广泛开展技术合作和项目研发，提升全球科技创新资源配置能力。鼓励跨国公司与省内高校、科研机构、企业联合建立研发中心或重点实验室，参与实施科技计划项目，促进国际先进技术成果转移转化。三是做好海内外优秀人才引进工作。确立"招商先招人、引资先引智"的工作理念，大力引进国外人才和智力，构建引智成果发现推广体系，打造海内外高端人才集中生活服务区，为吸引高端人才提供更便捷的环境。通过中外合作办学和兴办产业研究院，加强人才集聚载体建设，吸引更多创新创业人才，为产业科技创新提供智力支撑。

五、聚焦"一中心一基地"，提升开发区引资主阵地作用

实施目标：加快全省开发区和产业园区平台载体建设，推动开发区转型升级和创新发展，进一步增强外资集聚效应和溢出效应，充分发挥外资在江苏建设具有全球影响力的产业科技创新中心和具有国际竞争力的先进制造业基地中的积极作用。

工作措施：一是推进开发区转型升级。加快开发区体制机制创新，推动省级开发区升级为国家级开发区，培育一批符合国家级开发区标准的省级开发区。二是深入对接和复制推

广上海等自贸试验区改革创新经验。推动国家级开发区与自贸试验区加快对接,做好试验区试点经验复制推广的准备工作。积极向国务院争取设立"中国(江苏)自由贸易试验区",在扩大开放、制度创新等方面力争先行先试,着力构建利用外资的新高地、新平台。加快海关特殊监管区域优化整合。三是积极参与高水平自由贸易协定实施工作。依托中韩(盐城)产业园、中韩(无锡)科技金融服务合作区、中德太仓国际创新园等合作平台,在服务业扩大开放、投资贸易便利化、跨境金融等方面积极争取先行先试。四是提升重大示范载体功能。支持苏州工业园区开展开放创新综合试验,支持南京江北新区服务贸易创新试点,加强连云港国家东中西区域合作示范区建设,加快推进中哈(连云港)物流合作基地和上合组织(连云港)国际物流园等项目。加快建设昆山深化两岸产业合作试验区、淮安台资企业产业转移集聚服务示范区等对台经贸合作载体。支持中新南京生态科技岛、中瑞镇江生态产业园、中奥苏通生态园、中意海安生态园、中以常州国际创新园建设,探索"区中园"等中外产业技术合作新模式。五是促进区域协调发展。大力推进开发区南北共建,创新互利合作机制,给予从苏南向苏中、苏北转移的外商投资企业以政策鼓励和信贷支持,简化转移审批登记手续,减少外资在跨区域流动中的障碍,加快产业转移进程。鼓励国家级经济技术开发区、高新技术产业开发区和省级开发区与重点功能区开展多种形式的合作,加强资本、产业和品牌联动,引导外资项目在省内有序流动,梯度转移。六是加强开发区考核评价。组织实施《江苏省经济开发区科学发展综合考核评价办法》,引导开发区转型升级、创新发展,进一步强化约束和倒逼机制,逐步做到有进有出、有升有降的动态管理。

六、聚焦机制创新,提升招商引资实效

实施目标:坚持推进高水平双向开放,积极实施"一带一路"战略,瞄准发达经济体、瞄准世界 500 强、瞄准产业链和价值链中高端,加强外资重大项目、重点行业、重点国别的引进工作。全省每年组织实施境内外重要招商引资活动 100 场以上,新增世界 500 强企业、行业龙头企业和境外大型企业(含增资)的投资项目 100 个以上。

工作措施:一是形成"走出去"与"引进来"互动机制。结合我省企业"走出去"的经贸投资活动和境外经贸合作区建设,积极开展多种形式的双向投资促进活动,增加现有招商引资机构的对外投资促进职能,推动我省与"一带一路"沿线重点国家的双向投资经贸合作。积极推动我省企业以绿地投资、国际并购、境内外上市、返程投资等方式加强对国际先进装备和技术、人才的控制,提升我省产业水平,形成国内与国外整合式经营、资本国际化运作的新局面。二是完善多级联动招商机制。加强省、市、开发区和重点企业集团联动招商,积极为县市、开发区境内外招商搭建平台,提供各种资源,构建覆盖全省各层面的招商网络。加强政企合作、政银合作,整合资源、扩大影响,增强经贸网络服务基层和企业的针对性和有效性。研究制定全省外资招商工作促进计划,针对重点国家、重点领域、重点区域,形成切实可行的项目清单、目标清单和活动清单,规划组织重点境内外招商活动。坚持求真务实,强化招商引资工作的依法合规和节俭务实。三是建立考核激励机制。适当安排部分省级商务发展资金,用于支持地方重大招商引资活动和招商队伍及信息平台建设,各地根据实际需要加大财政支持力度。优化投资促进出访管理,对确有招商引资任务和已确定招商项目的出国(境)团组给予适当倾斜。科学设置外资考核指标,把反映外资规模、质量和效益等指标纳入

地方综合绩效考核体系,并较大幅度地提高外资所占的考核权重,重点鼓励一线招商人员的招商实绩。建立全省外资工作通报、督查、考核、激励、约谈等机制,形成强有力的压力传导和激励问责机制。四是强化招商人才培养机制。围绕"目标精准化、考核精细化、队伍专业化"的要求,建设一支水平高、业务精、外语好、有活力的招商引资人才队伍。加强投资促进人才培训,组织相关部门专家和招商一线优秀骨干为投资促进人员进行包括外资审批、外资政策、产业政策、税收、外汇等政策培训及投资促进实务技能培训,加强对新兴产业、业态和相关政策研究,提高投资促进队伍的综合素质和业务能力。

七、聚焦功能建设,提升海外经贸网络服务水平

实施目标:充分发挥我省驻境外经贸代表机构的桥梁作用,优化完善我省投资促进海外经贸代表处和境外经贸合作区的布点建设,加强对"一带一路"战略、"走出去"和"引进来"的支持服务力度。每个境外经贸代表机构每年支持服务地方举办境外重要投资促进活动不少于5个。

工作措施:一是优化完善招商网络建设。加快完成现有驻海外经贸代表处布局的优化调整,逐步形成以自建为主,共建为辅的海外经贸网络体系。巩固和加强欧洲和亚太地区经贸网络区域中心,适时在美国设立美洲经贸网络区域中心,增强辐射影响力。加强我省与外国驻华、驻苏、驻沪使领馆和经贸代表机构的沟通交往,编织多层次、全球化招商引资网络。二是加强海外投资促进工作力度。充实境外招商机构的工作力量,提升信息服务能力和双向经贸投资促进功能。加强境外经贸代表机构与省有关部门协作及与地方交流互动,通过挂职、培训等形式为基层培养对外经贸合作专业人才特别是招商引资人才。建立境内外各层级投资促进机构合作机制,促进信息共享、资源共享。三是提升国际交流合作平台。充分发挥我省与各国友好省州关系和新苏合作理事会、苏港合作联席会议等经贸交流合作机制作用,进一步拓展与主要经贸伙伴国家和地区的经贸投资合作。四是举办重点境外推介活动。配合领导出访,举办江苏经贸合作对接会、项目洽谈会等重大活动。在港澳台、新加坡等传统投资来源地基础上,加大对欧盟、北美、日韩、澳新等发达国家和东南亚、中东欧、非洲、南美等新兴市场国家的双向招商引资力度,开展重点走访和定向招商。

八、聚焦营商环境,提升江苏国际竞争力

实施目标:通过简政放权,深化外资管理体制改革,加强事中事后监管和服务,营造"亲商、安商、富商"的良好氛围,完善市场化、法治化、国际化营商环境,打造江苏作为最佳外商投资目的地的良好形象,提升江苏吸引国际资本的综合竞争力。

工作措施:一是深化外资管理体制改革。根据国家统一部署,积极探索对外商投资实施准入前国民待遇加负面清单管理制度,落实港澳服务业投资项目审批改备案工作。扩大地方和开发区外资审批权限。加强与工商等部门协调配合,全面推广外资项目"单一窗口、并联审批"改革试点工作。二是加强事中事后监管体系建设。完善外商投资信息报告制度,加强跨部门协调和信息共享,加快建立以外资企业联合年报为核心的监管体系和信息平台。改进和完善全省外资重点企业和重点项目联系服务制度,加强跨部门联动监管和综合执法,探索建立政府、中介机构和企业"三位一体"的外商投资全生命周期管理服务体系。三是推

动外资享受国民待遇。积极加强与有关部门协调,给予内外资企业在土地、税收、产业政策、招投标、政府采购、项目认定等方面同等待遇,保障各类企业平等使用生产要素,公平公正参与市场竞争。完善知识产权保护制度,加大外商投资纠纷投诉调解力度,维护外资企业合法权益。四是加大营商环境推介力度。加强与国内外商协会、投资促进机构的合作,单独或联合在境内外举办各类投资环境宣讲会、投资政策说明会,强化江苏的综合竞争优势,提升江苏对国际资本的吸引力。通过"江苏外资"微信公众服务号并借助各类新媒体,加强政策宣传和信息服务,与国内外媒体建立良好公共关系,积极宣传江苏的营商环境。

江苏省商务厅办公室

2016 年 5 月 17 日

关于开展跨境电子商务产业园和
公共海外仓试点工作的通知

苏商贸〔2016〕441 号

各省辖市商务局,昆山市、泰兴市、沐阳县商务局,省级外经贸企业集团:

为认真贯彻落实《国务院办公厅关于促进跨境电子商务健康快速发展的指导意见》(国办发〔2015〕46 号)和《国务院关于促进外贸回稳向好的若干意见》(国发〔2016〕27 号)文件精神,进一步推动我省跨境电子商务发展,推进跨境电商载体平台建设,加快培育外贸新业态,打造外贸发展新动能,经研究,决定开展省级跨境电子商务产业园和公共海外仓试点工作。现将有关事项通知如下:

一、总体思路

按照"市场运作、政策引导、省市共建、创新发展"的总体思路,加快培育我省跨境电子商务载体平台。强化跨境电子商务发展配套支撑。发挥试点跨境电商产业园引领示范作用,带动我省跨境电子商务产业向规模化、集群化、规范化、特色化方向发展,优化跨境电子商务产业布局,提高产业国际化发展水平。推进跨境电商出口服务体系建设,支持企业在主要出口市场设立公共海外仓,为全省跨境电商企业提供海外仓储物流服务,积极探索并不断完善跨境电商出口 B2B2C 的供应链体系。

二、申报条件

(一)跨境电子商务产业园

跨境电子商务产业园区根据功能,分为两种类型:一是特殊监管区,是指经海关和检验检疫部门批准开展跨境电子商务的海关特殊监管区;二是产业功能区,是指各种类型跨境电子商务企业集聚,具有集群效应的区域。申报条件如下:

1. 发展规划明确。有中长期发展规划,园区布局合理,功能定位准确,发展方向明晰。

2. 基础设施齐备。具备与开展跨境电子商务业务相配套的软硬件基础设施。

3. 政策举措支持。所在地政府制定明确的促进跨境电子商务发展的政策举措。

4. 监管功能完善。属于特殊监管区类型的园区应具备海关监管、检验检疫等必要的监管条件,能够提供物流、仓储、通关等公共服务。

5. 产业集群突出。属于产业功能区类型的园区应以促进产业发展为重点,集聚一批龙头骨干企业,初步形成上下游产业协和生态圈。

(二)跨境电子商务公共海外仓

1. 投资主体在江苏省境内登记注册并具有独立法人资格。

2. 通过自建或租赁方式,在境外重点市场建立公共海外仓,为我省跨境电商企业提供海外仓储配送服务。

3. 海外仓面积达到一定规模,拥有必要的资金、配套服务设施和一定的专业从业人员。年营业额达到一定标准。

4. 具有自主研发或第三方的仓储管理系统,可对海外仓库存情况进行信息化管理。

5. 熟悉了解目的国相关政策法律法规和各项要求,能为电商企业提供一站式通关服务。

6. 从事相关业务两年以上,诚信守法经营。业绩突出。

三、申报材料

(一)跨境电子商务产业园

符合条件的运营主体、所在市、区(县)商务主管部门或所在特殊监管区域的管理机构。可以作为跨境电子商务产业园区申报主体。

1. 省级跨境电子商务产业园试点申报表。

2. 当地政府或主管部门就园区设立的批文复印件。如企业作为申报主体,需提供工商营业执照、上年度审计报告复印件。

3. 园区发展情况介绍,包括:园区基本情况、跨电企业集聚情况、服务平台企业集聚情况、公共服务平台建设情况等。

4. 园区发展规划或实施方案。

5. 如园区属于特殊监管区,需提供海关等监管部门相关认可文件。

6. 入驻企业清单及龙头骨干企业工商营业执照复印件。

7. 所在地政府支持园区发展的有关政策举措复印件。

8. 其他证明材料。

(二)跨境电子商务公共海外仓

1. 省级跨境电子商务公共海外仓试点申请表。

2. 跨境电商公共海外仓简介(500字以内),内容包括:跨境电商公共海外仓的基本情况、业务开展情况、建设资金投入情况、营业收入情况等。

3. 省内投资主体营业执照复印件。

4. 境外使领馆商务经商处(室)出具的证明材料,海外仓权属证明材料(如赴境外投资批准证书或租赁合同等)。

5. 所服务企业清单及签订的合同(协议)复印件。

6. 相关图片或视频(必须提供)证明材料。

7. 其他证明材料。

四、认定程序

1. 初审。各省辖市商务局、各省级外经贸企业集团负责初审,并于2016年6月17日前将符合资格条件的企业材料装订成册(一式两份)正式行文上报省商务厅。

2. 复审。省商务厅对各地上报的材料进行复审,并会同财政、海关、国检、税务、外管等相关部门确定试点企业名单。

3. 公示、发布。省商务厅通过厅网站公示入选名单。公示期满后,正式发布试点企业名单。

五、组织保障

请各市高度重视试点工作，结合跨境电商发展实际，择优推荐符合条件试点单位。各市商务局、各集团负责试点单位的培育建设和管理工作。各地要加强组织领导，建立健全工作协调机制，加强对试点单位的指导和扶持，协调解决困难问题，做好试点政策落实、政策配套和跟踪服务；定期向省商务厅报送试点运营有关统计数据和建设进展情况，及时反馈重要信息；加强与相关部门的沟通协调，形成工作合力，协调推动出台通关、退税、金融等方面的政策措施，保障试点工作顺利进行。

省商务厅将会同省有关部门强化业务指导，充分发挥政策的引导、激励作用，对试点单位加大政策扶持力度；优化发展环境，推动监管部门创新管理模式，推动金融、信保机构创新产品、加大支持；加强动态管理，定期对试点单位进行阶段性考核评估，总结、推广成功经验，对试点成效不显著、信息报送不及时的试点单位责令限期整改，经整改后仍达不到要求的取消试点。已认定为试点的单位违反有关法律法规或提供虚假证明材料的，省商务厅将撤销试点。

特此通知。

江苏省商务厅

2016 年 6 月 1 日

省政府办公厅关于加快融资租赁业发展的实施意见

苏政办发[2016]32号

各市、县(市、区)人民政府,省各委办厅局,省各直属单位:

为贯彻落实《国务院办公厅关于加快融资租赁业发展的指导意见》(国办发[2015]68号),推动融资租赁业快速发展、集聚发展,进一步提高行业覆盖面和市场渗透率,结合我省实际,现提出以下实施意见。

一、总体要求

(一)指导思想

深入贯彻党的十八大和十八届三中、四中、五中全会精神,抓住全国融资租赁业加速发展的重要机遇,发挥融资租赁与实体经济的互促共赢作用,积极培育市场主体,逐步拓宽服务领域,营造良好发展环境,有效控制行业风险,推动融资租赁业又好又快发展,为全省经济社会发展贡献力量。

(二)发展目标

到2020年,培育3—5家租赁资产规模过百亿、利润过亿、在全行业有影响的融资租赁龙头企业,引进和培育一批品牌知名度高、市场竞争力强的融资租赁骨干企业,全省融资租赁业市场渗透率超过6%,资产规模位居全国前列,融资租赁业成为全省投融资体系中的重要组成部分。

二、主要任务

(一)加大融资租赁与产业融合

鼓励融资租赁公司支持我省重点培育产业发展,优先开展节能环保、信息技术、高端装备制造、新能源、新材料、生物医药等新兴产业融资租赁业务。鼓励融资租赁公司加大对产业园区建设、循环化改造的融资支持,鼓励制造业企业采取售后回租方式,盘活存量资产。发挥融资租赁公司融资与融物的功能,支持开展外向型制造、物流运输设备、金融服务设备、会展旅游设施、节能减排设备、农产品加工设备等行业关键设备设施融资租赁业务。推动融资租赁业与现代服务业互促互进,鼓励教育培训、健康养老、休闲旅游等新兴服务业开展融资租赁服务,研究实施对重点发展的商贸物流、文化创意、信息消费、电子商务、大型会展和楼宇总部等现代服务业的租赁支持措施,促进服务业连锁化经营,做强一批服务业龙头企业,打造一批江苏服务品牌。推动组建服务"三农"的融资租赁公司,鼓励开展面向种粮大户、家庭农场、农民合作社等新型农业经营主体的融资租赁业务,解决农业大型机械、生产设备、加工设备购置更新资金不足问题。

鼓励融资租赁公司开展基础设施租赁业务,推动供电、供气、地铁、机场、高速公路、高速铁路、污水处理、垃圾处理、农田水利等基础设施建设。鼓励对已建成的基础设施通过售后回租方式,盘活存量资产和沉淀资金,减轻财政压力。鼓励医院、高校等事业单位及国有企业积极采用租赁方式解决医疗、教学、生产设备融资问题,降低项目总投资及所需资本金。支持融资租赁公司与互联网融合发展,充分利用大数据、云计算、物联网、互联网等,探索融资租赁服务供应链融资模式,设立集融资租赁、保理、贸易为一体的融资租赁公司。

(二)支持融资租赁业集聚发展

支持南京、苏州等地在海关特殊监管区、国家级新区等范围内,借鉴上海自贸区、前海试验区等做法,争取更多政策创新,吸引融资租赁公司及专业人才集聚。支持在我省海关特殊监管区设立融资租赁专业子公司和特殊项目公司,开展单机单船融资租赁业务。引进和培育一批融资租赁龙头企业,对已经落户我省的融资租赁公司,支持其做大做强,带动一批融资租赁骨干企业,提高我省融资租赁业的整体实力。支持融资租赁公司进行重组和兼并,建立大型专业融资租赁公司,形成规模优势,提高抵御风险能力。鼓励省内有条件的装备制造企业开展设备融资租赁业务。

(三)推动融资租赁创新发展

支持融资租赁公司与小微企业合作,提供设备租赁,为小微企业技术改造、设备购置等提供支持。支持融资租赁公司与省内各特色园区、产业孵化器等平台开展合作,共同打造一批特色园区。支持融资租赁公司开展设备跨境融资租赁业务,通过融资租赁引进国外先进设备,扩大高端设备进口,提升技术装备水平;通过融资租赁将国产船舶、海工设备、医疗器械等租赁给境外承租人使用,符合退税条件的,按规定享受出口退税。在风险可控的前提下,稳步探索将租赁物范围扩大到生物资产等新领域。鼓励融资租赁公司参与"一带一路"沿线国家和地区项目建设,帮助我省"走出去"企业开展境外投资、对外承包工程,参与国家和省级境外合作园区建设等。

加快建立标准化、规范化的租赁物与闲置设备流通市场,完善融资租赁资产退出机制。培育符合重点行业需求、运作规范高效的二手设备交易平台,建立二手设备质量评估体系和信用评价体系。支持设立融资租赁相关的中介服务机构,为融资租赁业务提供政策咨询、资产评估、资产交易等配套服务。支持会计、审计、律师、资产评估等中介服务机构加快发展,为融资租赁业发展提供配套服务。规范融资租赁中介服务机构的执业行为,提高专业水平和服务能力,促进融资租赁业健康发展。推广融资租赁仲裁,鼓励采用商事仲裁方式解决融资租赁法律纠纷,规范仲裁协议合同文本。进一步完善涉及融资租赁经济纠纷的仲裁机制建设,高效、公正地解决融资租赁合同纠纷问题。开发长租短贷、租赁保理、供应商租赁、租赁信托、租赁保险、租赁担保等创新型产品,发展成熟适用的租赁融资模式,增强融资租赁业的金融服务功能,为客户提供多样化综合性服务。

扩大直接融资规模,鼓励融资租赁公司与银行、信托、保险、融资担保等机构搭建交流合作平台,积极引导各种所有制资本、保险资本、社保基金等进入融资租赁业。鼓励融资租赁公司通过债券市场募集资金,支持符合条件的融资租赁公司通过发行股票和资产证券化等方式筹措资金,支持内资融资租赁公司利用外债,调整内资融资租赁公司外债管理政策。简化程序,放开回流限制,支持内资融资租赁公司发行外债试行登记制管理。引导境外各类基金及保险机构对区内融资租赁公司进行周期匹配的股权投资,改善融资租赁公司资产负债结构。

(四)加强行业事中事后监管

完善融资租赁行业监管机制,落实属地监管责任,由银监部门和商务部门按照职责分工牵头负责,建立多部门参与的融资租赁监督管理机制,加强信息共享,强化风险防范。本着"谁审批、谁监管,谁主管、谁监管"的原则,各市、国家级经济技术开发区要建立健全融资租赁事中事后监管及风险防范机制,明确牵头部门,加强属地管理。强化对融资租赁公司吸收存款、发放贷款等方面存在的违法违规行为和偏离主业的投融资行为的监督,对违法违规的融资租赁公司及时要求整改或进行处罚。加强风险监测、分析和预警,切实防范区域性、系统性金融风险。加强融资租赁公司信息报送管理,利用信息化手段加强事中事后监管,融资租赁公司必须通过全国融资租赁公司管理信息系统及时、准确报送信息,外商投资融资租赁公司必须参加外商投资企业联合年报工作,建立融资租赁公司报送信息异常名录和黑名单制度。

发挥行业组织自律作用,支持江苏省融资租赁行业协会进一步完善机制,履行协调、维权、自律、服务职能,鼓励各类融资租赁公司加入行业自律组织,引导融资租赁公司积极承担社会责任,完善风险防范机制,带动行业健康发展。

三、保障措施

(一)完善工作机制

建立融资租赁管理部门沟通协调机制,由省商务厅牵头,省公安厅、省地税局、省金融办、省国税局、人民银行南京分行、江苏银监局、江苏证监局、国家外汇管理局江苏省分局等部门共同参与,围绕融资租赁行业管理、外汇管理、税收政策、金融稳定、风险防控等领域展开协作,促进我省融资租赁业又好又快发展。各地要围绕融资租赁业发展,加强组织领导,完善监管机制,结合实际制定工作措施。鼓励社团组织、中介机构等建设融资租赁公共服务平台。

(二)强化政策扶持

全面落实国家各项优惠政策,加大政策宣传力度,对符合政策条件的融资租赁公司落实优惠措施,对通过融资方式实施技术改造、转型升级、节能减排、环保涉农、科技创新等项目,实际使用者在申报政府相关产业引导资金上可享受补贴。参照上海、广东、天津、福建自贸区相关做法,积极创新我省融资租赁政策措施。鼓励企业采用融资租赁方式进行技术改造和设备购置。充分利用现代服务业等政府性投资基金支持融资租赁业发展。引导我省有实力的融资租赁公司参与政府与社会资本合作项目。加大政府采购支持力度,鼓励各级政府在提供公共服务、推进基础设施建设和运营中购买融资租赁服务。落实国家融资租赁相关税收政策,对开展融资租赁业务(含融资性售后回租)签订的融资租赁合同,按照其所载明的租金总额依照"借款合同"税目计税贴花。在融资性售后回租业务中,对承租人、出租人因出售租赁资产及购回租赁资产所签订的合同,不征收印花税。探索通过风险补偿、奖励、贴息等政策工具,引导融资租赁公司加大对中小微企业的融资支持力度。通过融资租赁方式获得农机的实际使用者可享受农机购置补贴。鼓励商业银行为融资租赁公司提供快捷、便利的本外币结算业务。鼓励保险机构开发融资租赁保险品种,扩大融资租赁出口信用保险规模和覆盖面。允许融资租赁公司兼营与主营业务相关的商业保理业务。鼓励各地结合实际制定引进融资租赁业人才的奖励措施。建立金融人才培训基地,鼓励有条件的高校自主设置融资租赁相关专业,各融资租赁集聚区可对培训服务机构给予经费补贴。

（三）优化发展环境

完善融资租赁相关登记公示制度。融资租赁公司与承租人签订租赁合同、开展租赁业务就租赁物的权属变更、权属转让、抵押、质押等提出的申请,或者融资租赁公司为降低业务风险要求承租人以房产、土地抵押等提出的申请,各有关部门要依法及时受理并办理登记、公示、确认等有关手续,依法明晰权属。

强化融资租赁风险防控,指导融资租赁公司加强风险控制体系和内控管理制度建设,建立健全客户风险评估机制,强化资产管理能力,积极稳妥发展售后回租业务,严格控制经营风险。推动融资租赁信用担保体系建设,支持融资租赁公司与保险、担保等金融机构进行合作,鼓励融资性担保公司开展融资租赁债权担保业务。加快完善融资租赁业指标体系,及时跟踪产业发展动态,健全信息发布制度,完善市场预警机制。

建立融资租赁信用服务体系,鼓励融资租赁公司按照《融资租赁公司监督管理办法》等规定,在商务部全国融资租赁公司管理信息系统和人民银行动产融资统一登记系统录入相关信息,明示租赁物所有权,防范融资租赁交易风险。以企业自愿为原则,经过商务主管部门推荐,融资租赁公司可以接入人民银行征信系统和省公共信用信息服务平台。鼓励融资租赁公司进行信用评级,探索建立融资租赁监管指标体系和监管评级制度。

江苏省人民政府办公厅

2016 年 4 月 8 日

数据篇

2015 年江苏按地区分社会消费品零售总额

单位:亿元

地区	社会消费品零售总额	批发和零售业	住宿业	餐饮业
苏南	15003.57	13680.95	177.25	1145.37
苏中	4618.06	4137.74	41.84	438.48
苏北	6255.14	5661.62	90.12	503.40
南京市	4590.17	4193.01	79.07	318.08
无锡市	2847.61	2632.96	23.00	191.65
徐州市	2358.45	2166.50	38.71	153.24
常州市	1990.45	1825.79	14.80	149.86
苏州市	4461.62	4041.99	49.73	369.90
南通市	2379.46	2177.46	10.84	191.15
连云港市	830.71	753.31	9.71	67.70
淮安市	970.74	874.22	11.32	85.19
盐城市	1468.60	1320.45	15.20	132.95
扬州市	1236.96	1096.69	19.10	121.17
镇江市	1113.71	987.21	10.63	115.88
泰州市	1001.64	863.59	11.89	126.16
宿迁市	626.64	547.14	15.18	64.32

2015 年江苏限额以上批发和零售业基本情况

项 目	法人企业数 （个）	产业活动 单位数 （个）	零售营业 面积 （平方米）	从业人员 （人）
总 计	19043	31369	29163030	988545
♯国有控股	863	4087	3376819	110649
批发业	10753	12734	4140081	414793
♯国有控股	551	1300	926430	63895
按行业分				
农、林、牧产品批发	651	712	299119	26372
食品、饮料及烟草制品批发	838	1024	480202	64149
纺织、服装及家庭用品批发	1640	1780	395829	101890
文化、体育用品及器材批发	263	286	65244	15465
医药及医疗器材批发	284	360	228789	43559
矿产品、建材及化工产品批发	4988	6335	1993367	101015
机械设备、五金产品及电子产品 批发	1501	1606	484751	50164
贸易经纪与代理	147	147	27824	2427
其他批发业	441	484	164956	9752
零售业	8290	18635	25022949	573752
♯国有控股	312	2787	2450389	46754
按行业分				
综合零售	875	3469	10124930	209446
食品、饮料及烟草制品专门零售	1010	2928	821109	44695
纺织、服装及日用品专门零售	586	929	1020413	41617
文化、体育用品及器材专门零售	531	964	847152	25816
医药及医疗器材专门零售	467	2862	679031	40177
汽车、摩托车、燃料及零配件专门 零售	2771	4736	8064432	130404
家用电器及电子产品专门零售	993	1555	1914523	45282
五金、家具及室内装饰材料专门 零售	665	721	893718	17668
摊货、无店铺及其他零售业	392	471	657641	18647
按经营方式分				
独立商店	6930	9645	16623270	338386

项　　目	法人企业数（个）	产业活动单位数（个）	零售营业面积（平方米）	从业人员（人）
连锁商店总店	180	5364	4017587	108530
连锁商店分店	226	2038	2947706	54182
其他	954	1588	1434386	72654
按零售业态分				
有店铺零售	8058	18400	24717815	555936
食杂店	50	208	42069	2542
便利店	67	492	216653	5007
折扣店	8	11	21193	529
超市	349	853	649559	30284
大型超市	194	1768	5051967	112737
仓储会员店	8	8	68715	599
百货店	453	706	4586577	78646
专业店	4488	10353	8004592	188098
专卖店	1974	3460	4793122	109356
家具建材商店	171	181	363765	6126
购物中心	46	99	583606	9621
厂家直销中心	250	261	335997	12391
无店铺零售	232	235	305134	17816
电视购物	4	4	180	1217
邮购	3	4	3700	943
网上商店	143	145	241225	12691
自动售货亭	1	1	1258	69
电话购物	9	9	1341	441
其他	72	72	57430	2455

2015 年江苏进出口商品细分类总额　　　　　　　　　　单位:万美元

项　　目	进出口总额	进口	出口
总　计	53394336	20028665	33365671
初级产品	3043857	2534000	509857
食品及活动物	392693	161218	231475
活动物	1640	547	1093
肉及肉制品	64204	61415	2789
乳品及蛋品	10762	10556	206
鱼、甲壳及软体类动物及其制品	15669	631	15038
谷物及其制品	15778	6120	9658
蔬菜及水果	166343	57702	108641
糖、糖制品及蜂蜜	11604	2752	8852
咖啡、茶、可可、调味料及其制品	21414	8477	12937
饲料(不包括未碾磨谷物)	35301	4756	30545
杂项食品	49978	8262	41716
饮料及烟类	11634	9732	1902
♯饮料	11333	9732	1601
非食用原料(燃料除外)	2035752	1820600	215152
生皮及生毛皮	22068	22049	19
油籽及含油果实	22124	22009	115
生橡胶(包括合成橡胶及再生橡胶)	92363	74403	17960
软木及木材	208846	200157	8689
纸浆及废纸	362000	361000	1000
纺织纤维(羊毛条除外)及其废料	359334	253087	106247
天然肥料及矿物(煤、石油及宝石除外)	54145	43039	11106
金属矿砂及金属废料	837917	824016	13901
其他动、植物原料	76957	20841	56116
矿物燃料、润滑油及有关原料	471188	415774	55414
煤、焦炭及煤砖	46987	39230	7757
石油、石油产品及有关原料	242763	195542	47221
天然气及人造气	181438	181002	436
动植物油、脂及蜡	132592	126677	5915
动物油、脂	6776	1626	5150
植物油、脂	121630	121345	285

续 表

项 目	进出口总额	进口	出口
已加工的动植物油、脂及动植物蜡	4186	3706	480
工业制成品	**50350479**	**17494665**	**32855814**
化学成品及有关产品	**5695336**	**3379824**	**2315512**
有机化学品	2590723	1693434	897289
无机化学品	260517	124978	135539
染料、鞣料及着色料	166117	58368	107749
医药品	378444	217039	161405
精油、香料及盥洗、光洁制品	123960	39859	84101
制成肥料	74178	8115	66063
初级形状的塑料	896599	573293	323306
非初级形状的塑料	514596	302300	212296
其他化学原料及产品	690205	362439	327766
按原料分类的制成品	**6970909**	**1516499**	**5454410**
皮革、皮革制品及已鞣毛皮	39546	25087	14459
橡胶制品	271517	76586	194931
软木及木制品(家具除外)	303914	15838	288076
纸及纸板;纸浆、纸及纸板制品	308026	56199	251827
纺纱、织物、制成品及有关产品	2240208	240671	1999537
非金属矿物制品	462308	154657	307651
钢铁	1399455	284855	1114600
有色金属	654221	383098	271123
金属制品	1291715	279510	1012205
机械及运输设备	**28796853**	**9898339**	**18898514**
动力机械及设备	963987	305412	658575
特种工业专用机械	1630229	803814	826415
金工机械	402935	273001	129934
通用工业机械设备及零件	2379684	837595	1542089
办公用机械及自动数据处理设备	4995240	634793	4360447
电信及声音的录制及重放装置设备	4087844	575094	3512750
电力机械、器具及其电气零件	12155824	6151769	6004055
陆路车辆(包括气垫式)	1308920	273371	1035549
其他运输设备	872189	43489	828700

项　　目	进出口总额	进口	出口
杂项制品	**8881613**	**2695754**	**6185859**
活 动 房 屋；卫 生、水 道、供 热 及 照 明装置	242259	22968	219291
家具及其零件；褥垫及类似填充制品	599618	17164	582454
旅行用品、手提包及类似品	150228	3111	147117
服装及衣着附件	2361691	39134	2322557
鞋靴	284391	74034	210357
专业、科学及控制用仪器和装置	3293870	1889119	1404751
摄影器材、光学物品及钟表	640498	378581	261917
杂项制品	1309058	271643	1037415

2015 年江苏进出口商品主要国家和地区

单位:万美元

国家(地区)	进出口	进口	出口
亚　洲	**30355414**	**14555096**	**15800319**
♯巴林	12831	3762	9069
孟加拉国	288883	5401	283483
缅甸	66321	744	65577
柬埔寨	84656	11506	73150
塞浦路斯	13199	19	13179
中国香港	3524518	45555	3478963
印度	1089289	126288	963001
印度尼西亚	745603	255650	489954
伊朗	212165	61238	150927
以色列	128461	32735	95726
日本	5281906	2473708	2808198
科威特	105384	67766	37618
中国澳门	20561	207	20355
马来西亚	1198194	669363	528831
巴基斯坦	161616	15359	146257
菲律宾	555582	251884	303697
卡塔尔	122527	83810	38717
沙特阿拉伯	534354	287755	246599
新加坡	1243447	519578	723869
韩国	5849986	4182164	1667822
斯里兰卡	44746	4427	40319
叙利亚	7855	55	7801
泰国	1144950	533141	611809
土耳其	314344	21760	292585
阿拉伯联合酋长国	435557	57264	378293
越南	910393	206841	703553
中国台湾	4344067	2965719	1378348
非　洲	**1025487**	**155410**	**870077**
♯喀麦隆	15955	7987	7968
埃及	111683	2001	109682
加蓬	8151	6000	2151

续　表

国家(地区)	进出口	进口	出口
摩洛哥	30522	3357	27166
尼日利亚	115818	6157	109661
南非	248598	58716	189883
欧　洲	**9258347**	**2644028**	**6614319**
♯比利时	354705	92480	262225
丹麦	118479	27955	90524
英国	1076308	185545	890763
德国	2098657	1004265	1094392
法国	595682	188677	407005
爱尔兰	59874	13554	46321
意大利	581531	186073	395457
荷兰	1412581	127685	1284897
希腊	74137	3273	70865
葡萄牙	41247	6532	34715
西班牙	403555	86320	317235
奥地利	109242	72612	36631
芬兰	124222	55658	68564
匈牙利	142451	31565	110886
挪威	106379	49581	56798
波兰	278772	24964	253809
罗马尼亚	72080	10979	61101
瑞典	288481	181241	107240
瑞士	165188	100103	65085
俄罗斯联邦	410778	63371	347408
乌克兰	68367	29166	39201
捷克	245795	52265	193530
拉丁美洲	**2800262**	**906979**	**1893283**
♯阿根廷	186011	75363	110649
巴西	1010193	551116	459077
智利	246664	74115	172550
哥伦比亚	105917	3571	102345
危地马拉	27057	3702	23355

续　表

国家(地区)	进出口	进口	出口
墨西哥	653509	78504	575005
巴拿马	81223	48	81175
秘鲁	121448	26734	94714
乌拉圭	65232	36698	28534
委内瑞拉	27728	1481	26247
北美洲	**9485545**	**1647856**	**7837689**
♯加拿大	796430	251221	545210
美国	8676316	1396635	7279681
大洋洲	**1633275**	**782139**	**851136**
♯澳大利亚	1328826	683275	645551
新西兰	132483	62595	69888
巴布亚新几内亚	23161	17034	6128
附:东南亚国家联盟	5965438	2454704	3510734
欧洲联盟	8473473	2394898	6078575
亚太经济合作组织	38823474	16385804	22437670

2015 年江苏按行业分外商直接投资　　　　　单位:万美元

行　　业	项目(个)	协议注册	实际使用
总　　计	**2580**	**3936089**	**2427469**
农、林、牧、渔业	124	164848	48010
采矿业	2	3360	4410
制造业	838	1751125	1126708
农副食品加工业	17	13554	9220
食品制造业	20	23098	33822
饮料制造业	7	11009	5315
烟草制品业			
纺织业	17	25071	28071
纺织服装、鞋、帽制造业	28	29749	26660
皮革、毛皮、羽毛(绒)及其制品业	3	1140	1801
木材加工及木、竹、藤、棕、草制品业	5	7359	5240
家具制造业	9	17979	16911
造纸及纸制品业	7	71095	28401
印刷业和记录媒介的复制	2	—3052	7296
文教体育用品制造业	10	7499	2878
石油加工、炼焦及核燃料加工业	1	14246	11701
化学原料及化学制品制造业	32	81935	117855
医药制造业	25	198996	41739
化学纤维制造业	2	4945	526
橡胶制品业	8	15483	9782
塑料制品业	32	44174	31669
非金属矿物制品业	26	40358	18814
黑色金属冶炼及压延加工业		10599	7070
有色金属冶炼及压延加工业	4	19823	12265
金属制品业	52	53858	52628
通用设备制造业	134	133984	85055
专用设备制造业	109	171196	74809
交通运输设备制造业	79	148081	109117
电气机械及器材制造业	91	283649	138567
通信设备、计算机及其他电子设备制造业	84	278702	221234

行　　业	项目 (个)	协议注册	实际使用
仪器仪表及文化、办公用机械制造业	2	9511	7210
工艺品及其他制造业	20	35988	21678
废弃资源和废旧材料回收加工业	2	801	361
电力、热力、燃气及水的生产和供应业	38	161690	59440
建筑业	39	130033	57310
交通运输、仓储和邮政业	54	118400	88463
信息传输、计算机服务和软件业	102	54799	33792
批发和零售业	767	496772	213520
住宿和餐饮业	51	14807	10084
金融业	27	157085	100797
房地产业	31	269044	378331
租赁和商务服务业	282	426794	225326
科学研究、技术服务和地质勘查业	149	112045	49781
水利、环境和公共设施管理业	16	25402	16134
居民服务和其他服务业	25	22524	7296
教育	6	30	5
卫生、社会保障和社会福利业	1	11825	5352
文化、体育和娱乐业	28	151115	2710

2015 年江苏按国家或地区分外商直接投资　　　　单位:万美元

国家(地区)	项目(个)	协议注册	实际使用
合　计	2580	3936089	2427469
亚　洲	1815	2994322	1762865
♯中国香港	905	2412862	1428006
中国澳门	7	8761	1856
中国台湾	364	136043	41550
印度尼西亚	9	17654	9202
日本	109	126151	104383
马来西亚	24	22782	35988
菲律宾	4	325	315
新加坡	88	144803	70418
韩国	245	113349	64183
泰国	4	2186	1020
非　洲	62	28167	15811
欧　洲	258	175276	190022
♯比利时	3	400	309
丹麦	4	－1498	1551
英国	48	33974	27572
德国	77	32050	31489
法国	20	45500	76909
爱尔兰	1	1026	1215
意大利	27	1223	3824
卢森堡	1	7682	4327
荷兰	15	11311	9310
希腊	0	0	5
葡萄牙	0	0	201
西班牙	10	2170	2098
芬兰	3	686	3164
瑞士	14	11812	7254

国家(地区)	项目(个)	协议注册	实际使用
北美洲	**236**	**159393**	**67116**
♯加拿大	54	17070	4728
美国	181	125628	43829
大洋洲	**142**	**124389**	**73061**
♯澳大利亚	54	47469	9540
南美洲	**60**	**103891**	**165307**

2014—2015 江苏分行业境外投资情况

行　　业	2014 年		2015 年	
	新批项目数 （个）	中方协议投资 （万美元）	新批项目数 （个）	中方协议投资 （万美元）
全　部	**736**	**721571**	**880**	**1030460**
第一产业	8	4886	20	12406
农、林、牧、渔业	8	4886	20	12406
农业	2	70	6	1940
林业	3	3900	3	2599
畜牧业				
渔业	1	816	3	1664
农、林、牧、渔服务业	2	100	8	6204
第二产业	259	255860	287	388572
采矿业	9	25913	13	72696
煤炭开采和洗选业	1	17000	5	28000
黑色金属矿采选业				
有色金属矿采选业	4	6356	6	43866
非金属矿采选业	1	850	1	650
其他采矿业	3	1708	1	180
制造业	215	202022	222	256947
农副食品加工业	5	4054	2	678
食品制造业			5	7804
饮料制造业	1	395	2	99
纺织业	17	17485	13	14275
纺织服装、鞋、帽制造业	20	4868	18	10801
皮革、毛皮、羽毛(绒)及其制品业	1	800	2	538
木材加工及木、竹、藤、棕、草制品业	3	4198	4	1310
家具制造业	2	585	2	1852
造纸及纸制品业	1	55	2	237
印刷业和记录媒介的复制	3	1790	2	118
文教体育用品制造业				
石油加工、炼焦及核燃料加工业	1	270		
化学原料及化学制品制造业	10	32530	9	5132
医药制造业	8	5073	19	10840
化学纤维制造业				
橡胶制品业	5	2128	5	2350

行　　业	2014 年		2015 年	
	新批项目数（个）	中方协议投资（万美元）	新批项目数（个）	中方协议投资（万美元）
塑料制品业	14	5364	8	4154
非金属矿物制品业	1	400	5	24016
黑色金属冶炼及压延加工业	1	6648	1	2550
有色金属冶炼及压延加工业	3	4929	6	45273
金属制品业	20	18525	13	9940
通用设备制造业	18	4808	13	18050
专用设备制造业	25	60601	37	23429
交通运输设备制造业	12	8945	8	12411
电气机械及器材制造业	9	12075	18	49842
通信设备、计算机及其他电子设备制造业	22	3742	20	7187
仪器仪表及文化、办公用机械制造业	4	547	2	150
工艺品及其他制造业	5	699	5	3525
废弃资源和废旧材料回收加工业	4	510		
电力、燃气及水的生产和供应业	11	11715	16	17550
电力、热力的生产和供应业	11	11715	15	17381
建筑业	24	16210	36	41379
房屋和土木工程建筑业	19	1892	20	24554
建筑安装业	1	5000	1	520
建筑装饰业	3	9029	9	14660
其他建筑业	1	289	6	1645
第三产业	469	460825	573	629432
交通运输、仓储和邮政业	2	3007	16	14920
道路运输业				
水上运输业			8	13420
装卸搬运和其他运输服务业	1	3000	3	80
仓储业	1	7	5	1420
邮政业				
信息传输、计算机服务和软件业	25	9600	42	26370
电信和其他信息传输服务业	2	1076	6	12378
计算机服务业	13	6232	18	7346
软件业	10	2292	18	6647

行　业	2014 年		2015 年	
	新批项目数 (个)	中方协议投资 (万美元)	新批项目数 (个)	中方协议投资 (万美元)
批发和零售业	240	127719	263	214429
批发业	234	125156	236	193909
零售业	6	2564	27	20520
住宿和餐饮业	3	3762	8	2753
住宿业			2	2099
餐饮业	3	3762	6	654
金融业				
房地产业	30	99633	33	117456
房地产业	30	99633	33	117456
租赁和商务服务业	111	182067	137	209296
租赁业	3	1115	8	5365
商务服务业	108	180952	129	203931
科学研究、技术服务和地质勘查业	41	23639	41	18987
研究与试验发展	23	13771	22	10986
专业技术服务业	8	1270	9	5424
科技交流和推广服务业	9	8498	10	2577
水利、环境和公共设施管理业	2	360	5	2250
生态保护和环境治理业	2	360	5	2250
居民服务和其他服务业	11	9460	17	23029
居民服务业	1	980	4	9272
其他服务业	10	8480	13	13757
教育	1	36	2	1480
教育	1	36	2	1480
文化、体育和娱乐业	3	1541	9	3462
新闻出版业	1	51		
广播、电视、电影和音像业	1	500	6	2800
文化艺术业	1	990	1	550

2014—2015 江苏境外投资主要国别地区情况

国家（地区）	2014 年		2015 年	
	新批项目数（个）	中方协议投资（万美元）	新批项目数（个）	中方协议投资（万美元）
全部	736	721571	880	1030460
亚洲	384	414753	469	594900
巴林	1	120		
孟加拉国	3	901	5	1765
缅甸	5	1148	7	12501
柬埔寨	21	8377	16	4680
塞浦路斯				
朝鲜	2	1040	1	278
中国香港	189	258318	240	335883
印度	6	422	15	2651
印度尼西亚	11	38257	17	74627
伊朗	1	3493		
以色列	2	987	3	6133
日本	32	16994	21	21494
老挝	2	1700	2	1350
中国澳门	3	126	4	813
马来西亚	4	688	17	23549
蒙古	2	37	4	16776
尼泊尔	1	1		
巴基斯坦	3	17949	6	28000
菲律宾	4	10456	3	2057
卡塔尔	1	289		
沙特阿拉伯	6	5707	5	23
新加坡	28	23738	27	2386
韩国	8	3250	21	—452
斯里兰卡	2	735	1	3400
泰国	17	6795	9	25179
土耳其	1	400		
阿拉伯联合酋长国	6	4911	6	2022
越南	6	5921	8	2581

国家(地区)	2014 年		2015 年	
	新批项目数 (个)	中方协议投资 (万美元)	新批项目数 (个)	中方协议投资 (万美元)
中国台湾	10	1138	10	2481
东帝汶	1	490		
哈萨克斯坦	1	61	6	16678
吉尔吉斯斯坦	1	255	2	3561
土库曼斯坦	1			
乌兹别克斯坦	2	50	6	1270
其他	1			
非洲	**46**	**65607**	**41**	**71453**
阿尔及利亚	1	9800	2	1
安哥拉	4	10110	2	750
喀麦隆	2	69		
乍得	1	1000		
刚果	2	27		
埃及	1	70		
赤道几内亚	2	2400	2	2100
埃塞俄比亚	5	14918	5	7671
加蓬	2	500		
几内亚			2	11970
肯尼亚	4	2600	3	1100
毛里塔尼亚	1	100		
毛里求斯				
莫桑比克	2	2850	5	3607
纳米比亚	1	2160	1	
尼日利亚	1	1600	6	13592
塞内加尔	1	15		
塞舌尔	3	1100	4	4330
南非	4	2320	1	1000
苏丹	1			
坦桑尼亚	6	13508	3	20850
乌干达				

国家（地区）	2014 年		2015 年	
	新批项目数（个）	中方协议投资（万美元）	新批项目数（个）	中方协议投资（万美元）
赞比亚	1	400	3	625
津巴布韦	1	60		
欧洲	**82**	**63994**	**78**	**47991**
比利时	2	29	1	130
丹麦	2	350	1	215
英国	9	7667	9	3910
德国	23	23794	16	5300
法国	9	1119	11	1844
意大利	4	4384	5	1109
卢森堡	2	1010	1	4000
荷兰	8	9247	9	4410
西班牙	2	660	2	1404
阿尔巴尼亚	1	800		
奥地利	3	10418		
保加利亚			1	169
芬兰	1	50	3	71
匈牙利			2	350
挪威				
波兰	2	300	1	1000
罗马尼亚	1	35		
瑞典	2	265	2	6000
瑞士	3	1580	1	10
俄罗斯联邦	4	1225	8	17505
乌克兰	1	100		
克罗地亚	1	375		
捷克				
塞尔维亚	2	585		
拉丁美洲	**52**	**50248**	**55**	**117250**
阿根廷				
巴西	2	500	7	12989

国家(地区)	2014 年		2015 年	
	新批项目数（个）	中方协议投资（万美元）	新批项目数（个）	中方协议投资（万美元）
开曼群岛	18	9085	21	35151
智利	5	3130	3	1070
古巴	1	500		
厄瓜多尔	2	103	1	50
墨西哥			1	9950
秘鲁	1	100		
英属维尔京群岛	23	36830	17	56912
北美洲	**143**	**83220**	**200**	**127332**
加拿大	13	7918	12	15755
美国	127	66452	185	107655
其他	3	8850	3	3922
大洋洲	**29**	**43749**	**37**	**71483**
澳大利亚	20	37169	33	64663
斐济	1	990	1	6000
瓦努阿图	1	20		
新西兰	3	4520	2	810
萨摩亚	4	1050	1	10